Mit der Welt
auf Buchfühlung

David Maine wurde 1963 geboren und wuchs
in Farmington, Connecticut, auf. Er besuchte
die University of Arizona und arbeitete eine Zeit lang
im psychiatrischen Bereich. Außerdem war er
als Englischlehrer in Marokko und Pakistan tätig.
Seit 1998 lebt er mit seiner Frau in Lahore, Pakistan.

DAVID MAINE

Anweisung von ganz oben

Der Arche-Noah-Roman

Ins Deutsche übertragen von
Ingrid Krane-Müschen und Michael J. Müschen

BLT

BASTEI LÜBBE TASCHENBUCH
Band 92209

1. Auflage: März 2006

BLT in der Verlagsgruppe Lübbe

Deutsche Erstveröffentlichung
© 2004 by David Maine
Die amerikanische Originalausgabe erschien unter dem Titel
The Preservationist
bei St. Martin's Press, New York
© für die deutschsprachige Ausgabe:
2006 by Verlagsgruppe Lübbe GmbH & Co. KG,
Bergisch Gladbach
Dieses Buch wurde vermittelt durch die Literarische Agentur
Thomas Schlück GmbH, 30827 Garbsen
Umschlaggestaltung: Gisela Kullowatz
unter Verwendung eines Entwurfs von HildenDesign, München
Autorenfoto: Uzna Aslam Khan
Satz: hanseatenSatz-bremen, Bremen
Druck und Verarbeitung: GGP Media GmbH, Pößneck
Printed in Germany
ISBN-13: 978-3-404-92209-3
ISBN-10: 3-404-92209-3

Sie finden uns im Internet unter
www.luebbe.de

Der Preis dieses Bandes versteht sich einschließlich
der gesetzlichen Mehrwertsteuer.

Für Uzee

Erster Teil
Wolken

1. Kapitel

Noah

Noah aber hatte in den Augen Jahwes Gnade gefunden.
Genesis 6, 8

Noah blickt zum Himmel auf, was er in diesen Tagen sehr häufig tut. Er sucht nach Wolken. Es sind jedoch keine zwischen den Sternen zu sehen, also entleert er seine Blase, schüttelt schließlich die letzten Tropfen ab und geht zum Haus zurück. Drinnen stochert die Frau lustlos in einem Kessel mit Eintopf herum, der über dem Feuer hängt. Es ist spät fürs Abendessen: Die anderen haben bereits gegessen und sind in die Schlafkammer gegangen. Noah hockt sich, an eine der rauen, gekalkten Wände gelehnt, auf den Boden und deutet auf eine Tonschale. Er ist annähernd sechshundert Jahre alt: Worte sind mittlerweile überflüssig geworden.

Im Eintopf sind reichlich Linsen und Ziegenfleisch. Noah schmatzt zufrieden. Ein bisschen Salz könnte nicht schaden, aber Salz ist in letzter Zeit knapp.

Als Noah aufgegessen hat, stellt er die Schale beiseite und räuspert sich. Die Frau erkennt dies als Hinweis auf eine bevorstehende Ankündigung und schenkt ihm ihre volle Aufmerksamkeit. Noah sagt: »Ich muss ein Boot bauen.«

»Ein Boot«, wiederholt sie.

»Ein Schiff eher. Die Jungs werden mir dabei helfen müssen«, fügt er nachträglich hinzu.

Die Frau hockt auf der anderen Seite des Feuers, die schaufelartigen Füße weit auseinander, die Arme auf den Knien verschränkt. Sie spielt mit der hölzernen Schöpfkelle herum und sagt schließlich: »Du weißt nicht viel über Boote. Oder über Schiffe.«

»Ich weiß, was ich wissen muss«, entgegnet er.

»Wir sind meilenweit vom Meer entfernt«, gibt sie zu bedenken, »oder von irgendeinem Fluss, der groß genug wäre, damit ein Boot darauf fahren könnte.«

Die Unterhaltung lässt Noah ungeduldig werden. »Ich muss mich nicht vor dir rechtfertigen.«

Sie nickt. Die Öllampe taucht sie beide in ein sanftes gelbes Licht. Die Frau ist kräftig gebaut: klein und füllig, und sie ist viel jünger als Noah, vielleicht sechzig. Sie war kaum der Kindheit entwachsen, als sie dem alten Mann zur Frau gegeben wurde, dessen weißer Bart bis an den Nabel reichte und dessen Augenpartie und Schläfen Krähenfüße aufwiesen, die an tiefe Bewässerungsgräben erinnerten. Aber immer noch ein vitaler Recke mit genügend Saft in den Lenden, um sie mit drei Söhnen zu schwängern. Heutzutage hätte ein Außenstehender Schwierigkeiten zu erraten, wer von beiden der Ältere war.

»Und wenn du mit dem Bau fertig bist, bringen wir das Schiff irgendwie zum Meer?«, fragt sie vorsichtig.

Wie üblich schwindet Noahs Ungeduld rasch dahin.

»Wir werden nicht zum Meer gehen. Das Meer wird zu uns kommen.«

Sie hatte das Feuer schon mit Asche bedeckt und den Topf abgenommen, fängt aber jetzt gewohnheitsgemäß wieder an, es zu schüren. Ihre Finger sind lang und verjüngen sich an den Spitzen. »Ist es eine deiner Visionen?«

»Ja«, antwortet Noah ruhig.

Es entsteht eine Pause.

»Das war's dann also«, sagt sie.

Die Frau schaut mit einem traurigen Lächeln auf. Für einen Moment sieht sie wieder aus wie dreizehn oder vierzehn, und Noah hat das Mädchen mit dem ovalen Gesicht vor Augen – halb versteckt hinter ihren Brüdern, den Blick gesenkt –, das man damals auf den Hof gebracht hatte, damit er seine Zustimmung geben konnte, bevor er sie auf seinem Muli davontrug. Da regt sich etwas in ihm, ein schlichtes und zärtliches Gefühl, und für einen Moment bedauert er sie wegen all der Sorgen und Ängste, die ihr, wie er weiß, bevorstehen werden. Aber es lässt sich nun mal nicht ändern. Er ist gerufen worden. Mehr noch: Er wurde auserwählt, und es gibt eine Aufgabe für ihn.

Die Frau sagt: »Ich denke, du begibst dich besser ans Werk.«

»Das denke ich auch«, stimmt Noah zu. Aber in den Augen seiner Frau erscheint ein kleines, trauriges Glitzern, und Noah schaut weg, während er spricht.

Und dies geschah, als Noah die Vision hatte.

Er war gerade im Senffeld, gelb blühende Pflanzen,

wohin man blickte, die so gleißend leuchteten, dass es ihm fast die Hornhaut versengte. Zephir, der Westwind, kräuselte die Blütendecke wie ein Seidentuch auf der Leine, wie die Oberfläche eines Weihers. Geblendet von dem Schimmer, durchschritt Noah das Feld, den Wanderstab in der knorrigen rechten Hand. In Gedanken beschäftigte er sich mit geschäftlichen Angelegenheiten – was er wohl von Dinar, dem fahrenden Kaufmann, im Tausch für ein paar Zentner Senfsamen, für die Oliven aus seinem Hain sowie die Ziegenmilch, die Hühnereier und die Schafwolle bekommen werde. Vielleicht ein bisschen Wein, um die Dunkelheit des Winters zu vertreiben; oder ein paar Ballen Tuch aus dem Osten; oder etwas Salz, ja, ganz bestimmt etwas Salz. Die Frau würde ohne Zweifel auch einige Vorschläge haben: einen kupfernen Topf, einen besseren Webstuhl. Es gab immer irgendetwas. Jahwe sei Dank, dass wir keine Töchter haben, die verheiratet und mit Mitgift ausgestattet werden müssen, dachte er.

Er hörte ein Lamm in der Nähe blöken. Die Schafe sollten eigentlich weit weg im Osten sein, in den Hügeln mit Japhet. Hatte sich eines verirrt?

»Noah.«

Die Stimme schien eher aus dem Inneren seines Kopfes zu kommen als von außerhalb. Er wankte, ging aber weiter.

»Noah.«

Ohne dass es ihm auffiel, presste er die Hände gegen die Stirn. »Wer …?«

»Noah.« Er spürte einen Druck hinter den Schläfen, ein leichtes Anschwellen im Inneren seines Schädels.

Obwohl es ein wenig beunruhigend war, fühlte es sich doch in keiner Weise bedrohlich an. »*Ich bin hier.*«

»Ja, Herr«, stammelte er.

»*Noah, du bist ein guter Mensch. Davon gibt es nicht viele.*«

Noah sagte nichts.

»*Ich bin zufrieden mit dir und deinen Söhnen. Es gibt viele, mit denen ich nicht zufrieden bin. Verstehst du, was ich damit sagen will?*«

»Nicht ganz, Herr.«

»*Die Ungläubigen sollen vernichtet werden.*«

Kaum mehr als ein Flüstern: »Vernichtet?«

»*Sie sollen in einer Flut der Rechtschaffenheit ertränkt und vor meinen Richterstuhl gebracht werden.*«

Noah spürte, wie seine Blase nachgab und warmer Urin seinen Schenkel hinabrann. »Wie du wünschst, Herr. Ich bete, dass du auf meine Söhne und mich selbst mit Gnade herabblickst, obwohl wir sie nicht verdienen.«

»*Fürchte dich nicht, Noah. Ich habe Pläne mit dir.*«

Noah war längst stehen geblieben. Die Halluzination brennender goldener Blumen um ihn herum füllte seine Augen mit Tränen.

»*Du wirst ein Boot bauen, Noah. Aber nicht irgendein Boot. Etwas Enormes, Hunderte von Ellen lang, groß genug für dich und deine Familie und die Familien deiner Söhne. Verstehst du?*«

»Ja, Herr.«

»*Wenn es fertig gebaut ist, wirst du jedes einzelne Tier hierher bringen, das du finden kannst – beiderlei Geschlechts, so viele wie möglich. Bringe sie auf dieses*

Boot und beschaffe auch viel Proviant, denn du weißt nicht, wie lange du auf See sein wirst. Es wird eine Sintflut geben.«

»Ich werde alles tun, was du verlangst, Herr.«

»Wenn der Regen aufhört, sollen du und deine Familie und die Tiere, die du gerettet hast, das Land neu bevölkern. Alles andere soll untergehen.«

Noah nickte. Das war alles, was er momentan konnte – außer zu Boden zu stürzen. Hätte er sich nicht bereits bepinkelt, täte er es sicherlich jetzt. »Herr, wegen des Bootes ...«

»Baue es groß«, riet Jahwe ihm.

»Hundert Ellen?«

»Dreihundert. Fünfzig breit und dreißig hoch. Mit drei Decks, innen und außen mit Teer abgedichtet, und mit einem Tor an der Seite, das groß genug ist, dass drei Männer hindurchpassen.«

Verzweiflung nagte an ihm wie eine Made. »Herr, das ist ein wirklich riesiges Boot. Wir werden viel Zeit brauchen.« Und viel Holz, dachte er bei sich, sprach es aber nicht aus.

Nicht, dass das geholfen hätte. *»Zeit werde ich dir geben. Und Holz werden andere dir bringen, wenn du nur genug Glauben hast.«* Und damit verflüchtigte sich Jahwe – der Gott von Noahs Stammvater Adam und dessen Sohn Seth – aus Noahs Gedanken.

»Herr?«

Keine Antwort. Nur noch Noahs eigene Gedanken schwirrten in seinem Kopf herum. Er blinzelte. Tränen liefen ihm übers Gesicht, und getrockneter Urin klebte an den Haaren seiner Waden. Die Sonne brannte unbarmherzig nieder, und ihre Strahlen wurden von hunderttausend Senfblüten reflektiert. In ihrer Mitte befand sich ein schmutziger grauweißer Fleck: eines von Noahs Lämmern, weit ab vom Weg und verzweifelt blökend.

Noah nahm dies als Zeichen. Er nahm vieles als Zeichen. Er stürzte sich auf das Lamm, das wie angewurzelt dastand, als sei es zu überrascht, um wegzulaufen. Noah hob das Tier hoch und murmelte: »Du kommst mit mir. Du wirst das Erste sein.«

»Bah«, antwortete das Lamm.

Sein Ziel klar vor Augen, machte sich Noah nun auf den Weg zu seinem Hof, jenen eckigen, getünchten Gebäuden, die wie schmutzige Kreidewürfel in der Ferne lagen. Seine knochigen, krummen Beine stapften entschlossen voran und straften sein hohes Alter Lügen. Noah wusste, dass ein hohes Alter kein Hindernis für große Taten war. Müdigkeit konnte überwunden, Steifheit vertrieben werden. Vergesslichkeit konnte man bewältigen oder gar in den eigenen Vorteil verwandeln. Jahwes Worte hallten in seinen Ohren, während er eilig dahinschritt.

Wenn du nur genug Glauben hast.

2. Kapitel

Die Frau

Noah war fünfhundert Jahre alt, da zeugte er Sem, Cham und Japhet.

Genesis 5, 32

Also, wenn Seine Herrlichkeit etwas von Visionen und der heiligen Aufgabe und einem Boot voller Viecher erzählt, was soll ich denn da machen? Klug daherreden? Fragen stellen, die er nicht beantworten kann, wie etwa: Wie willst du die Löwen daran hindern, die Ziegen zu fressen? Oder gar uns?

Nein danke. Da hantiere ich doch lieber still mit dem Eintopf und behalte meine Gedanken für mich – in meinem Kopf, wo sie hingehören. Schon vor langer Zeit hab ich aufgehört, Fragen zu stellen. Man lernt schnell, dass es bei Seiner Herrlichkeit nicht allzu weit her ist mit der Konversation. Er redet, verkündet und dogmatisiert; die anderen nicken. So mag er es. Ob er überhaupt noch meinen Namen kennt? Ich würde nicht darauf wetten. Es ist Jahre her, Jahrzehnte, seit ich meinen Namen zuletzt gehört habe, und schon gar nicht von ihm. Ich bin jetzt die *Frau*, nicht mehr, nicht weniger.

Ich kann mich sogar noch genau an den Tag erinnern, an dem ich aufgehört habe, das ändern zu wollen. Es war auf dem Ritt hierher, exakt am Tag unserer Hochzeit. Ich war die *Frau* seit dem späten Vormittag; wenn ich eines kann, dann ist es, meine Rolle schnell zu lernen.

An dem Tag, als ich den Hof meines Vaters für immer verließ, vor vierzig Jahren, ritt ich seitwärts sitzend auf einem Maultier hinter dem alten Mann, von dem man sagte, er sei weit über fünfhundert. Das Muli sah nicht viel jünger aus. Doch mir war es gleich: Ich war bereit für Abenteuer und alles Neue, was vielleicht zeigt, wie leer mein Kopf damals war.

Seine Herrlichkeit war schon eine Neuheit für sich: Echsenhaut und Hände wie Wurzeln. Ein Gewirr von Haaren wie ein Bündel ungeschnittener Wolle, das ein paar Dutzend Mal durch den Dreck gezogen worden ist. Ungefähr das einzig klar Umrissene an ihm waren die Augen, so blau wie dickes Eis, nur dass ich das damals noch nicht wusste, denn bis dahin hatte ich noch nie dickes Eis gesehen. Und dünnes Eis auch nicht. Sie konnten förmlich nach dir greifen und dich mitten im Satz verstummen lassen. Oder schon vorher. Zuerst versuchte ich ihm auf dem Ritt Fragen zu stellen. Ich war trotz unserer Verbindung nur ein Mädchen, das ihn nie zuvor gesehen hatte. Ich kannte natürlich seinen Ruf, jeder kannte den alterslosen Noah. Einige sagten, er sei ein Teufel. Aber die meisten sagten, Jahwe habe ihn berührt. Der Enkel von Methusalem, der wiederum der Enkel von Jared war; allesamt in der Lage, ihre Vorfahren tausend Jahre zurückzuverfolgen bis hin zu Adam, dem Garten Eden und dem Sündenfall. Aber das war damals nichts Besonderes, viele Leute konnten das. Selbst mein Vater konnte das, so behauptete er wenigstens.

Aber Jared und Methusalem, das war schon was. Eine Familie von Herkunft. Mein Vater, ein einfacher Mann, war begeistert. Arm wie ein Hund, ohne nennenswerte Mitgift, die er mir geben kann, und da kommt Noah und sagt, es mache ihm nichts aus. Er erklärte, die rechtschaffene Lebensführung meines Vaters und meine sittsame Reinheit seien mehr wert als jeder Besitz. Darüber lachte mein Vater zwei Monate lang, dann gab er ein großes Fest und setzte mich fix auf das Muli, bevor der alte Mann seine Meinung ändern konnte.

Damit hier kein falscher Eindruck entsteht: Ich *war* sittsam und rein wie eine Dreizehnjährige nur sein kann, die ihre Periode schon hat und von Zeit zu Zeit mitten in der Nacht feucht aufwacht. Und mein Vater *war* rechtschaffen, wenn auch auf eine hoffnungslose Art, denn alles andere machte ja keinen Sinn. Worüber er sich so amüsierte, war, dass er für Gewohnheiten belohnt werden sollte, die er mehr oder weniger zufällig angenommen hatte.

Da sitzen wir also auf dem Muli, die Satteltaschen klimpern, das Leder quietscht, und mein Hintern tut weh, denn wir reiten auf einer Decke, die sicher älter ist als Methusalem. Es ist keine Prahlerei, wenn ich sage, dass ich damals einen prächtigen Hintern hatte, aber alles ändert sich ja, wie wir alle wissen. Das Land meines Vaters ist längst am Horizont verschwunden, und ich fange an mich zu fragen: Was nun? Es ist später Nachmittag, die Sonne steht tief im Westen wie eine Melone, das Land ist flach und ausgedörrt und sieht nicht sehr viel versprechend aus. Meines Vaters Land war schlimm genug – aber das hier? Wie es scheint, halten wir auf eine zerstreute Hügelkette im Norden zu, aber es ist schwer, einen Ort vom nächsten zu unterscheiden. Ein paar verkrüppelte Büsche, ein paar dornige, stockartige Bäume, ein paar vereinzelte Hügel. Schlangenlöcher unter den Hufen und Bussarde, die sich gemächlich von einem Aufwind davontragen lassen.

»Wie weit ist es noch?«, frage ich, um eine Unterhaltung in Gang zu bringen. »Werden wir vor der Dunkelheit da sein?«

Keine Antwort. Nicht einmal ein Kopfschütteln oder ein Seufzen. Ich denke: Er ist alt, vielleicht hört er nicht so gut.

Eigentlich habe ich keine Eile. Wir werden Vollmond haben, und der Gedanke, in seinem blassen silbrigen Licht meinem neuen Leben entgegenzureiten, sicher hinter den Schultern dieses Mannes, der sich mein Ehemann nennt, verschafft mir ein leichtes Kribbeln, das meinen Rücken hinabläuft und sich in mein Becken ergießt. Ich versuche, mein Gewicht auf dem knochigen Rückgrat des Mulis zu verlagern.

Ich bin immer noch neugierig. Also lehne ich mich vor und frage etwas lauter: »Werden wir vor der Dunkelheit da sein?«

Ohne sich umzudrehen, schlägt er mir seine Hand ins Gesicht.

Der ungünstige Winkel rettet mich; seine Finger streifen mein Kinn und die Nase nur und dies nicht sehr kraftvoll. Doch die Gemeinheit seiner Tat ist ein

Schock für mich. In dreizehn Jahren hat mein Vater niemals die Hand im Zorn gegen mich erhoben. Tränen schießen mir in die Augen. Ich keuche, schnappe nach Luft, stoße sie wieder aus. »Dreh um«, würge ich hervor. »Dreh sofort um und bring mich nach Hause.«

Das Muli hält an. Seine Herrlichkeit sieht mich über die Schulter hinweg an, in den Augen spiegelt sich das melonenfarbene Licht der Sonne. »Genau das tue ich«, sagt er. »Dich nach Hause bringen.«

Ich atme tief und unregelmäßig.

»Vier Jahrhunderte war ich allein«, erklärt er. »Ich habe ohne Eltern, Brüder oder Schwäger gelebt. Ich bin ein Mann mit festen Gewohnheiten. Ich bin nicht an Kinder gewöhnt, die in mein Ohr plärren, und ich werde mich auch jetzt nicht daran gewöhnen. Ist das klar?«

Ich beiße mir von innen hart auf die Wange, und der Schmerz lenkt mich ab, sodass ich nicht anfange zu weinen. Offensichtlich deutet er mein Schweigen als Zustimmung, denn er sagt: »Gut.« Er tritt dem Maultier in die Flanke und setzt es in Bewegung.

Ich erinnere mich, gedacht zu haben: Vielleicht ist das hier die Hölle.

Ich erinnere mich aber auch an den Gedanken: Er hat das Maultier genauso hart getreten, wie er mich geschlagen hat. Nicht um ihm Schmerzen zuzufügen; nur gerade genug, um sicherzustellen, dass es gehorcht.

Als wir das nächste Mal rasten, steht der Mond schon hoch. Ich habe die Vorstellung eines romantischen Ritts in die Zukunft hinter der noblen Gestalt meines

Beschützers schon lange aufgegeben und bin froh, dass ich ausruhen kann.

Wir haben an einem Flecken unfruchtbarer Trostlosigkeit angehalten, der sich in keiner Weise von der Trostlosigkeit unterscheidet, die wir bisher durchquert haben. Er löst die Decke vom Rücken des Mulis und breitet sie auf dem Boden aus, wobei er Wert darauf legt, Dornbüsche und einige der größeren Steine zu entfernen. Das stimmt mich ihm gegenüber ein bisschen milder, aber ich bin eigentlich nur erschöpft. Zu etwas Essbarem würde ich nicht Nein sagen, es scheint jedoch nichts zu geben.

»Denkst du, es wird gehen?«, fragt er.

Ich würde gerne antworten: Ich hab mein ganzes Leben auf dem Boden geschlafen, was glaubst du denn? Aber ich möchte nicht gereizt klingen. Stattdessen lege ich mich hin, bedecke die Augen mit dem Arm und frage mich, wann die Dinge endlich anfangen, besser zu laufen. »Natürlich.«

»Dann dreh dich um.«

Ich schlafe schon halb, deshalb murmele ich nur: »Hm?«.

»Auf den Bauch, Mädchen.«

Ich hebe meinen Arm und schaue auf. Und ich fasse es nicht, der alte Mann steht da, bereit wie ein Zuchtbulle. »Großer Gott«, rufe ich, unfähig mich zu beherrschen.

»Stimmt«, sagt er und beugt sich herunter, um meine Hüfte zu tätscheln. »Du kommst vom Bauernhof, du weißt doch, wie es geht.«

Richtig, aber es nützt nichts. Ich bin staubtrocken und kann die Augen nicht von diesem wedelnden Kaktus abwenden, der so groß ist wie meine beiden Fäuste hintereinander. Um den Anblick loszuwerden, rolle ich mich auf den Bauch und spüre, wie er sich am Saum meines Kittels zu schaffen macht und ihn mir über die Taille schiebt. Dann zerren seine ledrigen Finger an meinen Hüften, und der ungünstige Winkel lässt mein Kinn über die Decke scheuern. Ich habe den Gestank des Maultiers in der Nase, während er versucht, in mich einzudringen, aber selbst er muss einsehen, dass es nicht funktioniert.

»Ich will dir nicht wehtun«, sagt er schließlich.

»Dann hör auf.«

Das tut er und seufzt dabei so tief, dass die Luft durch seine Nasenlöcher pfeift. Ich bin wund zwischen den Beinen, und dann spüre ich, wie seine warme, raue Hand meinen Hintern tätschelt. »Nun, ich habe schon so lange gewartet, ein bisschen länger wird mich nicht umbringen.«

»Danke«, flüstere ich und denke: Ein bisschen mehr hiervon wird mich aber umbringen. »Ich bin nur so müde. Später wird es sicher gehen.«

Er lässt den Saum seines Umhangs wieder herunter bis zu den Knien. »Lass es mich wissen, Frau. Ich werde bereit sein.«

Davon bin ich überzeugt, denke ich, behalte es aber für mich.

Später, kurz vor Sonnenaufgang, wache ich mit einem leichten Druck auf dem Schenkel und einer Schwere an anderer Stelle auf. Der Druck kommt von seiner Hand. Die Schwere ist in mir. Ich rege mich, und die Hand bewegt sich, wird aber nicht weggezogen.

»Und?«, fragt er.

Ich drehe mich um und strecke den Hintern in die Luft. »Versuch's.«

Er braucht keine weitere Aufforderung. Er spreizt meine Beine und schiebt sich in mich, und diesmal ist es, als hätte ich keine Zeit auszutrocknen. Es tut weh, als er sich tiefer hineindrängt, oh ja, ein kurzes heißes Zerren gefolgt von einem dumpfen Schmerz, als drücke man wieder und wieder auf einen blauen Fleck, aber da ist auch eine Art Erregung, beinah Vergnügen. Obwohl – offenbar so gut wie nichts verglichen mit dem, was Seine Herrlichkeit dabei empfindet. Wenn der so weitermacht, werde ich noch vor dem Morgen Witwe sein. Grunzen wird gefolgt von Stöhnen und dann erstickten Schreien, als würde der alte Knabe von Ameisen gefressen. Als er fertig ist, bricht er neben mir zusammen, das Gewand immer noch um den Bauch gerafft.

Am Morgen pflügt er mich wieder durch, bevor er nach dem Frühstück verlangt. Ich fische ein paar harte Kekse aus den Satteltaschen und versuche, die Schmerzen zu ignorieren. Wir setzen uns und essen, wobei er mir kaum in die Augen schaut. Kurz bevor wir weiterreiten, ergreift er meinen Arm und fragt: »Das hat doch nicht wehgetan, oder?«

»Ein bisschen«, gebe ich zu.

Er senkt den Blick und wirkt, als wäre er weggetreten. Das war eindeutig nicht die Antwort, auf die er gehofft hatte. Die nächste Nacht schlafen wir wieder draußen, nachdem wir erneut einen Tag lang auf dem Rücken des Mulis das Nichts durchquert haben. Die Berge im Norden gleiten zu unserer Rechten vorüber, und wir trotten immer noch weiter. Das Abendessen besteht aus Oliven, Aprikosen und bröckligem Ziegenkäse. Natürlich nimmt er mich wieder, diesmal schneller und härter. Es schmerzt noch mehr, das wunde Fleisch wird überdehnt. Aber als er mich wieder fragt, bevor er einnickt: »Diesmal hat es nicht wehgetan, oder?«, erinnere ich mich an den Morgen und sage: »Nein, mein Ehemann, überhaupt nicht.«

Das scheint ihn zu erleichtern und ihm die Gewissheit zu geben, dass er nach all den Jahren etwas Weises getan und sich eine normale Frau ausgesucht hat. Preiset den Herrn. Er murmelt etwas und schläft auf der Stelle ein, lässt mich allein die Nacht damit verbringen, die bleichen, getrockneten Milchflecken derjenigen Sterne anzustarren, die wie eine geisterhafte Erinnerung den Himmel bedecken. Wie etwas, das einst hell und neu gewesen ist und das die Zeit nun abgenutzt hat, das verblasst ist und stumpf.

3. Kapitel

NOAH

☑ 🐒 🐒

Die Nephilim lebten damals auf Erden.
Genesis 6, 4

Noah sagt zu seinem ältesten Sohn: »Ich muss für einige Zeit fortgehen.«

»Ist gut«, erwidert Sem.

»Du musst zur Küste gehen und Cham holen. Japhet kann sich um den Hof kümmern.«

»Ja, Vater«, sagt Sem.

Japhet kichert, wird aber nicht weiter beachtet.

Cham hat vier Jahre lang das Schiffbauhandwerk gelernt. Noah hatte gedacht, das könne nützlich sein. Jetzt wird ihm klar, dass es Vorsehung gewesen war.

»Er muss auch sein Weib mitbringen und alle Kinder, die sie haben.«

»Ja, Vater.«

»Ja, Vater«, echot Japhet spottend. Mirn, seine Frau, stupst ihn an. Er stupst zurück.

»Japhet, das reicht«, sagt Noahs Frau. Japhet grinst, isst sein Brot auf und sagt zu Mirn: »Komm, wir haben draußen Arbeit zu erledigen.« Aber anstatt hinauszugehen, betreten sie die Schlafkammer. Noah seufzt. Sein

Jüngster ist noch ein Kind, mit dem schlaksigen Körper eines Sechzehnjährigen und dem Verlangen eines Sechzehnjährigen. Und mit einer vierzehnjährigen Frau, die selbst wie ein Junge aussieht.

An Sem gewandt, fährt Noah fort: »Wenn sie Fragen stellen, sag ihnen nichts. Sag ihnen, es ist mein Wunsch, dass sie hierher kommen. Wenn's sein muss, sag ihnen, dass ich sterbe.«

»Ja, Vater.«

Noah zögert. Er hat seinem Sohn gerade drei widersprüchliche Anweisungen gegeben, und Sem hat allen beigepflichtet. Selbst wenn man ihn drängte, er würde darin keinen Konflikt erkennen. Aber was erwartet Noah auch? Sem ist der gute Sohn, derjenige, der niemals murrt wie Cham oder grinst wie Japhet. Sems Vorstellungsvermögen ist so geradlinig und langsam wie seine Hände, sein Charakter so stumpf und schwerfällig wie seine Taille. Sem ist derjenige, der immer gehorcht. Viele Jahre lang hat das Noahs Herz erfreut. Frucht seiner Lenden und so weiter. Aber im Moment ist er da nicht so sicher. In naher Zukunft wird ihnen eine Menge abverlangt werden. Ein bisschen eigenständiges Denken könnte da von Vorteil sein.

Sem unterbricht seine Gedanken: »Sonst noch was, Vater?«

»Nein, nein, lass dich nicht aufhalten.«

Sem steht auf und macht sich auf den Weg. Die Familie war im Hauptraum zusammengekommen, um zu frühstücken. Die Ameisen beeilen sich, die Krumen aufzulesen. Draußen erhellen die Vorboten des Sonnenaufgangs den Himmel über den flachen Hügeln.

Sems Frau Bera steht ebenfalls auf, aber Noah hebt die Hand. »Warte.«

Sie wartet. Im Nebenraum grunzt Japhet scharf und verstummt dann.

»Dein Vater. Du hast ihn nicht kürzlich gesehen?«

Eine absurde Frage. Bera starrt ihn sprachlos an, und Noah weiß, warum. Sie hat ihren Vater nicht mehr gesehen, seit sie sieben war, als er sie als Lösegeld für Kriegsgefangene eingetauscht hat. Ihr Vater war in einem der südlichen Königreiche Anführer eines Stammes und mit dreißig Frauen und hundert Kindern gesegnet gewesen. Er hatte bereitwillig Jungfrauen gegen Krieger eingetauscht.

Mit fünfzehn, schon viel erwachsener als ihrem Alter entsprechend, trat sie in den Dienst eines wohlhabenden kanaanäischen Kaufmannes. Der war ein Witwer, der dem Glauben Adams anhing – schon zu jener Zeit von vielen vergessen. Dieser Händler hatte sie die Grundlagen jenes Glaubens gelehrt – sie waren recht einfach – und war dann gestorben.

Und was hatte dann den fahrenden Händler Dinar bewogen, sie auf seinem Karren in die abgelegenen nördlichen Gebiete mitzunehmen, wo er dann hörte, dass Noah eine Frau für seinen Erstgeborenen suchte? Zufall, würden viele sagen, pures Glück. Aber für Noah, der in jeder Kräuselung des Wassers den Finger Gottes und in jedem Hornissenstich dessen Zorn sah, war die Ankunft Dinars und des Mädchens ungewisser Herkunft mit den großen Augen und den nicht zu leugnenden physischen Vorzügen – und Sems Bereitschaft, sich zu fügen, wie er sich jeder Anweisung seines Vaters fügte – unmissverständlich eine direkte Order Jahwes höchstpersönlich. Diese Freigebigkeit abzulehnen wäre das Gleiche, wie Gott ins Gesicht zu spucken, und das war nie eine gute Idee.

Also kaufte Noah das Mädchen, gab es seinem Sohn und verheiratete die beiden. Sie sagte, ihr Name sei Bera, erzählte darüber hinaus aber nicht viel. Dafür lebte sie sich schnell ein, arbeitete hart auf den Feldern, hütete die Viehherden und machte keinen Ärger. Noah war zufrieden, und Sem war offensichtlich hingerissen. Und wieso auch nicht? Ihre Haut war so braun wie frisch gewendete Erde, die Augen groß und schwarz. Ihre Hüften waren breiter als die eines Pferdes und die Beine robust genug, um sie den ganzen Tag über den ausgedörrten Boden zu tragen. Noah betrachtete sie und träumte von Enkelsöhnen. Nach den Geräuschen zu urteilen, die jede Nacht vom abgelegenen Ende der Schlafkammer an sein Ohr drangen, arbeiteten sie hart daran, diesen Träumen Gestalt zu verleihen.

Noah beobachtete jedoch mit einiger Besorgnis, wie die Jahreszeiten wechselten, die Schafe brünstig und die Lämmer entwöhnt wurden, Beras Bauch aber so flach blieb wie Sems. Aus den Jahreszeiten wurden Jahre. Sems Bart zeigte das erste Grau, und Beras Locken folgten prompt dem Beispiel. Noah bangte, er könne die Zeichen falsch gedeutet haben.

Bera findet die Sprache wieder. »Ich habe meinen Vater seit meiner Kindheit nicht mehr gesehen. Ist das alles?«

»Hm? Nein, natürlich nicht. Ich muss dich vielleicht darum bitten, etwas für mich zu tun.«

Bera sagt nichts, wartet ab und hält sich zurück.

»Das Land deines Vaters liegt im Süden, nicht wahr?«

»Weit weg, es dauert viele Wochen, dorthin zu reisen.«

Noah denkt angestrengt nach, kann sich aber an kein Land südlich von Kanaan erinnern. »Fürwahr, weit weg«, sagt er lahm und wünscht sich, sie hätten schon früher darüber gesprochen. Aber niemand schneidet das Thema an: Beras Vergangenheit scheint Unschönes zu bergen.

Noah sucht nach Worten, etwas, woran er nicht gewöhnt ist. Die Frau seines Erstgeborenen scheint irgendwie diese Wirkung auf ihn zu haben. »Vielleicht muss ich dich bitten, dorthin zurückzukehren.«

Bera betrachtet ihn ruhig. »Mir wäre lieber, ich müsste es nicht.«

»Du weißt, was ich tun muss?«

»Ein Schiff bauen.«

»Ja.«

»Und du möchtest, dass ich ins Land meines Vaters zurückkehre. Wegen der Tiere, vermute ich.«

Noah breitet die Arme aus. »Exotische Kreaturen leben in deinem Land. Ungeheuer, von denen ich nur habe flüstern hören, Echsen mit Hälsen lang wie ein Mann, und Vögel, deren Gefieder mit Diamanten und Silber besetzt ist. Katzen, die schneller rennen als der Blitz. Und Gazellen, Affen und wilde Hunde und so weiter.«

»Und die willst du alle haben.«

»So viele wie möglich. Alle anderen werden verloren sein.«

Sie hat die Arme unter den üppigen Brüsten verschränkt und steht breitbeinig da. Ein Fuß stampft rhythmisch auf den Boden. Trotz ihrer lässigen Pose wirkt sie interessiert, denkt Noah. »Es ist eine lange Reise, und eine gefährliche dazu.«

»Ich weiß.« Noah lässt die Schultern hängen. »Ich werde Sem nicht entbehren können, und du wirst nicht viel Geld haben.«

»Das macht es einfach«, sagt sie ausdruckslos.

»Denk darüber nach«, drängt Noah. »Überlege dir die kürzeste Route und wie du an die Tiere kommst. Bitte deinen Vater um Hilfe.« Noah erhebt sich und will gehen.

»Da gibt es ein Problem«, sagt sie.

»Es gibt viele Probleme.«

Sie nickt duldsam. »Ich verachte meinen Vater. Ich wünschte, er wäre tot. Ich hoffe, er ist es.«

Noah starrt sie an, seine Augen funkeln wie blaue Flammen. »Es ist Sünde, das zu sagen.«

»Mein Vater hat mich als Sklavin verkauft. Er hat mich fortgeschickt, damit mich im Alter von sieben Jahren die Männer massenweise vergewaltigen konnten, während er Krieger sammelte und neue Schlachten ausheckte. Es ist Sünde, das zu tun.«

Noah holt tief Luft, um sich zu fassen. »Wir befinden uns in einer verzweifelten Situation. Die Vergangenheit ist vergangen.«

»Nicht zu leugnen«, stimmt sie nickend zu.

»Du musst vergeben«, verlangt er.

»Vielleicht.« Sie zuckt die Schultern. Dann lächelt sie kalt. »Vielleicht auch nicht.«

Noah verlässt erschüttert das Haus und fragt sich, was er tun soll, wenn das Mädchen versagt. Auf Gott vertrauen, natürlich. Er betrachtet den Horizont beim Sonnenaufgang und sucht nach Wolken, nach einem Omen. Er findet jedoch nichts.

Noah belädt das Maultier mit Proviant und reitet sechs Tage in Richtung Norden. Die Sonne brennt unbarmherzig auf ihn herab. Das Land um ihn herum wabert, als sei es lediglich eine unscharfe Idee in Gottes Hirn. Am ersten Morgen lässt er die Hügel östlich seiner Heimat hinter sich, neue erscheinen vor ihm und tauchen in der Hufspur seines Mulis wieder ab. Noah isst auf dem Rücken des Tieres und schläft über seinen Hals gebeugt, während es langsam dahintrottet.

Er hat diese Reise schon früher unternommen, aber nie in dieser heißen Jahreszeit. Er fragt sich, ob er einen Fehler gemacht hat, verbannt diesen Gedanken dann jedoch wieder. Wenn er einen Fehler gemacht hat, hieße das, Gott hätte ebenfalls einen gemacht.

Am dritten Tag versiegen seine Wasserschläuche. Er leckt sich über die Lippen und schmeckt Blut.

Am vierten Tag wankt das Muli in den Schatten eines Palmenhains, in dessen Mitte sich eine versandete Süßwasserquelle befindet. Noah und das Maultier versenken gemeinsam ihre Köpfe darin. Noah schlürft, weint und betet, alles mehr oder weniger gleichzeitig.

Als er die Augen wieder öffnet, ist bereits die Nacht hereingebrochen. Das Maultier lehnt an einer Palme und schnarcht leise. Fliegen krabbeln emsig in seinen Nüstern umher. Erfrischter, als er sich seit Tagen gefühlt hat, füllt Noah die Wasserschläuche und spült ein paar Datteln hinunter. Ich bin durchs Feuer gegangen, denkt er, aber nun stärker denn je. Ich wurde geprüft und habe nicht verzagt. Ich war verloren, doch jetzt bin ich gerettet.

Er schläft wieder ein und reitet erst am darauf folgenden Abend weiter, die ganze Nacht hindurch. Der Mond hilft ihm, den Weg zu finden. Bei Sonnenaufgang kommen die Berge im Norden in Sicht, und am späten Vormittag ist er nahe genug, um einzelne Gebäude erkennen zu können. Die wabernde Luft der Wüste lässt sie näher erscheinen, als sie sind, aber Noah hat das erwartet. Er erkennt, dass die Häuser viel größer sind, als sie nach menschlichen Maßstäben überhaupt sein können. Am Abend hält er das Maultier an einer weiteren Quelle an, sauberer als die erste, und vor Sonnenaufgang macht er sich auf den Weg zu den Ausläufern des Gebirges.

Sie warten auf ihn. Natürlich haben sie sein Kommen bemerkt und hätten ihm in den letzten ein, zwei Tagen seiner Reise behilflich sein können. Noah nimmt es ihnen nicht übel, dass sie es nicht getan haben: Es ist nicht ihre Art, sie glauben nicht an Gott.

Sie sind zu zweit, groß wie Zedern, und liegen ausgestreckt auf einem Haufen von Geröll. Einer grinst auf ihn herab, als Noah mit rotem Kopf den Hügel erklimmt, den Stab in der schwitzenden Hand. Der andere schaut finster. Irgendwo unten wartet das Maultier und grast.

»Seid gegrüßt, Gevatter«, sagt der Erste lächelnd.

»Gute Reise für dich«, entbietet der Zweite widerwillig seinen Gruß.

»Friede sei mit euch beiden«, keucht Noah. Sein Kopf reicht ihnen gerade bis ans Knie. Er hält an, um sich das Gesicht mit einer Ecke seines Kopftuchs abzuwischen, dann schlingt er es wieder um sein Haupt. Selbst am Morgen brennt die Sonne schon gnadenlos.

»Was führt dich her, Gevatter?«, fragt der Riese grinsend. Auf seinem Kopf tummelt sich ein Gewirr schwarzer Löckchen, die bis auf seine Schultern reichen. Wenn er lächelt, was oft der Fall ist, erscheinen Grübchen auf seinen Wangen. Sein Umhang ist sauberer als der seines übellaunigen Freundes und mit einem hübschen Blumenmuster umsäumt. »Es ist eine heiße Jahreszeit fürs Reisen.«

»Ich komme wegen Holz«, erklärt Noah. »Damit ich ein Schiff bauen kann. Und Pech, aber das hat noch Zeit.«

»Holz und Pech«, wiederholt der Riese und nickt. Er schaut seinen Gefährten an, der hagerer ist als er selbst und noch größer. Und kahlköpfig. Noah versucht den Blick, den sie tauschen, zu deuten, aber da er zu ihnen aufschauen muss, kann er nur ihre Silhouetten vor dem Morgenhimmel erkennen, ihre Gesichter liegen im Dunkeln. »Wie viel brauchst du?«

»Genug für ein Schiff von dreihundert Ellen Länge, fünfzig breit und dreißig hoch.«

»Das ist ein mächtig großes Schiff, Gevatter.«

»So ist es.«

Die zwei Riesen ragen über ihm auf. Der Kahle sagt: »Wessen Ellen, deine oder meine?«

Noah ist nach seinem Aufstieg noch nicht wieder vollständig zu Atem gekommen. »Ich verstehe nicht.«

Der kahle Riese streckt einen gewaltigen Arm aus. Er hängt wie eine Klinge über Noah, himmlisch oder höllisch, und droht zu fallen. »Eine Elle ist die Entfernung zwischen dem Ellbogen und den Fingerspitzen. Wessen Elle willst du, deine oder meine?«

»Stell dir dreihundert von denen vor, Gevatter«, sagt der lächelnde Riese. »Das wäre dann aber wirklich ein mächtiges Schiff für dich.«

Noah verschließt vor ihrem Gackern die Augen. Die Dinge waren viel klarer gewesen, als Gott sie erklärt hatte. Er öffnet die Augen und sagt: »Meine.«

»Also gut«, erwidern sie achselzuckend. Der mit den Locken sagt: »Das ist nicht so viel. Die Menge Holz könnten wir in, sagen wir, vier Tagen in den Bergen sammeln?«

»Drei«, schlägt sein Kamerad vor.

»Zwei.«

»Einem.«

»Das erledigen wir heut Vormittag.«

Der Riese mit den Grübchen ballt die maultiergroßen Fäuste zwischen seinen hausgroßen Schenkeln und beugt sich vor. Noah wird vom Atem des Mannes überflutet wie von einem Wasserfall. »Wir zwei könnten das Holz, das du brauchst, bis heute Nachmittag zusammentragen. Das Pech zu destillieren dauert länger. Wie du's nach Hause schaffen willst, kann ich mir allerdings nicht vorstellen.«

»Vielleicht habt ihr ein paar Ochsen?«, versucht es Noah.

»Vielleicht. Und Karren zum Transport. Und was hast du, um das alles zu bezahlen?«

»Im Moment gar nichts. Aber ich werde meinen Sohn mit ein paar Ziegen herschicken. Ihr wisst, wo mein Gehöft liegt; ihr braucht also nicht zu befürchten, dass ich nicht zahle.«

Die zwei Riesen schauen sich ungläubig an. »Ziegen?«

»Appetithäppchen«, spottet der Hagere lachend. »Pffft.«

Noah erwidert nichts. Mehr kann er nicht anbieten, also wartet er darauf, dass der Allmächtige ihm auf die Sprünge hilft.

Der freundlichere Riese, der mit den Locken und Grübchen, wendet sich wieder an Noah: »Warum machst du das überhaupt? Ein Schiff bauen. Ich dachte, du bist Bauer.«

Ein geringerer Mann könnte geneigt sein zu lügen. Ein größerer Mann würde vielleicht stolz die Antwort verweigern. Noah aber ist ein gewöhnlicher Mann, sechshundert Jahre alt, der sich gerade mit Riesen unterhält und von Gott berührt wurde. Er sagt: »Der Herr beabsichtigt, die Erde zu vernichten.«

»Und was willst du dann mit einem Boot?«

»Überleben.«

Die Riesen schauen sich an. Der Hagere beugt sich vor und fragt: »Und wir?«

»Ihr werdet ebenfalls vernichtet. Und eure ganze Sippe und alles, was ihr geschaffen habt.«

Vielleicht beeindruckt sie der Ernst seiner Worte. Es ist einen Moment lang still.

»Es sei denn, ihr helft mir«, fügt Noah hinzu.

Die Riesen senken den Blick, als mache diese kleine, bärtige Hornisse sie verlegen. Sie klopfen sich mit den Händen auf die Knie. Der mit den Grübchen lacht diesmal nicht, als er fragt: »Wenn wir doch vernichtet werden, warum sollten wir dir dann helfen?«

Einen Moment sinnt Noah über eine Antwort nach. Dann hat er eine Eingebung. »Damit ihr nicht für immer vergessen seid«, erklärt er. »Damit, wenn wir überleben und unsere Geschichte erzählen und unsere Söhne und Enkel das Gleiche tun, die Erinnerung an euch in uns weiterlebt.«

Eine Weile sagt keiner mehr etwas, und die Sonne brennt auf alles hernieder.

4. Kapitel

Sem

Vier Jahre können einen Mann verändern. Als ich Cham zum ersten Mal erblicke, erkenne ich ihn überhaupt nicht wieder. Er ist kräftiger geworden, hat von der harten Arbeit breitere Schultern bekommen. Aber vor allem ist es der Bart, ein buschiges Ding, das in alle Richtungen absteht. Seine langen schwarzen Haare reichen bis über die Schultern, und um die Stirn hat er ein kleines Stück Seil gebunden. Er sieht aus wie ein ... Ich weiß nicht, wie er aussieht. Aber er hat keine neuen Sommersprossen oder Warzen, was gut ist, und seine Augen sind immer noch so meergrün wie eh und je. In dieser Hinsicht gibt es also keinen Grund, sich Sorgen zu machen.

Er erkennt mich wiederum sofort. »Sem!«, brüllt er und umarmt mich so ungestüm, dass er mir beinahe das Rückgrat bricht. »Bei Adams Rippe, Sem, es ist schön, dich zu sehen.«
»Der Bart steht dir«, bemerke ich, obwohl es nicht stimmt. Lässt sein Gesicht wie ein Storchennest aussehen, aber das kann ich ihm unmöglich sagen.
Er schiebt mich auf Armlänge zurück und zeigt sein

breites Lächeln, bei dem er alle Zähne enthüllt. Es ist komisch, wie es so aus dem Bart auftaucht, aber auch schön. Weckt Erinnerungen. Wir beide in der Schlafkammer, draußen prasselt der Regen, Mutter und Vater unter dem Laken zugange ...

»Also! Es geht nicht um den alten Herrn, oder?«
»Was?«

Sein Gesicht verdüstert sich. Die grünen Augen fallen ihm vor Erstaunen fast aus dem Kopf. »Er ist nicht krank geworden, oder? Ich hab immer gedacht, der lebt ewig.«

»Oh, nein. Vater geht's fabelhaft. Mutter auch.«
»Gut. Komm, ich stell dir Ilya vor.«

Die berühmte Ilya. Ich gebe zu, ich bin neugierig. Vor zwei Jahren erhielten wir Nachricht von der Hochzeit, aber keiner von uns hat sie bislang kennen gelernt.

Cham führt mich an der Hand durch die Straßen. Dies ist ein Küstendorf an der Mündung des Flusses Za, ich weiß den Namen nicht. Oder ob es einen hat. Tatsächlich wusste ich nicht einmal, ob es das richtige Dorf war, wo ich doch noch nie hier gewesen war. Aber als ich heranritt, sah ich zwei Lerchen eine Taube jagen, da wusste ich, dass es das richtige Dorf war.

Der Ort sieht gar nicht übel aus. Ein scharfer Geruch liegt in der Luft, und man hört zahllose Seemöwen krächzen. Die Palette an Hautfarben ist auch ein bisschen umfangreicher als bei den Menschen, an die ich gewöhnt bin. Aber an solch einem Ort ist das ja zu erwarten. »Wie viele Menschen leben in dieser Stadt, Cham? Müssen Dutzende sein.«

Er lacht mich aus, wie in alten Zeiten. »Sag das nur nicht laut. Allein in der Stadt leben Hunderte, dazu kommen noch die Seeleute und die Händler, die hier kaufen und verkaufen.«

Hunderte, sagt er. »Bei Adams Rippe!«

Er lacht wieder. »Ich dachte, du fluchst nicht.«

»Wenn Vater dabei ist, nicht.«

Landeinwärts liegt ein Gewirr von schmalen Gässchen mit Lehmhütten und ein paar gemauerten Gebäuden. Einige sind zwei Stockwerke hoch, und ich recke meinen Hals, um sie mir genauer anzusehen. Der Boden besteht aus Schlamm. Überall sind Menschen und Maulesel, Karren und Wäsche auf den Leinen. Kinder drängeln sich durch das Gewirr ... »Wie schaffst du's nur, an einem Ort wie diesem nicht den Verstand zu verlieren?«

»Man gewöhnt sich dran«, versichert er mir.

Wir biegen nach links ab in eine noch engere Gasse, zwischen zwei Tavernen aus Lehm hindurch. »Pass auf, dass du nicht in den Mist trittst.«

»Zu spät«, murmele ich.

Auf halber Höhe der Gasse springt eine schwanzlose weiße Katze auf eine Fensterbank. Bei diesem Anblick überfällt mich das dunkle Gefühl einer Vorahnung, das könnt ihr mir glauben.

Wir machen vor einer offenen Tür Halt. »Mein Schloss«, kündigt Cham an und führt mich hinein.

Es ist nur ein Raum: eine Pritsche an der gegenüberliegenden Wand, Küchengegenstände in einer Ecke. Unter dem einzigen Fenster steht ein kleiner runder Tisch mit

Hockern. Ärmlich, aber sauber, die Wände gekalkt und der Fußboden mit frischem Sand bedeckt. Vater würde es gutheißen, und ich tue das auch. »Es ist hübsch«, bemerke ich und erstarre im nächsten Moment.

»Ilya«, sagt er, »mein Bruder Sem.«

Ich habe sie bereits entdeckt. Sie sitzt auf einem der Hocker beim Fenster, sodass das Licht von draußen auf sie fällt. Die Zeichen sind unmissverständlich.

Zuerst denke ich, dass sie sehr alt ist. Dann erkenne ich jedoch, dass ihr Gesicht keine einzige Falte aufweist und ihre Haut straff ist. Einen Moment lang schaut sie mich ruhig an. »Friede sei mit dir, Bruder«, begrüßt sie mich. »Willkommen in unserem Heim.«

»Friede mit dir«, erwidere ich. »Danke für deine Gastfreundschaft.«

»Warum so förmlich?«, ruft Cham und klopft mir auf den Rücken. »Setz dich. Ein bisschen Wein, wenn welcher da ist, Liebes. Sem, möchtest du ihn mit Honig?«

»Ein wenig«, sage ich, »und mit Wasser verdünnt. Ich habe viel zu erzählen und muss einen klaren Kopf behalten.«

»Das ist mein Bruder«, sagt Cham grinsend. Ilya lächelt zurück. Ich fühle mich elend. Im Schoß verknote ich die Finger ineinander. Ich kann es nicht ertragen, sie anzusehen, und weiß nicht, wie ich das Thema Cham gegenüber zur Sprache bringen soll. Sie ist offensichtlich von einem Dämon besessen, vielleicht schon tot oder verflucht. Kann es sein, dass er das nicht weiß?

Nach einer Weile gewinne ich die Fassung wieder. Der Wein hilft, meine Nerven zu beruhigen, und der Honig schenkt mir neue Kraft. Die Frau sagt sehr wenig. Nur das, was man erwartet.

»Nimm etwas Obst«, sagt sie und stellt eine Platte voller Früchte mit mir unbekannten Formen und Farben auf den Tisch. Die toten weißen Finger, die das Tablett an einem Ende halten, sehen wie Maden aus. »Es kommt aus der ganzen Welt.«

»Danke«, bringe ich murmelnd heraus. Ich kann ihr nicht ins Gesicht sehen, aber wenigstens hat mein Magen sich beruhigt.

»Also, was gibt es Neues von daheim?«, will Cham wissen.

Ich zwinge mich, auf mein eigentliches Anliegen zu sprechen zu kommen. »Cham, du musst mit mir zurückkehren. Sofort.«

»Ach wirklich? Wieso?«

»Weil ... du musst einfach, das ist alles.«

Ich versuche mich zu erinnern, was Vater hierzu gesagt hat. Es waren mehrere Dinge. »Er will es so«, füge ich hinzu. »Tatsache ist: Er stirbt.«

»Das tut er nicht«, behauptet Cham.

»Woher willst du das wissen?«, erwidere ich aufgebracht.

»Du hast es mir gesagt, erinnerst du dich nicht?« Er zeigt grinsend seine Zähne und beginnt, eine der Früchte zu schälen. »Ich habe gefragt, ob irgendwas nicht in Ordnung sei, und du hast Nein gesagt. Es ist nicht deine Art, auf eine direkte Frage zu lügen, und ich wundere mich, warum du es jetzt versuchst.«

»Oh.«

»Also, warum erzählst du nicht, was wirklich los ist?«

Ich seufze. Cham war immer schon der Clevere.

Nach vielen Erklärungen sagt Cham: »Glücklicherweise waren wir schon dabei, eine Reise nach Hause zu planen. Wir werden eben nur ein paar Monate früher gehen als geplant.«

»Und ein paar Monate länger bleiben«, bemerkt Ilya mit einem schiefen Lächeln. Ihre Zähne stehen vor und sind spitz.

Cham zuckt die Schultern. »Wenn dieser Regen wirklich kommt.«

»Wieso solltet ihr daran zweifeln?«, frage ich sie beide.

Nachdem Cham sich entschieden hat, geht alles zügig. Ich verbringe die Nacht bei ihnen, obschon ich zugeben muss, dass ich recht wenig schlafe, mit ihr im Zimmer … Am nächsten Morgen geht Cham zu seiner Arbeitsstelle, um seine Abreise anzukündigen. Am Nachmittag werden Proviant und ein Maultier für die beiden gekauft. Cham wählt eine dunkle Stute mit einem abgeschnittenen Ohr. Wie unwissend er ist! Und der Junge, der sie verkauft, lispelt obendrein auch noch! Glücklicherweise kann ich einschreiten, und sie einigen sich schließlich auf eine stämmige Graue mit blutunterlaufenen Augen. Vorsicht ist besser als Nachsicht, sage ich immer.

Sie haben bereits einen Esel, der ihre Taschen tragen soll. Die sind größtenteils mit Chams Werkzeugen gefüllt, welche er mir mit etwas zu viel Stolz zeigt. Sie bestehen alle aus geschnitzten Griffen und metallenen Klingen. So etwas habe ich nie zuvor gesehen.

»Beeindruckend«, staune ich, während ich behutsam das Breitbeil betaste, oder die Axt oder die Ahle, ich weiß nicht, was was ist.

»Vorsicht«, ermahnt er mich, »die kosten einen Jahreslohn.«

Er verzurrt ein langes, schweres Rohr aus orangefarbenem Metall auf dem Rücken des Esels. »Damit werden wir Nägel machen. Japhet kann lernen, wie das geht. Dich werde ich brauchen, um mir zu helfen, das Holz abzurinden.«

Unsere Werkzeuge zu Hause sind aus Stein und Holz. Mutters Kochtopf ist eine Ausnahme, genau wie Vaters Kastrationsmesser. »Wo findest du nur solche Dinge?«

»Es ist ein großer Vorteil, an einem Hafen zu wohnen«, antwortet er verschmitzt. Mit einem Wink auf seine gespenstische Frau fügt er hinzu: »Allerhand ungewöhnliches Zeug kommt von Übersee herein.«

Kurz vor Sonnenuntergang brechen wir auf, nachdem die Fledermäuse sich schon in die Lüfte erhoben haben, aber noch bevor der Abendstern erscheint. Wir reiten auf dem Pfad, der mich vor zwei Tagen hierher geführt hat, in Richtung Osten. Das Meer bleibt hinter uns zurück, sein Rauschen wird erst zu einem Murmeln und verstummt dann ganz.

Ilya sitzt hinter Cham, die Arme locker um seine

Taille geschlungen, und ihr Kopf ruht an seiner Schulter. Ich kann mich immer noch nicht überwinden, sie anzuschauen. Schläfrig fragt sie: »Neigt euer Vater öfter zu solchen Scherzen?«

Mein Magen krampft sich zusammen, aber Cham johlt nur: »Hörst du das, Sem?«

»Ich höre es.«

»Unser Vater«, antwortet er seiner so genannten Frau, »hat eine besondere Beziehung zu Jahwe. Die meiste Zeit, glaube ich, möchte der alte Knabe Gott erzählen, was dieser falsch macht. Und genau so oft hat Gott die passende Antwort für ihn.«

Ilya lächelt.

»Aber er nimmt die Sache schrecklich ernst«, fährt Cham fort. »Genau wie Sem hier.«

Ich erwidere nichts. Es ist dunkel geworden, und ich konzentriere mich auf den Pfad und die Wegzeichen.

»Richtig, Sem?«

»Richtig.«

An Ilya gewandt sagt Cham: »Es ist also besser, nicht von Scherzen zu sprechen, Liebes. Sag lieber Visionen, das ist respektvoller.«

»Verstehe.«

Cham fährt fort: »Er hat hin und wieder welche. Seit einer ganzen Weile keine mehr, aber als er jung war, kamen sie oft. Deshalb ist er auch aus dem Haus seines Vaters ausgezogen und hat sich auf diesem teuflischen Stück Land am Rande der Wüste niedergelassen.«

»Gib Acht, Cham«, warne ich. Er mag der Clevere sein, aber meine Geduld ist nicht unendlich.

Der Mond geht auf und wirft ein wässriges Licht auf den Pfad, die Sträucher und die leicht wellige Ebene. Wir reiten schweigend. Die graue Stute trabt wie ein Fleck Quecksilber durch die Nacht. Chams Haar und Bart verschmelzen mit der Dunkelheit, sodass er wie ein kopfloser Dämon aussieht. Und sie …

Ilyas Kopf leuchtet in der Nacht wie ein Heiligenschein, der geradezu unheilige Schlaglichter hinauf zu den Sternen wirft. Gerade so, als wolle sie Gott selbst herausfordern.

5. Kapitel

Noah

☑ 🐺 🐺

Noah tat so; ganz, wie es ihm Gott befohlen hatte, tat er.
Genesis 6, 22

Noah kehrt auf dem Muli zu seinem Hof zurück, hinter sich sechs Ochsengespanne, die dreißig Klafter Bauholz ziehen. Das Pech ist ihm für einen späteren Zeitpunkt versprochen worden. Die Rückreise hat zwölf Tage gedauert, wobei sie nachts gereist sind, und hat sowohl ihm als auch seinen Tieren das Letzte abverlangt. Schon in Sichtweite der Hügel am Rand seines Besitzes bricht das Maultier unter ihm zusammen, mausetot. Noah stürzt schwer und steht nicht mehr auf. Die Hälfte der Ochsen folgt seinem Beispiel und sinkt zu Boden. Herr, ich habe mich bemüht, deinem Befehl zu gehorchen, versucht er zu sagen, doch die Worte bleiben ihm wie Staub im Hals stecken.

Noah erwacht im Halbdunkel, in der abgestandenen Luft der Schlafkammer. Nebenan vernimmt er murmelnde Stimmen. Ganz in der Nähe ein wildes Rascheln. Er macht einen langen Hals und erkennt seinen Jüngsten, Japhet, der seine Frau Mirn beglückt. Noah krächzt etwas, und Japhet, der vor Anstrengung den

Mund offen stehen hat, keucht: »Jahwe!«, bevor er neben dem Mädchen zusammenbricht.

Mirn setzt sich auf und zieht das Hemd bis über die Knöchel herab. »Japhet, er ist wach.«

»Hm?«

Noah krächzt wieder. Mirn, mit ihrem runden Gesicht und der olivfarbenen Haut, lächelt schüchtern und steckt sich eine Haarsträhne hinters Ohr. »Ich hole die anderen«, sagt sie und eilt hinaus, ihre nackten Füße klatschen auf den Lehmboden.

»Japhet«, bringt Noah mühsam heraus.

»Hm?«

»Japhet!«

Der Junge öffnet die Augen und stützt sich auf die Ellbogen. »Oh, hallo, Papa.«

Noahs Stimme erholt sich rasch. »Es gibt Arbeit. Später wird genug Zeit sein, deine Frau kennen zu lernen. Aber jetzt müssen wir zusammenarbeiten. Hast du verstanden?«

»Sicher, Vater.« Der Junge grinst. »Was immer du sagst.«

Die Familie drängt sich durch die Tür, versammelt sich um ihn und füllt den dämmrigen Raum mit Besorgnis. Sem und Bera, Japhet und Mirn. Noahs eigene Frau streckt ihm einen Becher Wasser entgegen. Und da ist Cham, den er die letzten vier Jahre nicht gesehen hat. Und diese ... diese Erscheinung, dieses Gespenst.

»Cham«, stammelt Noah und trinkt einen Schluck Wasser, worauf seine Kehle sich löst.

Cham neigt den Kopf. »Abba. Dies ist meine Frau. Ilya, mein Vater.«

Noah trinkt das Wasser aus und betrachtet das Mädchen. Zunächst mal ist sie groß, größer als jeder Einzelne von ihnen. Wie ein Weidenbaum. Und farblos. Ihre Haut ist kreideweiß, fischgleich, sodass ein feines Flechtwerk aus Rot und Blau darunter zu erkennen ist, wie die Adern in einem Blatt. Das Haar ist ein Strom aus Silber, der ihr bis auf den Rücken reicht, wie eine Quelle, die über einen Quarz sprudelt. Die Augen sind von blassestem Grau, die Wimpern nahezu unsichtbar. Nur die Lippen haben einen Hauch Rosa. Noah bemerkt, dass Sem Abstand zu ihr hält und sie beobachtet und dann Noahs eigene Reaktion auf sie abzuschätzen versucht. Nun, so ist Sem eben.

»Friede sei mit dir, Tochter«, begrüßt Noah sie.

»Und mit dir.« Sie nickt. »Danke.«

»Du kommst von einem der Stämme im Norden, vermute ich?«

»Weit im Norden«, bestätigt sie. »Dort, wo Schnee so normal ist wie hier der Sand.«

Er beschließt, nicht zu fragen, was Schnee ist. Irgendeine Pflanze wahrscheinlich. »Und mein Sohn hat dich zum Eheweib genommen?«

»Das hat er, Vater.«

»Und ist er ein guter Ehemann?«

Sie lacht ungezwungen und entblößt feine Schneide- und Eckzähne, die so spitz zulaufen wie bei einem Fuchs. »Ich kann mich nicht beklagen.«

»Gut.« Noah lächelt ebenfalls, und die düstere Stimmung im Raum hebt sich ein wenig. Nur Sem blickt noch finster drein. »Wenn es Anlass gibt, deine Meinung zu ändern, komm zu mir.«

»Ich werde daran denken.«

Cham räuspert sich: »Wenn du Gelegenheit hast, Abba, könntest du dann Sem versichern, dass sie kein Dämon aus der Hölle ist, der unsere unsterblichen Seelen aussaugen will?«

Japhet prustet los. Sem errötet, während Noahs Frau mit der Zunge schnalzt. »Ich habe nie behauptet ...«, beginnt Sem.

»Ihr hättet ihn mal hören sollen«, fährt Cham schonungslos fort, »wie er in einem fort fragte: ›Bruder, weißt du, wer sie ist? Weißt du, wer sie gezeugt hat?‹ Und ich sage zu ihm: ›Klar, ein Kaufmann aus dem Norden, der bei einem Schiffbruch vor Kittim ums Leben gekommen ist.‹«

Japhet vergräbt den Kopf an Mirns Bauch und kann sein Lachen kaum unterdrücken.

»Zu meiner Verteidigung sei gesagt, dass alle Anzeichen da waren«, entgegnet Sem steif. »Und du musst zugeben, Vater, dass sie anders ist als alle, die wir in diesem Land jemals gesehen haben.«

»Aber deshalb mag ich sie ja«, erklärt Cham. Er zwinkert Ilya zu, und sie zwinkert zurück.

Noah hebt die Hände. »Genug. Ilya, vergib meinem abergläubischen Sohn. Er wollte dich nicht verletzen.«

Mit einem sanften Lächeln neigt sie den Kopf. »Das hat er auch nicht.«

Noah wechselt das Thema. »Jetzt, da wir alle hier sind: Viel Arbeit liegt vor uns. Ein Schiff muss gebaut, und Tiere müssen eingefangen werden. Ich schlage vor, dass wir die Aufgaben aufteilen und beginnen.«

»Du bist nicht gesund«, schilt seine Frau und legt ihm ihre Hand auf die Stirn.

Er winkt ab. »Zum Ausruhen ist später noch Zeit. Wir haben draußen einen Haufen Material, und wir wissen, was wir damit zu tun haben. Außerdem müssen Expeditionen in die Wege geleitet werden, um Gottes Geschöpfe einzusammeln. Mit Aufschieben wird nichts erreicht. Es kommt schließlich ein Sturm auf uns zu, dem wir nicht ungewappnet begegnen wollen, oder?«

Niemand widerspricht.

6. Kapitel

BERA

☑ 🦒 🦒

Von allen reinen Tieren nimm dir je sieben, Männchen und Weibchen.

Genesis 7, 2

»Gott wird für dich sorgen«, sagt der Vater meines Mannes. »Geh jetzt.«

Und das ist alles. Ich soll zwölfhundert Meilen zurücklegen, ausgestattet nur mit einer Hand voller Kupfermünzen, ein paar getrockneten Lebensmitteln und einem Esel als Begleitung. Und es wird von mir erwartet, dass ich mindestens mit einer Familie paarungswilliger Tiere jeder erdenklichen Gattung zurückkehre. Das Problem bei Leuten, die glauben, Gott werde schon für einen sorgen, ist, dass sie glauben, Gott werde schon für einen sorgen.

Ich reite nach Süden und benutze die gängigen Handelsrouten. Mein Ziel ist der Meeresarm, der sich vom südlichen Meer aus gen Norden erstreckt. Ganz fest eingewickelt in einen weißen Pilgerumhang hocke ich auf dem Esel. (Noch nicht mal ein Maultier: ›Die brauchen wir für die schwere Arbeit‹, sagt er zu mir, bevor ich aufbreche, und natürlich antwortet er nicht, als ich ihn frage: ›Und wie nennst du das, was ich tue?‹)

Die Landschaft verändert sich, je weiter ich komme. Im Norden ist alles ausgebleicht, als entziehe die Nähe zu Gott allem die Farbe. Selbst der Himmel ist weiß, und die Kleider, die die Menschen tragen, sind lohfarben und grau; die natürlichen Töne von Leinen und Wolle. Im Süden färben die Eingeborenen dagegen ihre Stoffe mit Senf und Indigo, bis sie fast den Fliegenschnäppern und Tümmlertauben gleichen, die in krakeelenden Schwärmen durch die Lüfte jagen.

Nach zehn Tagen habe ich vielleicht zweihundert Meilen geschafft. Die Halbwüste liegt hinter mir, und ich reite durch ein Grasland von blassgrüner Farbe mit gelben Sprenkeln. Schmetterlinge in Orange, Aquamarin und Blauschwarz umflattern mich, als ob sie trunken wären. Sie alle scheinen besser voranzukommen als ich. (Mein Esel ist willig, aber er ist und bleibt ein Esel.) Und ein paar Tage später erreiche ich das Meer.

In einem halb verfallenen Fischerdorf feilsche ich um die Passage auf einem Lastschiff. Der Kapitän ist ein wortkarger alter Knabe, hutzelig und dunkelhäutig, und er hat die Neigung, Schicksalsschläge zu prophezeien. Abgesehen von einem Tuch um die Lenden ist er nackt, und er hinkt. »Ich habe wenig als Bezahlung zu bieten«, sage ich.

Er zuckt die Achseln. »Es ist Platz genug an Bord, und außerdem wird Bokataro mit Wohlwollen auf mich blicken, wenn ich eine gute Tat vollbringe.«

Bokataro ist ein lokaler Götze, schließe ich daraus.

»Andererseits, man weiß nie.« Er gähnt. »Bokataros

Launen lassen sich nicht vorhersagen. Sie könnte mir zürnen, dass ich einer Ungläubigen behilflich bin, und alles endet in einer Katastrophe.«

Der Name des Kapitäns ist Ulm. Ich bitte ihn, seine Route zu ändern und mich nach Süden zu bringen, aber er lehnt ab. Er beabsichtigt, den kleinen Golf zu verlassen und dann über das offene Meer zu den Ufern im Osten zu segeln. Alles in allem etwa hundert Meilen. Ulm ist felsenfest davon überzeugt, dass sein Schiff es nicht weiter schafft.

Vielleicht hat er Recht. Obwohl es kräftig und robust wirkt, ist das Boot doch kaum dreißig Ellen lang, und es quietscht bedenklich, während es auf den Wellen tänzelt. Mit blauem Ölzeug abgedeckte Ballen sind auf Deck festgezurrt und lassen den fünf oder sechs Matrosen wenig Raum zum Manövrieren der Segeltampen. Es gibt zwei Segel: ein großes, dreieckiges mittschiffs, und ein kleineres im Bug.

Geplant ist, das Schiff heute Abend mit Proviant zu beladen und bei Tagesanbruch in See zu stechen. Aber ich werde mitten in der Nacht von hektischem Geschrei und einer gewaltigen Dünung geweckt, die droht, das Schiff dort, wo es vertäut liegt, zu zerschmettern. Mit einem Ruck reißen die Taue, und das Gefährt schießt vom Ufer weg in die tosende Schwärze. Nebelartige Wolken verschleiern die silberne Mondsichel, und es bleibt gerade noch genug Licht, um zu erkennen, dass es zum Segeln zu dunkel ist. (Böses Omen, würde mein Mann sagen.)

Die Segel waren nicht aufgerollt gewesen, und jetzt zerren die Seemänner an den Tampen, um sie im richtigen Winkel zu halten und, wie ich annehme, zu verhindern, dass die Masten wie Kienspäne brechen. Ulm steht am Heck mit zweien seiner Männer, beide kräftige Kerle, und alle sind über die Ruderpinne gebeugt. Die Pinne ist acht Ellen lang und an einem großen Ruder befestigt, das zum Steuern gebraucht wird, oder, wie jetzt, um zu verhindern, dass das Boot kentert und kieloben schwimmt. Die Pinne windet sich unter dem Griff der Männer wie ein gefangenes Raubtier.

Ich klammere mich an Ulms Schulter und brülle gegen den Wind: »Was kann ich tun?«

Eine haushohe Welle kracht auf das Schandeck und wirft uns alle auf die Knie. Doch aus irgendeinem unerfindlichen Grund wird niemand in den Mahlstrom geschleudert. Ulm schreit verbissen: »Du kannst mir deine ungläubige Fotze von Bord schaffen, du Hexe!«

Er klingt so, als meine er es ernst. Ich taumle zurück zur Mitte des Schiffs und finde einen Platz, wo ich mich zwischen zwei gut vertäuten Ballen einklemmen kann. Ich greife nach dem Seil, mit dem sie am Deck befestigt sind, und presse meine Füße in die eine, die Schultern in die andere Richtung. Die Ballen bestehen aus Wolle oder Tuch und geben mir ein Gefühl der Geborgenheit.

Nach einer Weile ziehen die Wolken sich zurück, und die Sterne funkeln grell. Die Dünung lässt nach, sodass die Wasseroberfläche Zehntausende von Glühwürmchen aus Sternenlicht reflektiert, ein Muster aus weißen Funken in der bläulichen Schwärze, das wirklich schön wäre, kämpften wir nicht gerade ums Überleben. Erst nach einiger Zeit wird mir klar, dass wir tatsächlich gar nicht mehr ums Überleben kämpfen. Das Schiff gleitet jetzt ruhig dahin, die Decks werden kaum mehr erschüttert. Der Wind ist unnatürlich stetig, und wir werden nicht länger von Brechern durchnässt.

Merkwürdigerweise taucht der erste Schimmer Tageslicht zu unserer Linken auf, obwohl der Sonnenaufgang achtern sein sollte, da wir Kurs nach Westen halten. Hat der Kapitän seine Pläne geändert? Der Wind schiebt uns immer noch voran. Weiße Wolken, die an die Federn eines Silberreihers erinnern, ziehen über den Bug hinweg. Ich habe noch nie etwas gesehen – ein galoppierendes Pferd, einen Wasserfall oder eine Lawine beispielsweise –, das sich schneller bewegt. Wir haben mindestens die halbe Nacht lang dieses Tempo gehalten. Über meiner linken Schulter erscheinen blasse Türkis- und Gelbtöne am Himmel.

Ich stehe wieder auf. Alle Glieder schmerzen und sind steif, aber heil geblieben. Die Matrosen halten immer noch die Tampen und reden leise miteinander. Nur Ulm klammert sich nach wie vor an die Ruderpinne, starrt geradeaus und schaut mich dann direkt an.

»Komm her, Hexe«, ruft er.

Mit einem unguten Gefühl gehe ich zu ihm hinüber. Er sieht mich an, wie einige Männer die Sünde betrachten: mit einer Mischung aus Abscheu und Interesse.

»Was für ein Dämon bist du?«

Darauf scheint es keine passende Antwort zu geben.

»Nun, du wolltest nach Süden«, faucht er und ruckt das Kinn wütend Richtung Horizont. »Und dahin segeln wir jetzt.«

»Dreh nach Westen, wenn du willst«, sage ich zu ihm. »Dort finde ich bestimmt eine Karawane.«

Er schnaubt. »Dann wären wir spätestens heute Mittag Fischfutter, Hexe. Wie du selbst genau weißt.«

Daraus schließe ich, dass das Boot auseinander brechen würde, wenn er irgendetwas anderes täte, als vor dem Wind zu fahren.

»Das Einzige, was mich davon abhält, dich augenblicklich über Bord zu werfen, ist, dass ich nicht weiß, zu was du fähig bist, wenn du wütend auf jemanden wirst«, fügt er hinzu.

Ich denke einen Moment nach. »Am besten für dich, wenn du es nicht herausfindest«, antworte ich dann.

Ich wende mich ab und höre ihn Gebete (oder Flüche?) an Bokataro richten und kehre in mein Nest zwischen den Ballen zurück. Die Sonne steht schon hoch, das Meer ist ein mit weißen Streifen durchzogenes Violett unter einem blassen Himmel. Die Matrosen wenden mir entschlossen ihre hochgezogenen Schultern und breiten schwarzen Rücken zu. Es ist schon ein seltsames Gefühl, von großen Männern gefürchtet zu werden. Ich denke jedoch, dass ich mich daran gewöhnen werde. Gott weiß, wie oft es andersherum gewesen ist.

An diesem Tag spricht niemand mit mir. Die Seemänner beschäftigen sich mit den Tampen und beobachten argwöhnisch die Segel. Ich esse ein paar Datteln und etwas getrocknetes Fleisch und bin froh, dass ich meine eigenen Vorräte mitgebracht habe.

Als der Kapitän mich das nächste Mal anspricht, hat der Sonnenuntergang den Himmel blutrot gefärbt. Ulm steht als Schattenriss vor der schwindenden Glut der Sonne und entlastet sein schmerzendes Knie. »Ich denke, wir haben hundert Meilen geschafft.«

»Ist das viel?«

In seiner Stimme schwingt eine Mischung aus Staunen und Angst. »So weit, wie ein Schiff nach allen Regeln der Vernunft in fünf Tagen segeln kann. Seit letzter Nacht gab es weder Bö- noch Querwind, nur ein stetiges Blasen von Norden. Dergleichen habe ich noch nie gesehen.« Er spuckt aus. »Und was uns noch zusammenhält, weiß ich auch nicht.«

Ich denke an Sems und Noahs Gott und sage: »Aber ich.«

»Ja, das wette ich«, schnaubt er und hinkt davon.

Und so geht es sieben Tage lang weiter.

Schließlich erreichen wir Hunderte Wegstunden südlich unseres Ziels die Küste. Keiner der Seeleute hat dieses Gebiet je zuvor gesehen. Sie sind hin- und hergerissen zwischen ihrer Neugier auf die fremde Umgebung und dem Wunsch, mich zu verfluchen, weil ich sie hergebracht habe. Der Wind lässt nach, und wir werden auf einen goldenen Strand gespült, der dicht mit belaubten Bäumen gesäumt ist. In der Ferne ragen Hügel auf, die mit moosgrünem Dschungel überzogen sind. Dahinter erkennen wir schwachviolette Berge. Und direkt an der Wasserlinie steht eine Reihe Krieger. Sie tragen Halsketten aus Knochen, die kalt wie der Tod wirken, haben die Wurfarme in die Höhe gestreckt, und die Spitzen ihrer Speere glänzen feucht. Sicher ein Gift oder Ähnliches.

»Bokataro rette uns alle«, murmelt der Kapitän.

Wir driften auf den Strand zu, als würden wir geschoben. Ulm hat das Steuern längst aufgegeben. Er fragt mich: »Deine Leute?«

Nicht ganz. Sie sind dünn wie Schilfrohr und vollkommen nackt, abgesehen von den spiralförmigen Ohrringen und einem Federschmuck aus Reiherfedern auf dem Kopf. Dort, wo ihre Körper nicht rot und gelb bemalt sind, glänzen sie schwarz. Ich erkenne die Kriegsbemalung der südlichen Stämme. Nicht direkt das Volk meines Vaters, aber Nachbarn. Manchmal Rivalen, dann wieder Verbündete.

Bevor ich mir darüber klar werden kann, was als Nächstes zu tun ist, tritt der Anführer vor, bis er knöcheltief im Wasser steht. (Ich weiß, dass er der Anführer ist, weil er Armreifen aus Elfenbein trägt.) Mit lauter, klarer Stimme ruft er: »Akki akki akki!«

Das Echo verhallt. Wir sind vielleicht noch zehn Ellen vom Ufer entfernt. Mit der richtigen Brise könnten wir ihnen entkommen, aber es gibt keine Brise. Wenn wir zu rudern versuchten, würden ihre Speere uns unweigerlich treffen.

»Akki takki nigatti!«, ruft der Krieger.

Und plötzlich ist es, als würde die Sonne hinter einer dicken Wolke hervorkommen. Ungefähr dreißig Jahre sind vergangen, seit ich die Sprache meines Vaters zuletzt benutzt habe, aber jetzt erinnere ich mich wieder. In ihrem Dialekt sage ich, so gut ich kann: »Mein Name ist Bera.« Das erregt ihre Aufmerksamkeit. »Ich suche meinen Vater«, erkläre ich.

Der Anführer schaut argwöhnisch. »Und wer ist er?«

»Pra. Häuptling des Landes, wo die Flüsse zusammenfließen.«

Unruhe entsteht unter den Kriegern, Blicke werden gewechselt. Einige Speere senken sich.

»Wir kennen ihn«, antwortet der Anführer. »Er ist mit unserem Häuptling verschwägert. Warum sollten wir dir glauben, dass du aus Pras Sippe bist?«

»Bringt mich zu ihm. Er wird mich erkennen.« Das hoffe ich jedenfalls, aber nur eine Närrin würde ihre Unsicherheit zugeben.

»Pra wird bald zu seinen Ahnen gehen«, sagt der Krieger.

Was bedeutet, dass er krank ist. Ich empfinde keine Trauer, aber es würde die Dinge verkomplizieren, wenn er bald sterben würde. »Umso wichtiger, dass ich ihn so schnell wie möglich sehe. Ich komme von weit her, und ich lasse mich nicht abweisen.«

Wenn der Krieger die Nase rümpft, was er gerade tut, wird eine Zahnlücke sichtbar. »Es gibt Rivalitäten wegen Pras Land und Besitztümern. Vielleicht bist du nur gekommen, um noch mehr Zwietracht zwischen seinen Söhnen und Frauen zu säen.«

»Ich habe kein Interesse an Ländereien oder Reichtümern«, erkläre ich. Ich deute auf die verdutzten Seemänner hinter mir und füge hinzu: »Und sehen die etwa wie eine Armee aus?«

Unter allgemeinem Gelächter fragt der Anführer: »Und was willst du dann, Bera, Tochter des Pra?«

Da mir nichts anderes einfällt, sage ich die Wahrheit.

Ich kannte ihn kaum, als er mich damals wie Vieh verkaufte. Ich war die dritte Tochter der zwanzigsten Frau eines Mannes, der nur Söhne, die für ihn in den Krieg ziehen konnten, wertschätzte. Als man mich also an die Bettstatt dieses Mannes in der königlichen Hütte führt, bin ich ziemlich ungerührt. Er ist ein altes Tier, das nur noch aus weißen Haaren und gelben Augen, grauer Haut und verfaulten Zähnen besteht. Ich habe Ziegen geschlachtet, die mir mehr bedeutet haben als dieses Wesen.

Die alte Frau, die ihn pflegt, rüttelt mich ungeduldig am Ellbogen, und ich sage: »Vater, ich bin es. Deine Tochter Bera, die du vor langer Zeit fortgeschickt hast. Erinnerst du dich?«

Seine gelben Augen sind wie verschleiert, und der Blick ist ins Leere gerichtet. »Hm?«

»Vater«, wiederhole ich (obwohl ich an dem Wort fast ersticke). »Ich erbitte deine Gnade. Ich brauche die Erlaubnis, Tiere in deinem Land einzufangen. Nicht töten, nur einsammeln.«

»Hä?« Seine Augen weiten sich. »Den Osso, du willst den Osso jagen?«

»Alle Tiere, Vater, für ein riesiges Gehege, das weit weg in der Wüste gebaut wird.«

Das verblüfft ihn. (Tatsächlich verblüfft es mich auch, wenn ich genauer darüber nachdenke.) Er schweigt so lange, dass ich mich frage, ob er mich wohl vergessen hat. Aber plötzlich fragt er: »Bera, Tochter der Gret?«

Ich habe keine Ahnung. Meine Mutter ist jung gestorben, und ich habe ihren Namen nie erfahren. Wer war diese Gret, frage ich mich. Eine Lieblingsfrau, deren

Tod er lange beweint hat? Oder eine zänkische Verräterin, die ihre Exekution verdient hatte? (Bis zum Hals neben einem Bau von Feuerameisen vergraben, und den Kopf mit Honig bestrichen.) Ich weiß es nicht.

Aber ich muss etwas sagen. Also versuche ich mein Glück und antworte: »Ja.«

Wieder schweigt er. Eine Fliege krabbelt über seine graubraune Stirn, als sei es ein Dunghaufen. »Ein Tiergehege?«

»Ja«, erwidere ich vorsichtig, »aber ich bin nicht sicher, ob ich es richtig verstanden habe.«

Er wedelt mit den Fingern. »So sei es. Ich kann damit jetzt nichts mehr anfangen. Nimm das Gehege mit in die Wüste. Was immer sie will, es gehört ihr«, weist er die Frau an seiner Seite an.

Die alte Frau verneigt sich. »Herr.«

Draußen sage ich zu ihr: »Ich verstehe nicht ganz, was da gerade passiert ist.«

Die Frau ist verschrumpelt wie eine getrocknete Feige, aber ihre schwarzen Augen funkeln belustigt. »Oh, ich glaube doch.«

»Ich wollte nur Tiere einsammeln ...«, beginne ich.

Sie unterbricht mich. »Das ist bereits für dich erledigt worden. Alles, was du noch tun musst, ist, sie heimzubringen.«

Ich bin verblüfft. »Das zeigst du mir am besten.«

Die Menagerie ist in Kreisen angelegt, immer einer im nächsten, die wildesten Tiere in der Mitte. Sie werden in Bambuskäfigen gehalten, und alle wirken auf mich wie Monster.

Es sind riesige Katzen dabei, dunkelgelb oder getupft oder einfach schwarz, die wie verrückt nach uns schnappen, als wir näher kommen. Dann gibt es Käfige mit gewaltigen Affen, Angst einflößende Kreaturen mit schwarzem Fell und seelenvollen Augen. Und die haushohen Tiere mit den Elfenbeinzähnen, die mein Vater Osso nennt, und dann die fünfzehn Ellen langen Echsen, die im Wasser leben. Sie wirken lethargisch. Flusspferde mit massigen Kiefern. Flugunfähige Vögel, die größer als Sem sind. Zwanzig Ellen hohe Gazellen, deren Hälse länger als ausgewachsene Männer sind. Und das ist nur der innerste Kreis.

Die alte Frau führt mich herum und nennt mir die Namen der Tiere: »Osso. Dorn. Pelnar. Kara. Eft. Kennst du denn die Namen der Tiere nicht, die du so dringend haben möchtest?«

»Anscheinend nicht. Ich versuche mich an die Geschichte meines Schwiegervaters über seine Vorfahren zu erinnern. Adam und seine Frau gingen hin und gaben ihnen Namen, aber ich habe noch nie von Pelnar, Osso oder Dorn gehört.«

Alle nur vorstellbaren Arten kleiner Gazellen bevölkern die anderen Käfige, zusammen mit aasfressenden Hunden und seltsam geformten, gepanzerten Wesen, die nackte Schwänze wie Ratten haben. Schildkröten und Eichhörnchen. Wilde Büffel und monströse graue Kreaturen mit Hörnern auf der Nase. Von der Art, wie ein Kind es malen würde, wenn man es aufforderte, etwas völlig Abstruses zu zeichnen.

Ich bin sprachlos. Die alte Frau steht neben mir und lacht hämisch über meine Reaktion. »Die hat er dir alle vermacht«, sagt sie schadenfroh. »Ich hoffe, du hast ein Plätzchen, wo du sie unterbringen kannst.«

Am Nachmittag kehre ich zu Ulms Schiff zurück. Der Kapitän hat die Zeit genutzt, um bei den Eingeborenen ein paar durchnässte Ballen Wolle gegen einen Haufen Elfenbein einzutauschen. »Komm mit mir«, fordere ich ihn auf.

»Ich bin gerade mitten in einem Verkaufsgespräch.«

»Mach mich nicht wütend«, warne ich ihn.

Beim Anblick des Geheges fragt er: »Und jetzt?«

»Jetzt nehmen wir sie mit zurück.«

Er lacht. »Aber nicht auf meinem Schiff.«

»Wir werden Flöße bauen.«

»Flöße.«

»Wir werden sie hintereinander binden, wie eine Karawane in der Wüste.«

»Karawane«, wiederholt er. Er steht da und beißt sich auf die Zunge, als frage er sich, was Bokataro zu all dem sagen würde.

»Je eher wir beginnen, desto schneller sind wir fertig«, sage ich.

Wir brauchen vier Tage, um Hunderte von Käfigen über die verschlungenen Dschungelpfade zur Küste zu schaffen. Große und dickstämmige Bäume werden gefällt, widerstandsfähige, faserige Ranken zu Seilen gedreht, um sie aneinander zu binden. Die Eingeborenen legen in Gruppen die Stämme in doppelter Stärke zu Quadraten von vierzig Ellen Seitenlänge übereinander. Die Flöße sehen nicht besonders seetüchtig aus, aber sie schwimmen.

»Wenn sie ordentlich beladen sind, werden sie stabil

genug sein«, versichert mir Ulm. (Es ist leicht zu erkennen, warum er Kapitän ist: Er liebt es, Anweisungen zu erteilen.) »Immer vorausgesetzt, es gibt keinen Sturm. Der Trick ist, das Gewicht gut auszubalancieren ...« Und schon ist er wieder unterwegs, um Befehle zu brüllen.

Schließlich sind vier Flöße fertig und die Tiere verladen. Die Hälfte eines Floßes ist für Vorräte reserviert: Futter für die Pflanzenfresser und ein paar Dutzend verängstigter Ziegen für die Raubtiere. Das Ganze sieht so unglaublich aus, dass ich mich frage, ob ich meinen Augen trauen kann.

»Sie gehen nicht unter«, sage ich an Ulm gewandt.

»Noch nicht«, brummt er vergnügt.

Irgendwie überrascht es mich nicht, als die Brise von Süden her aufkommt. Sanft zuerst, sodass sie kaum die Haare auf meinen Beinen zerzaust, dann stärker, als wolle sie uns zum Aufbruch drängen.

Bevor wir ablegen, kommt die alte Frau noch einmal zu mir, in jedem Arm ein kleines, schwarzes Bündel. »Nimm auch die hier mit«, bittet sie. »Die Mutter ist im Kindbett gestorben, und deshalb hasst der Vater sie.«

»Das kann ich nicht. Was sollte ich denn mit ihnen anfangen?«

»Zieh sie groß«, gackert sie, als sei das alles sehr lustig.

Irgendwie liegen sie dann in meinen Armen, ein Junge und ein Mädchen, ganz zerknautscht und schwarz wie Fledermäuse. »Aber wie soll ich sie füttern?«

Sie kneift mir in die Brust. »Ist das hier Zierrat?«

»Wir brechen besser auf«, ruft Ulm. Das Wasser beginnt sich zu kräuseln, und die Tiere auf den Flößen werden unruhig.

Ich suche mir ein Plätzchen zwischen dem Elfenbein auf Ulms Deck und mache es mir gemütlich. Die Matrosen beobachten mich argwöhnisch, aber sie sind besserer Stimmung als zuvor. Vielleicht ahnen sie, welcher Profit ihnen winkt.

Ich halte immer noch die Babys in den Armen, die mich mit halb geschlossenen Augen und halb offenen Mündern anschauen. Ich setzte sie in meinen Schoß und ziehe, einem Impuls folgend, meinen Kittel bis zum Hals hoch. Die Kinder winken mit den kleinen Händchen, die wie Seesterne aussehen, und verdrehen aufgeregt die Köpfchen, als hätten sie das Gelobte Land gesehen. Ich hebe sie wieder an, und ihre Lippen umschließen meine Brustwarzen, die unter der Berührung ihrer saugenden Münder sofort wachsen und hart werden.

»Tut mir Leid, ihr Kleinen, da ist nichts«, erkläre ich ihnen. »Wir werden etwas Ziegenmilch für euch besorgen, falls ihr die mögt.« Aber dann höre ich auf zu sprechen, weil etwas meine Brüste durchzuckt. Ich spüre ein Rieseln und ein sanftes Pochen. Auch leichte Schmerzen, als zerreiße etwas Nasses. Als ich hinabblicke, hat der Junge den Kopf in den Nacken gelegt und meine Brust freigegeben. Wässrigweiße Tropfen laufen über sein Kinn. Auch aus meiner Brustwarze tropft es.

Alles scheint mit einem Mal stillzustehen. Mein Zwerchfell ist gespannt, das Schiff und die See sind verschwunden. Es gibt nur noch meine Brust, diesen zahnlosen Mund und die blauweißen Tropfen. Meine Augenwinkel prickeln: Ich habe das Gefühl, dass ich gleich vor Entsetzen kreische oder mich halb tot lache oder in Tränen ausbreche. Oder alles auf einmal. Vielleicht sollte ich beten, vielleicht ist das jetzt genau die richtige Zeit dazu.

Ein Schatten ragt neben mir auf. Ulm steht an der Reling mit einer kleinen, geschnitzten Figur in der Hand. »Ich habe ein Wunder erlebt«, sagt er.

»Ich auch«, erwidere ich leise.

Er achtet gar nicht auf mich. »Tatsächlich mehr als eines. Erst der Wind, der uns hergebracht hat. Jetzt bringt er uns wieder zurück. Das hat nicht Bokataro getan, da bin ich mir sicher.«

»Richtig.« Mit den Fingerspitzen drücke ich meine Brust. Ein kleiner Tropfen zieht eine gespenstische Bahn über meinen Daumen. Ich starre darauf, als betrachte ich den Körper einer anderen. Vielleicht tue ich das ja auch.

Ulm fragt: »Wie nennst du deinen Gott überhaupt?«

»Einfach Gott«, erwidere ich. »Oder manchmal Jahwe.«

Er grunzt. »Siehst du das hier? Das ist Bokataro.«

Ich schaue auf. Die Figur ist aus dunklem Holz geschnitzt, mit Fangzähnen in ihrem grausamen Mund und sechs Zitzen am Bauch. In der einen Hand hält sie einen Speer, in der anderen eine Kürbisflasche. »Das ist Bokataro?«

Ohne ein Wort schleudert er die Statuette über die Reling. »Das *war* Bokataro.«

Ich weiß nicht recht, was ich dabei empfinde. Ein bisschen Trauer wahrscheinlich, als wäre etwas verloren gegangen. Aber es war ja nur eine Statue.

»So, und jetzt sag mir, wie man deinem Gott huldigt.«

»Rede einfach mit ihm«, empfehle ich. »Das scheint ihm zu gefallen.«

»Und antwortet er auch?«

Ich schreie beinahe auf. Der kleine Junge ist wieder an meiner Brust, und ein süßer Schmerz durchzuckt mich. Ich atme tief durch und zwinge mich, meiner Stimme eine Festigkeit zu verleihen, die ich nicht empfinde. »Er mag Rätsel und Zweideutigkeiten, sodass die Dinge selten klar sind.«

»Großartig«, grunzt Ulm. »Was sagt man zu ihm?«

»Zeige ihm, dass du ihn nicht vergessen hast, und sage ihm deinen Dank. Er hört es gern, wenn man ihm dankt. Ich glaube, er hasst es mehr als sonst irgendetwas, wenn die Menschen das vergessen.«

»Keine Opfergaben? Tiere, Gefangene, Jungfrauen?«

»Nichts dergleichen, nein.«

»Keine Tribute? Gold auf einer Bergspitze oder so?«

Ich schüttle den Kopf.

Ulm schaut auf das Wasser hinaus. Die Küste ist verschwunden, und wir sind allein auf See, endlose Meilen blaugrüner Leere, die sich in alle Richtungen erstreckt. Mit den angebundenen Flößen kommen wir langsamer voran, aber immer noch zügig. Voraussichtlich werden wir zwei Wochen für die Heimfahrt brauchen, und geistesabwesend frage ich mich, ob unsere Vorräte ausreichen werden. (Und dann ermahne ich mich: natürlich werden sie das.)

»Ich würde deinen Jahwe sehr gerne mal kennen lernen«, sagt Ulm plötzlich. »Unseren Jahwe.«

»Das wirst du.«

7. Kapitel

Noah

Jeden Morgen erwacht Noah mit Belag auf den Zähnen und schlechtem Atem. Er setzt sich auf seiner Schlafmatte auf, fährt mit der Hand durch den Bart, um die Insekten herauszuschütteln, und spricht sein Gebet: »Danke, oh Herr, für einen neuen Tag, für die Gesundheit, mich daran zu erfreuen, die Arbeit, ihn auszufüllen, und ein Heim, in das ich an seinem Ende zurückkehren kann.«

Dann erhebt er sich von der Matte, wäscht sich draußen am Trog das Gesicht, verspeist sein Frühstück und geht ums Haus herum, wo früher einmal ein Senffeld war, das jetzt unter dreißig Klaftern gestapeltem Bauholz verwelkt.

Und jeden Morgen nuschelt Japhet Mirn ins Ohr: »Danke, oh Herr, für einen neuen Tag, ein feuchtes Loch, um mich daran zu erfreuen, mein steifes Geschlecht, um es auszufüllen, und ein Heim, in dem ich es tun kann. Obwohl ein Feld genauso gut wäre.«

»Pst«, macht Mirn. »Er hört das doch.«

»Der kann mich mal.«

Draußen nimmt Noah ein Stück Holzkohle und ein Brettchen zur Hand und zeichnet eine Skizze: ein langes, schmales Rechteck. »Nichts Ausgefallenes. Dreihundert Ellen mal fünfzig, und dreißig hoch.«

»Das ist zu schwach, Vater«, protestiert Cham mit gerunzelter Stirn. »Das wäre ein Verhältnis von sechs zu eins. Es würde wie ein Baumstamm auf dem Wasser rollen.«

Noah seufzt lang und vernehmlich.

»Hundertfünfzig, dann bist du auf der sicheren Seite«, sagt Cham. »Oder wir verdoppeln den Durchmesser, aber dafür brauchen wir mehr Holz.«

Noah wird ungeduldig. »Die Proportionen stehen nicht zur Diskussion.«

»Vater, höre auf Cham«, drängt Sem. »Dafür haben wir ihn hergeholt.«

»Wir haben ihn hergeholt, weil mir befohlen wurde, ein Schiff zu bauen«, knurrt Noah. »Nicht, damit meine Kinder mit ihrem Vater streiten.«

Die Söhne kennen diesen Tonfall. Noah hantiert mit der Holzkohle, zeichnet unnötige Linien und verwischt diejenigen, die schon da waren. Nach einer Weile sagt Cham: »Wenn der Wellengang nicht zu stark ist, könnte es gehen. Aber lass mich wenigstens einen flachen Boden bauen.«

»Wie du willst«, sagt Noah schnell. »Die Ladung wird unter Deck verstaut, da wäre ein flacher Boden praktisch.«

Er zeichnet zwei horizontale Linien über die gesamte Länge des Rumpfes. »Also, drei Abteilungen unten, seht ihr? Plus dem oberen Deck. Mit zwei Luken in der Mitte des Schiffes, um die Tiere zu verladen.«

»Warum denn so große Luken?«, wundert sich Sem.

»Ein Teil der Fracht wird ziemlich groß sein.« Noah sieht den verstörten Ausdruck in Sems Gesicht und spürt, wie sein eigenes sich in Verärgerung verzerrt. An Cham gewandt sagt er: »Vergiss die Ästhetik.«

Cham lacht leise. »Glaube mir, das habe ich schon lange.«

»Das ist kein Kunstwerk, es soll nur schwimmen. Und es muss langlebig sein.«

»Offensichtlich, Abba.«

Noahs Hände flattern wie Motten. »Der Sturm könnte gewaltig werden, und die Fracht – das Gewicht der Tiere – ist beträchtlich.«

Cham zupft an seinem üppigen Bart und betrachtet die Zeichnung interessiert. »Es ist überhaupt kein richtiges Schiff, oder? Es ist ein verdammtes Viehgehege in einem Kasten.«

»Du sollst nicht fluchen«, ermahnt ihn Noah.

Cham zuckt die Achseln. »Irgendwelche Einwände gegen einen rechteckigen Bug? Auf die Art erhielten wir mehr Stauraum und mehr Stabilität. Sprecht jetzt, oder schweigt für immer.«

»Das ist eine gute Idee«, bestätigt Noah.

»Und keinesfalls werden wir einen Aufbau an Deck errichten. Natürlich wäre das bequemer für uns, aber es würde die ganze Sache nur noch höher machen, und die Gefahr zu kentern wäre noch größer. Die Familie kann unter Deck bleiben.«

»Bei den Tieren?«, fragt Sem zweifelnd.

»Klar.«

»Das erscheint mir nicht richtig«, protestiert Sem. »Wir unterscheiden uns von den niederen Kreaturen.«

Cham ignoriert ihn und fährt fort: »Ich werde einen kleinen Verschlag in die Nähe der Einstiegsluke und der Leiter bauen und einen Herd hineinsetzen – für Mutter, damit sie kochen kann.«

»Ja, gut«, sagt Noah.

»Aber Gott möge uns beistehen, wenn wir kentern«, murmelt Cham.

»Wird er«, versichert Sem.

Cham verdreht die Augen. »Ich nehme an, dir schwebt kein Antrieb vor? Navigieren ist sicherlich auch nicht möglich. Also keine Segel oder Pinne? Und Paddel wären natürlich auch nutzlos, es sei denn, du willst die Affen rudern lassen.«

Noah denkt nach. Gott hatte nichts von Segeln oder Rudern gesagt. »Ich denke nicht. Wir werden uns von der Strömung treiben lassen, wohin sie will.«

»Also gut.« Cham reibt sich die Hände. »Wir beginnen mit den Spanten und Querstreben, dann kommen die Zwischendecks und schließlich der Rumpf. Das Verpichen kommt zuletzt. Wir brauchen auch Abteilungen, richtig? Ställe und Abtrennungen und so weiter? Damit die Tiere sich nicht gegenseitig auffressen.«

Noah deutet ein Nicken an. »Gute Idee.«

Cham verdreht wieder die Augen. »Wir werden viel mehr Holz brauchen.«

»Ich kümmere mich darum.«

Noah geht zum Haus zurück, zufrieden, aber auch besorgt. Cham hatte immer schon so eine missmutige Art. Und wo ist Japhet? Zeit, diesen Halunken wachzurütteln und zur Arbeit anzutreiben.

Hinter sich hört er Sem sagen: »Es ist nicht so schlecht, Cham, solange es seinen Zweck erfüllt.«

Und Cham antwortet: »Es ist eine Scheune, Bruder. Eine schwimmende Scheune, das ist es.«

8. Kapitel

Cham

☑ 🐕 🐕

Vielmehr ein schwimmender Sarg. Hat es je ein Schiff wie dieses gegeben? Vergiss die Ästhetik, sagt er zu mir. Was für ein Witz.

»Hilf mir bei dem Holz hier, Sem, und reiche mir die Axt herüber, wo du gerade schon mal da stehst. Und wo zum Teufel ist Japhet?«

9. Kapitel

Noah

☑ 🐘 🐘

Noah sucht den Himmel nach Wolken ab, sieht aber keine. Es ist ihm zur festen Gewohnheit geworden, sodass sein Nacken jetzt gnadenlos schmerzt.

Zusammen mit der Frau hockt er vor der Küchenwand. Äußerlich wirkt er gelassen, aber in Gedanken zählt er die Probleme auf, vor denen er steht. Und deren gibt es viele. Er fragt sich, ob die Frau sich von seiner vorgetäuschten Gemütsruhe täuschen lässt. Wahrscheinlich nicht. Eines muss Noah seiner Frau zugestehen: Sie lässt sich so leicht nichts vormachen.

Noahs gedankliche Problemliste sieht so aus: 1. Ich brauche Holz. 2. Ich brauche Pech. Die Riesen sollten es bringen, aber noch ist nichts von ihnen zu sehen. 3. Brauche Vorräte für die Familie. 4. Brauche Vorräte für die Tiere. 5. Ich soll Tiere mit aufs Boot nehmen und bislang ist noch keine Spur von ihnen zu sehen, auch nicht von den Mädchen, die ich ausgesandt habe, sie zusammenzusuchen. 6. Japhet benimmt sich wie ein Idiot. 7. Cham verhält sich zugeknöpft und mürrisch. 8. Sem mangelt es an Vorstellungskraft. 9. Ilyas Bauch ist so flach wie der von Bera. Und was Noah selbst angeht: Er hat Schwierigkeiten zu verstehen, warum Gott sie vor dem Untergang bewahren will, wenn sie alle so unfruchtbar wie die Maulesel sind. Er fragt sich, ob dieser Gedanke blasphemisch ist, entscheidet, dass das wohl der Fall ist und spricht schnell ein Gebet als Entschuldigung.

Es bessert Chams Stimmung nicht gerade, dass Ilya in den Norden geschickt wurde, um Tiere einzufangen. Er sollte die Notwendigkeit verstehen, aber es entspricht nun einmal seinem Naturell, missmutig zu werden. Cham sollte sich ein Beispiel an Sem nehmen. Bera ist schon seit drei Wochen weg, und Sem hat einfach stoisch Ruhe bewahrt und die Zähne zusammengebissen.

Noah seufzt. Die Frau beobachtet ihn. »Wir werden Vorräte brauchen«, erklärt er.

Sie nickt. »Wir brauchen die Ochsen nicht mehr.«

»Japhet und ich werden sie morgen schlachten. Du und Mirn werdet das Dörrfleisch vorbereiten.«

»Dafür brauchen wir Salz.«

Noch ein Problem. Das macht wie viele, zehn, elf? Noah bringt sein knochiges Hinterteil in eine andere Position. »Wir werden schon irgendwo welches auftreiben.«

»Am besten warten wir so lange mit dem Schlachten.«

»Meinst du nicht, ich weiß das?«, schnauzt er.

Am nächsten Tag nimmt eine Vision Gestalt an. Dinar, der fahrende Händler, erscheint am Horizont, zunächst eine wabernde geisterähnliche Substanz, die sich schließlich in Haut und Knochen verwandelt und in staubigen, verblichenen Kleidern sonnenverbrannt näher kommt. Seinen schwarzen Augen unter der Kapuze entgeht nichts. Die Wangenknochen sind so scharfkantig, dass man damit vermutlich Butter schneiden könnte. »Ich hörte, du arbeitest an einem Projekt?«

»So ist es«, sagt Noah und deutet mit dem Kinn auf das Bauholz. Eine doppelte Zweierreihe einzelner Balken steht aufrecht in der Mittagsglut und erstreckt sich über Hunderte Ellen, wie eine Prozession verdammter Seelen.

Dinars Pferd macht sich über den Wassertrog her, als gehe es um Leben und Tod. Dinar selbst spritzt sich Wasser ins Gesicht und spült sich den Sand aus Ohren und Nasenlöchern. Tropfen schmücken seinen Bart wie Edelsteine. Noah findet, dass er erschöpft aussieht. »Wie läuft das Geschäft?«

»Schlecht«, erwidert Dinar. »Wie geht's mit dem Schiffbau?«

»Komm aus der Sonne heraus«, sagt Noah. »Iss mit uns.«

Nach dem Essen eröffnet ihnen Dinar: »Ich habe nur wenig zu verkaufen. Nur Salz. Und ein bisschen Saatgetreide, das du kurz vor der Ernte bestimmt nicht brauchst. Und ein Paar schöne Sandalen.«

»Vergiss die Schuhe. Wir nehmen alles andere.«

Dinar zieht die Augenbraue in die Höhe.

»Wir legen Vorräte an«, erklärt Noah. »Schlechte Ernte, langer Winter. Und außerdem«, fügt er hinzu, »wird die Erde durch eine Überschwemmung zerstört, also brauchen wir alles, was wir kriegen können – für später.«

Dinar nickt, ganz so, als sei das nicht die erste Prophezeiung, die er je miterlebt hat. »Ich mach dir einen guten Preis. Keiner kauft zurzeit.«

Der Handel ist rasch abgeschlossen, Säcke mit Saatgut und Salz werden in der Vorratskammer verstaut. Noah zählt ein paar Kupferstücke ab. »Wenn du irgendwo Pech oder Bauholz siehst, denk an mich.«

»Wohl eher nicht«, antwortet Dinar. »Ich habe vor, mich auf Luxusgüter zu verlegen. Bei Seide und Gewürzen, Armreifen und Wein sind die Gewinne fetter.«

»Und fettere Räuber werden auf dich warten, um dir dafür die Kehle durchzuschneiden«, ermahnt Noah ihn.

Dinar spuckt aus und sagt: »Die Welt geht zum Teufel.«

Nachdem Dinar gegangen ist, fühlt Noah sich ein bisschen erleichtert. Er ist seinem Ziel wieder einen Schritt näher gekommen. Er sucht den leeren Himmel ab und ignoriert dabei die Schmerzen im Nacken. »Morgen schlachten wir die Ochsen«, sagt er zu der Frau. »Du und Mirn könnt das Fleisch salzen und dann trocknen.«

Es kommt ihm nicht in den Sinn, dass die Frau das bereits geplant hat.

10. Kapitel

Ilya

☑ 🐄 🐄

Und von den unreinen Tieren zwei, Männchen und Weibchen.

Genesis 7, 3

Männer sind komische Wesen. Zeige ihnen ein Rudel Wölfe, das von einem Männchen angeführt wird, und sie werden sagen: Siehst du? Es ist natürlich für Männer, zu herrschen.

Gut. Aber zeige ihnen einen Bienenstock, der von der Königin kontrolliert wird, in dem die Männchen niedere Arbeit verrichten, und sie werden protestieren: Menschen sind keine Insekten.

Nun gut.

Zeige ihnen eine Katze, die ihre Jungen säugt, und sie werden sagen: Aha! Frauen ist es bestimmt, sich um den Nachwuchs zu kümmern. Aber wenn man sie daran erinnert, dass dieselbe Katze es in einer dreitägigen Hitze mit fünfzig verschiedenen Katern treibt, werden sie antworten: Sollen wir etwa wie die Tiere leben?

Der phönizische Handelskapitän, der mich nach Norden übers Meer bringt, ist ein pausbäckiger, harmloser Kerl. Als Gesprächsstoff dient uns die Kosmologie. Sein Gott ist nicht der Gott meines Mannes Cham, aber er könnte sein Bruder sein: alter Mann, feurige Pfeile, göttliche Vergeltung und so weiter.

»Warum bist du so sicher, dass dein Gott männlich ist?«, frage ich ihn. »Du hast ihn doch noch nie gesehen.«

»Das leuchtet doch ein«, sagt er grinsend. Dieser Kapitän sagt alles mit einem Grinsen. Dazu neigt er ständig den Kopf und streckt seinem Zuhörer die offene Handfläche entgegen, so als sei alles, was er sagt, entweder ein Zugeständnis oder ein Geschenk. »Männer haben in dieser Welt die Macht, zu erschaffen.«

Ich versuche, nicht zu würgen. »Wie bitte?«

»Es ist der Mann, dessen Samen Früchte trägt«, sagt er grinsend und mit geneigtem Haupt.

»Und ohne die Frau«, rufe ich ihm in Erinnerung, »ist dieser Samen nichts weiter als Saft auf dem Fußboden.«

»Und ohne den Mann«, kontert er grinsend, »ist die Frau ein leeres Gefäß, das darauf wartet, angefüllt zu werden.«

»Dann ist es doch wahrscheinlich, dass der Schöpfer von beidem etwas in sich vereint. Ein Hermaphrodit vielleicht.«

Das verwirrt ihn sichtlich. Da unsere Diskussion zu keinem verifizierbaren Ergebnis führt, lasse ich das Thema fallen. Trotz seiner abstrusen Ansichten ist der Kapitän ein kenntnisreicher Mann, der an verschiedenen Schulen Astrologie und Naturgeschichte gelernt hat – Gebiete, die mich interessieren. Als ich an einem Punkt eine Bemerkung darüber mache, dass die Gefahr besteht, über den Rand der Erde zu stürzen, da wir schon so lange segeln, streckt er lächelnd die Hand aus und sagt: »Das kann nicht passieren.«

»Und wieso nicht?«

Sein Lächeln wird breiter. Sein Gewand ist mit Roter Bete eingefärbt und hebt seine wettergegerbten Wangen hervor. »Hast du jemals den Mond betrachtet?«

Meine Reise ist lang, also lasse ich mich auf das Spielchen ein. »Ja.«

»Und welche Form hat er?«

»Unterschiedlich, aber im Allgemeinen rund.«

»Und hast du je gewagt, in die Sonne zu blicken?«

»Ja. Sie ist gleichfalls rund«, füge ich hinzu, bevor er nachfragen kann.

Er nickt. »Und was legt die Logik daher nahe?«

»Deine Logik ist mangelhaft«, kläre ich ihn auf. »Du vergisst, dass die Sonne und der Mond dort oben sind, und die Erde hier unten.«

»Wo unten?«

Die Frage verdutzt mich. »Hier.«

»Und wo ist hier?«

Natürlich habe ich darauf keine Antwort. Niemand hat eine.

»Lass mich dir etwas zeigen«, sagt er.

In der Kombüse unter Deck legt er drei Zitronen auf den Tisch. »Das ist die Sonne«, erklärt er, »und das die Erde. Die Erde kreist um die Sonne und dreht sich dabei um sich selbst.«

»Das ist absurd.«

»Es kommt noch besser«, behauptet er grinsend. Er

nimmt die dritte Zitrone in die Hand. »Hier ist der Mond. Es ist ein bisschen schwierig, es mit zwei Händen zu demonstrieren, aber genau wie die Erde sich um die Sonne dreht, kreist der Mond um die Erde.«

Ah ja. »Es war mir lieber, als du erzählt hast, Gott habe Hoden. Welche Beweise hast du hierfür?«

Er lacht in sich hinein. »Mein Beweis ist, dass die Sonne auf- und untergeht. Und das passiert, weil die Erde wie ein Kreisel wirbelt.«

»Und dieses mächtige Wirbeln spüren wir nicht?«

Er zuckt die Schultern.

»Gut. Und ich nehme an, der Mond geht auf und unter, weil er sich um uns dreht, während wir um die Sonne wirbeln.«

»Genau.«

»Ich habe eine einfachere Lösung: Die Erde bleibt an einem festen Platz. Die Sonne und der Mond umkreisen sie. Die Erde ist flach, wie jeder mit eigenen Augen sehen kann. Beweise mir das Gegenteil.«

Wieder zuckt er die Schultern. »Kann ich nicht. Aber ich mag meine Theorie. Das Ganze hat eine angenehme Symmetrie, wie ein Tanz, und ich liebe die Vorstellung, dass die ganze Schöpfung tanzt.«

Jetzt ist er auch noch ein Poet.

»Meine Theorie würde auch noch eine andere Sache erklären«, fährt er fort.

»Und die wäre?«

Er arrangiert die Zitronen in einer Reihe. »Manchmal kommt es vor, dass der Mond zwischen Erde und Sonne hindurchzieht. Und weil sie gleich groß sind, verschwindet die Sonne für eine Weile, und Dunkelheit legt sich über die Erde. Hast du das noch nie gesehen?«

»Doch. Mein Schwager Sem nennt es ein böses Omen. Selbst in meiner Heimat löst es große Angst und Bestürzung aus.«

»Auch sonst überall. Dabei ist es leicht zu erklären, wie du gleich sehen wirst.«

Er öffnet das Lederbändchen einer kleinen Schriftrolle, die über und über mit winzigen Zahlen in einer säuberlichen Handschrift bedeckt ist, Spalte um Spalte. »Nach meiner Berechnung wird es in exakt zwei Wochen wieder geschehen. Mittags, um genau zu sein«, doziert er und sieht mich mit einem zufriedenen, kleinen Lächeln zwischen seinen roten Bäckchen an. Wie ein Kind, das gerade eine komplizierte Rechenaufgabe gelöst hat. »Die ganze Welt wird sich verdunkeln«, erklärt er mit großem Wohlbehagen.

»Ich werde mich daran erinnern«, erwidere ich lächelnd. Aber innerlich zittere ich.

»Tu das. Und dann denke daran, wer es dir gesagt hat. Und erinnere dich an meinen Tanz der Schöpfung.«

Zehn Tage später bin ich an der nördlichen Küste gelandet und habe mich einer Bande Barbaren aus dem Norden angeschlossen, die nach einem Raubzug im Süden auf dem Heimweg ist. Sie betrachten mich als eine Angehörige ihres Stammes, und ich gebe mich als Priesterin von Oda aus, worauf mir ein eigenes Pferd zur Verfügung gestellt wird und ich nicht angerührt werde. Wir reiten nachts, umgehen in weiten Bögen besiedelte

Gebiete, außer wenn es darum geht, Vieh zu stehlen. Meine Begleiter sind zwölf in Wolfspelze gehüllte Raufbolde, die nicht im Geringsten abgeneigt sind, jedem, der sich ihnen entgegenstellt, die Kehle durchzuschneiden. Ich halte mich so gut es geht fern von den Gemetzeln, was aber nicht ganz leicht ist, denn Oda, die ich als Priesterin repräsentiere, liebt es, das Blut ihrer Feinde zu trinken, und deren gibt es viele.

Mein Plan ist es, die Nordlande zu erreichen, die Herrscherinnen dort zu bitten, mir alle Tiere, die es in der Gegend gibt, zu überlassen und mit diesen wieder nach Süden zurückzukehren. Es ist nicht der raffinierteste Plan, wie ich zugeben muss, aber unter den gegebenen Umständen das Beste, was ich tun kann.

Meiner Eskorte mangelt es an feinen Manieren und auch sonst noch an allerlei, aber ihr Verhalten ist mir vertraut, und sie werden mir für die Reise einen guten Schutz bieten. Zwei Tage lang passiert nicht viel, aber am dritten Abend treffen wir auf einen einsamen Bauernhof, wo zäherer Widerstand geleistet wird als erwartet. Die Männer des Hofes strecken drei von uns mit Lanzen nieder, kämpfen dann weiter mit Steinäxten und kurzen Bronzeschwertern. Die Schlacht im Mondlicht ist kurz und blutig, aber die Bauern sind in der Unterzahl, und unsere Männer hacken sie ohne weitere Verluste in Stücke. Die Frauen werden danach ebenfalls kurzerhand ins Jenseits befördert. Nur die Kinder sind übrig, vier Mädchen und zwei Jungs, die Mädchen kaum alt genug, dass sie schon ihre Periode haben. Die Jungen scheinen vier oder fünf Jahre alt zu sein.

Die Männer vergewaltigen sie natürlich alle. Ich

bleibe im Hintergrund und stoße leise Flüche in Chams Sprache aus und hoffe, dass diese Schweine sie für Gebete an Oda halten.

Gnädigerweise sind die Kinder halb betäubt, als die Männer mit ihnen fertig sind. Die Krieger setzen die Strohdächer in Brand, und zwei ziehen ihre Schwerter, um den Kindern die Kehlen durchzuschneiden, als der Anführer ruft: »Wartet.«

Dank sei Gott, denke ich.

»Unsere Priesterin soll es tun«, sagt er. »Es ist ja schließlich Odas Wille.«

Sie starren mich an. Das sandfarbene Haar des Hauptmanns fällt in Strähnen, die wie Vipern aussehen, bis auf seine Schultern. Lederstreifen bedecken seine Brust und Arme. Ein kleiner Knoten erinnert an die Stelle, wo seine Nase abgeschnitten worden ist.

»Nun, Priesterin?«

Ich atme tief durch. »Oda befiehlt, es nicht zu tun.«

Die Männer scharren mit den Füßen. Die Augen des Anführers funkeln im Feuerschein. »Interessant. Die letzte Priesterin, die wir getroffen haben, die übrigens tapfer an unserer Seite in der Schlacht gefallen ist, hat genau das Gegenteil behauptet.«

Die Männer murmeln und nicken.

»Sie sagte, wir sollen Odas Feinde bei jeder Gelegenheit töten. Und sie hat auch mit uns gekämpft und sich nicht beim ersten Anzeichen von Gefahr hinter ihrem Pferd versteckt. Sie war eine wahre Priesterin.«

»Das bin ich auch.«

Der Hauptmann grinst höhnisch. Braune Zahnstümpfe zieren seinen Mund. Die Löcher in seinem Gesicht, wo seine Nase einst gewesen ist, klaffen obszön auseinander. »Das glaube ich nicht.«

Die Kämpfer umzingeln mich. Verzweifelt versuche ich, meine Stimme ruhig klingen zu lassen, und sage: »Denkt gut darüber nach, was ihr tut. Es wird Oda gar nicht gefallen, wenn ihr ihre Dienerin missbraucht.«

Doch sie halten grinsend meine Arme fest, binden meine Handgelenke zusammen und werfen mich auf eines der Pferde. »Wir werden ja sehen«, sagt der Anführer.

Wir reiten die ganze Nacht. Mir ist übel, und ich muss würgen, als sie mich bei Tagesanbruch auf den Boden werfen. Mein Magen ist längst leer, der Bauch voller Blutergüsse von den Stößen des Pferderückens. Die Männer umstellen mich wieder und starren mich gierig an.

»Hört mich an«, sage ich, »tut das nicht. Rettet euch.«

Sie lachen.

Ich hatte die ganze Nacht über Zeit, mir zu überlegen, was ich sagen kann. »Die Sonne verschwindet heute. Wenn ihr mich anfasst, wird sie nicht wiederkehren.«

»Quatsch«, ruft einer von ihnen und beginnt, meine Beine zu spreizen. Aber seine Kameraden halten ihn zurück.

»Was soll das bedeuten?«, fragt der Anführer. Er neigt den Kopf, als schnüffle er mit seiner nicht vorhandenen Nase im Wind. »Was ist mit der Sonne?«

Ich bete zu Jahwe, dass die Zahlen des phönizischen Kapitäns stimmen. »Am Mittag wird Oda die Sonne verschlucken. Lasst mich gehen, und ich werde sie ersuchen, sie zurückzugeben. Berührt mich oder tötet mich, und sie wird für immer dahin sein.«

Die Männer schauen sich gegenseitig an. Sie sind ein abergläubischer Haufen: Über das Verschwinden der Sonne nur zu sprechen hat sie schon nervös gemacht. Einige von ihnen kreuzen die Finger zu einer Geste, die böse Geister abwehren soll.

»Quatsch«, sagt der Mann wieder, der mich vorhin vergewaltigen wollte, aber es klingt jetzt eher wie eine Frage.

»Also gut«, sagt der Hauptmann plötzlich. Vielleicht spürt er, dass er die Moral seiner Männer stärken muss. »Dann warten wir also bis Mittag. Wenn du Recht hast, unterwerfen wir uns Odas Gnade. Aber wenn du lügst, nun ...«

Er greift sich mit einer behaarten Hand an die Hoden. »Umso mehr Zeit, unsere Waffen in Schuss zu bringen, stimmt's, Männer?«

Sie alle lachen. Eine Spur zu laut.

Und so ist es ungeheuer befriedigend, diesen Haufen mutterloser Schwachköpfe auf den Boden sinken zu sehen, als sich die Sonne tatsächlich zurückzieht. Wie eine Schlange hinab in ihre Höhle, denke ich. Einige von ihnen zittern oder schluchzen wie Kinder, die an ihren Ängsten zu ersticken drohen. Einer scheißt in seinen Wolfspelz. Gut. Ich sollte daran denken, niemals etwas Schlechtes über Phönizier zu sagen.

Wir sind auf einer kleinen Lichtung auf einem Hügel, der ein finsteres, grünes Tal überblickt. Jetzt rollt ein massiger Schatten von den gegenüberliegenden Hängen herab in das Tal, wie der Tod höchstpersönlich. Die Krieger zeigen darauf, winseln und wehklagen.

Die Sonne ist zu zwei Dritteln verschwunden, wie von einem großen, unsichtbaren Monster gefressen, als der nasenlose Hauptmann sich mir zu Füßen wirft. »Vor Oda werfe ich mich in den Staub.«

»Ja und? Was glaubst du, wird das nützen? Du hast ihre Priesterin beleidigt.«

Als er aufsteht, ist sein Gesicht nass, seine Augen blicken irr. »Ich tue alles. Lass sie nicht verschwinden.«

Ich bleibe ganz gelassen. Die Sonnensichel wird immer kleiner, Zwielicht breitet sich aus. Der Schatten erreicht die Talsohle und kriecht auf uns zu. »Ich werde Oda nach ihrem Begehr fragen.«

Also bleibe ich einige Zeit mit geradem Rücken und geschlossenen Augen stehen, die Arme über dem Kopf gekreuzt, wie ich es bei den Priesterinnen gesehen habe. Mit geschlossenen Lidern höre ich das unruhige Rascheln der Männer, die den Blick zwischen dem Himmel und dem Tal unter uns hin und her schweifen lassen. Kein Windhauch regt sich. Plötzlich vernehme ich einen Chor leiser Klagelaute. Ich öffne die Augen. Es ist Nacht. Die Sterne funkeln. Die Sonne ist fort.

»Dies ist, was ihr tun sollt«, rufe ich mit klarer Stimme. »Begleitet mich bis an mein Ziel. Dort habe ich eine große Aufgabe zu erfüllen, wenn die Herrinnen es gestatten. Ihr werdet nicht fragen, was ich tue, noch warum ich es tue. Ihr werdet mir helfen.«

»Was immer du willst«, jammert der Anführer.

»Ihr werdet niemandem ein Haar krümmen, außer

es gibt einen zwingenden Grund dafür. Ihr werdet Essen besorgen, wenn nötig, und uns verteidigen, wenn wir angegriffen werden, nicht mehr.«

»Diese Aufgabe ...«, beginnt er.

»Stell keine Fragen. Es wird gefährlich sein. Es wird viele Wochen dauern, und wir werden weite Strecken zurücklegen. Wenn es vollbracht ist, werde ich euch von jeder Verpflichtung befreien. Stimmt zu, und ich werde Oda bitten, uns die Sonne wiederzugeben. Stimmt ihr zu?«

»Ja!«, rufen sie wie aus einem Munde.

»Von jetzt an werdet ihr mir bedingungslos gehorchen?«

»Ja!«

Und das tun sie auch. Gut.

11. Kapitel

Noah

☑ 🐻 🐻

Die Erde aber war vor Gott verderbt, und die Erde füllte sich mit Gewalttat.

Genesis 6, 11

Die Menschen kommen zusammen, um über ihn zu lachen. Jeden Morgen versammelt sich eine beträchtliche Menge im Schatten der Hügel am Rande seines Landes: Er hört ihre Pfiffe und ihr Hohngelächter. Noah findet es unbegreiflich, wie jemand es auf sich nehmen kann, vier Tage lang durch die sengende Hitze der Wüste zu reiten, nur um ihn zu verspotten, aber genau das scheint hier zu geschehen.

Die Rippen der Bögen ragen inzwischen in den Himmel wie die Knochen eines gigantischen Tieres. Zwei endlose Reihen in fünfzig Ellen Abstand. Wie gespreizte Finger, die in Intervallen von zwanzig Ellen nach dem Firmament greifen. Querstreben, Gerüste und Zwischendecks haben das leblose Durcheinander von Bauholz in ein Netz verwandelt, ein organisches Muster, durch das Cham, Sem und Japhet wie Spinnen klettern. Noah beobachtet seine Söhne bei der Arbeit – unvollkommene Wesen, die versuchen, ein perfektes Ergebnis zu erschaffen – und die Kehle schnürt sich ihm zu. Wenn er es sich gestatten würde, könnte er Tränen des Stolzes vergießen.

Aber er gestattet es sich nicht. Er schaut zum Himmel, wo kein Wölkchen, geschweige denn eine Bewölkung oder auch nur ein leichter Dunst zu sehen ist. Noah massiert seinen Nacken und fragt sich, wie die Mädchen mit dem Einfangen der Tiere vorankommen.

Binnen weniger Tage wird offensichtlich, dass die Menschenmenge, die gekommen ist, ihn zu verhöhnen, zu einer mehr oder weniger dauerhaften Siedlung verschmolzen ist. Hütten und Baracken sind wie Pilze aus dem Boden geschossen, wacklige Gebilde im Windschatten der Hügel. Eine Population von vielleicht dreißig Menschen hat sich an den Säumen von Noahs Land gebildet wie ein Geschwür. Ihre Gegenwart nagt an seinen Gedanken.

»Vergiss sie«, rät die Frau. »Wir haben schon genug zu tun.«

Sie hat natürlich Recht. Aber es hilft nichts.

Sie hockt zwischen kniehohen Erbsen, reißt die fingerlangen Hülsen ab und wirft sie in den Eimer. Später werden sie und Mirn sie schälen und aufs Dach zum Trocknen in die Sonne legen. Der grüne Brei, den sie schließlich daraus herstellt, ist nicht gerade Noahs Lieblingsspeise, aber er weiß, dass er sie am Leben erhalten wird.

»Sie stören mich«, gesteht Noah und spricht von den Ungläubigen. Er runzelt die Stirn, als die Schwaden von der Räucherkammer seine Nase kitzeln. Drinnen rollt sich gesalzenes Ochsenfleisch zu zähem Leder zusammen. »Sie sind das Werkzeug des Teufels.«

Die Frau seufzt. Schweiß hat sich an den Tränensäcken unter ihren Augen gesammelt. Sie trägt ein blassrotes Kopftuch, das sie jetzt löst, ausschüttelt und wieder verknotet. »Du solltest dir stattdessen über Holz und Pech Gedanken machen. Wir haben wenig von dem einen und überhaupt nichts vom anderen.«

»Das ist mir schon klar!«, knurrt er und fährt sich durch den Bart.

»Dann tu endlich was!«, knurrt sie zurück. Sie deutet auf die Hütten in der Ferne. »Oder die werden wirklich etwas zu lachen haben: ›Der verrückte Noah und das Boot, das nie fertig wurde‹.«

Er schäumt vor Wut, aber es fehlen ihm die Worte. Sie pflückt weiter Erbsen und wendet sich von ihm ab, als sei er völlig bedeutungslos.

Noah weiß, was er zu tun hat. Es ist nicht ganz das, was er tun sollte, nämlich sein Maultier beladen und nach Norden durch die sengende Einöde reiten, um mehr Material von den Riesen zu erbitten. Das wäre vernünftig. Aber Noah fürchtet die Reise, fürchtet sich vor seiner eigenen Schwäche, und ihm will einfach nicht einfallen, was er den Riesen sagen könnte.

Also tut er, was er tun muss, nämlich den Olivenhain durchqueren und zum Hüttendorf hinübergehen.

Die Menge erwartet ihn, still und gespannt, als er dort ankommt. Sie starren ihn an. Er starrt zurück, und die Knöchel der Hand, mit der er den Stab umklammert, schmerzen. »Nun?«

Keiner spricht. Es sind ganz gewöhnliche Leute, vorwiegend junge Männer, ein paar alte Käuze und Frauen. Ihre Kleidung ist staubig und abgewetzt, die Haare ungekämmt, aber sonst sind sie völlig unauffällig. Nun, was hat er erwartet? Hörner und Teufelsschwänze, Verführer in Schlangengestalt und Engel mit versengten Flügeln?

Schließlich tritt ein kleiner, dünner Mann vor, so klein, dass Noah ihn zuerst für einen Knaben gehalten hat, und sagt: »Wir sind gekommen, um uns deine Arbeit anzuschauen. Du bist ziemlich berühmt geworden, weißt du das?«

Hier und da ertönt ein höhnisches Lachen. Ein schielender Jüngling mit quäkender Stimme ruft: »Man sieht nicht jeden Tag mitten in der Wüste ein Schiff wachsen.«

Noah kann sein Zittern kaum unterdrücken. »Man hat mir geheißen …«

»Ja, du bist viel geheißen worden«, sagt der Junge.
Alle lachen.
»Habt ihr denn Gott vergessen?«, fragt Noah.

Eine sehr hübsche, feingliedrige Frau mit lockigem Haar tritt vor Noah. »Sieh dich um, alter Mann. Mir scheint, Gott hat dich vergessen.«

»Das ist nicht wahr«, erwidert Noah gereizt.

»Gott hat Adam aus dem Paradies geworfen, weil er einen Apfel gegessen hat. So heißt es doch in deiner Geschichte. Soll man so jemandem etwa Vertrauen schenken?«

Noch mehr Gelächter. Viele nicken zustimmend.

Die Frau legt Noah die Hand auf den Unterarm. »Gib diesen idiotischen Auftrag auf und nimm dir etwas von dem, was das Leben zu bieten hat.« Sie öffnet ihren Kittel, und der Stoff teilt sich, entblößt einen festen, prallen Körper. »Gerüchte besagen, dass du immer noch kannst.«

Noah schüttelt ihre Hand ab und tritt einen Schritt zurück, doch die Menge johlt und zeigt auf seine Erektion, die unter seinem Umhang sichtbar wird. »Hört auf damit!«, brüllt er sie an. »Ihr seid der wahre Grund, warum Gott zornig geworden ist! Er schickt Wasser, um euch alle zu ersäufen, jawohl, und eure Eltern und auch eure Kinder und jedes Lebewesen.«

»Auch die Vögel am Himmel und die Fische im Meer?«, ruft jemand.

»Ganz recht, auch die!«, donnert Noah.

Die halbnackte Dirne zeigt ihm ein falsches Lächeln. »Wie kann ein Fisch im Meer ersäuft werden, wo er doch sowieso schon unter Wasser lebt?«

Noah ignoriert sie. »Ihr könnt immer noch bereuen. Es ist Platz für euch im Boot, wenn ihr nur wollt.«

»Wie hoch ist dein Preis?«, fragt ein alter Mann, der so krumm ist, dass er beinahe mit dem Kopf den Boden berührt. »Ich habe jede Menge Gold.«

»Einen Platz auf dem Schiff kann man nicht erkaufen«, erwidert Noah, »es sei denn, mit einem reinen Herzen.«

Der alte Mann wedelt ungeduldig mit der Hand und wendet sich ab.

Ein stämmiger Mann mit Tätowierungen tritt vor und sagt: »Ich würde lieber hierfür bezahlen.« Er hebt den Kittel der drallen Dirne an und nimmt sie gleich dort auf dem Boden, vor der Menge. Die Männer bilden einen Kreis und fummeln an sich herum.

»Ich hoffe, du hast auch Geld«, sagt die Frau lachend über ihre Schulter. Ihr runder Hintern wackelt im Takt zu den Stößen des Mannes. Sein Gesicht verzerrt sich, als er sich dem Höhepunkt nähert. »Meine Tochter ist beinahe zehn. Du kannst sie haben.«

»Abgemacht.«

»Falls du sie findest«, fügt der Mann unter Lachen hinzu. »Ich hab sie nicht mehr gesehen, seit meine Schwester sie zur Welt gebracht hat.«

Es ist sinnlos. Noah wendet sich ab, um zu gehen, verharrt dann aber mitten im Schritt, als er eines merkwürdigen Anblicks gewahr wird. In einiger Entfernung liegen zwei schimmernde Haufen, die in der Sonne glänzen wie silbriger Schaum. Er geht näher, blinzelt verstört, bis ihm mit einem Schlag klar wird, dass es sich um Leichen handelt. Sie sind noch nicht lange tot, und ein Pelz von glitzernden blauen Fliegen bedeckt sie wie ein Fell. Im selben Moment trifft ihn der Gestank. Das Frühstück steigt Noah brennend in die Kehle, doch er zwingt es wieder hinunter.

Ein Mann steht mit offenem Mund in der Nähe und starrt ins Leere.

»Warum sind diese Männer nicht beerdigt worden?«, versucht Noah von ihm zu erfahren.

Die Gesichtszüge des Mannes sind so weich, als habe Gott bewusst vermieden, klare Linien in sein Antlitz zu zeichnen. Die feuchten Lippen öffnen sich noch ein wenig mehr. Ungekünstelte Verwirrung flackert hinter den hängenden Lidern auf. »Sie beerdigen? Wer würde denn so was machen?«

»Du, zum Beispiel.«

Der Mann blinzelt träge. »Ich nicht.«

»Das wäre aber anständig. Du kannst sie doch hier nicht für die Insekten und die Vögel liegen lassen.«

Der Mann glotzt idiotisch auf die Leichen. »Ich glaube, denen macht's nicht so viel aus.«

Noah beißt sich auf die Lippe und kämpft seinen Zorn nieder. Er versucht es anders: »Wie sind sie denn gestorben?«

»Haben sich gegenseitig umgebracht.«

»Warum?«

»Streit, nehme ich an.«

Noah schnaubt vernehmlich durch die Nase. »Worüber haben sie sich gestritten?«

Der Mann schlurft an ihm vorbei und betrachtet die Leichen aufmerksam. Noah fragt sich, ob er ihn vergessen hat oder ob er beabsichtigt, die Toten zu befragen. Stattdessen steckt der Mann die Hand in den Dreck und scheucht dabei eine Wolke bluttrunkener Fliegen auf. Er tastet einen Moment herum, dann hebt er einen kleinen, runden Stein auf. »Hierüber.«

Noah streckt die Hand aus. Mit einem Stirnrunzeln nimmt er den Gegenstand und schaut ihn an. Eine Perle, auf einer Seite beschädigt. »Die haben sich hierfür gegenseitig umgebracht?«

»Denke schon.«

»Warum?«

Die Arme des Mannes hängen leblos wie tote Fische herunter. »Beide wollten sie haben.«

Das hier soll Noahs Kindern eine Lehre sein. Er schüttelt den Kopf und wendet sich ab, aber der Mann sagt: »He. Ich will das haben.«

»Die hier?« Noah hält die Perle hoch. »Die ist wertlos.«

Die weichen Züge des Mannes verwandeln sich in eine wilde Fratze. »Nicht für mich.«

»Sie gehört dir nicht.«

»Dir auch nicht.« Der Mann hat plötzlich ein glänzendes Messer aus Obsidian in der Hand. »Zwing mich nicht, dich dafür zu töten.«

Und das würde er, ohne zu zögern. Ungeachtet der Tatsache, dass er die Perle schon längst hätte an sich nehmen können, da die Streithähne ja tot sind.

Noah wirft dem Mann die Perle vor die Füße. »Gott vergebe euch allen.«

»Mir nicht«, wehrt der Mann ab. »Nicht mir.«

Noah flieht aus der Siedlung, als werde er verfolgt. Hinter ihm grunzen die Männer, während sie es mit den Frauen treiben oder den Kindern oder untereinander. Ein Kampf ist ausgebrochen: Knüppel sausen auf schreiende Gestalten nieder. Im Obstgarten begegnet Noah einem Jungen, der drei Ziegen an einem Strick führt. Noah ist sicher, dass es seine Ziegen sind. Er hält den Jungen an. »Wo hast du die her?«

»Leck mich«, presst der hervor und geht einfach weiter.

Noah ist zu erschöpft, um zu streiten. »Gott schütze dich.«

»Der kann mich auch mal!«

Noah wankt unter der Traurigkeit, die ihn zu überwältigen droht. Die Welt ist ein uralter Ort, wie er weiß, über tausend Jahre alt. Zehn lange Dekaden ist es her, seit Adam das Paradies verlassen hat. Trotzdem ist es kaum zu glauben, dass in dieser Zeit so viel Torheit und Verderbtheit erblüht sind und sich wie ein dämonischer Samen über das Land ausgebreitet haben. Wie schnell die Menschheit Gott vergessen hat, überlegt Noah. Was ist dann der Zweck seiner Mühen? Alles, was schlecht ist, wird einfach wieder aufkeimen, wie ein bösartiges Geschwür im Bauch. Wenn nicht in den nächsten tausend Jahren, dann eben in zwei- oder dreitausend.

Noah richtet den Blick gen Himmel. Sein Halswirbel knackt. Er runzelt die Stirn. Die Nachmittagssonne, die langsam nach Westen wandert, ist nicht ganz so strahlend, wie sie sein sollte. Tatsächlich ist das Licht irgendwie gefiltert. Durch eine Art Dunst entfärbt. Und tief am südlichen Horizont, in Richtung Meer, bauschen sich dicke, schwarze Wolken auf und ziehen drohend in seine Richtung.

12. Kapitel

Japhet

☑ 🦆 🦆

Ich stehe gerade hier oben mit Cham und riskiere meinen Hals dabei, den Rahmen für dieses riesige Türblatt zu halten, das wir an der Bordwand einzuhängen versuchen, da stürmt unser alter Herr plötzlich schreiend durch den Olivenhain, als habe jemand ein Stück seines allmächtigen Bartes in Brand gesteckt. Und ich hoffe fast, dass jemand das auch mal irgendwann tut.

Cham schaut noch nicht mal auf, als er fragt: »Was ist denn das für ein Aufstand?«

»Keine Ahnung, Mann.«

Cham nickt. Das mag ich an ihm: Er redet nicht, wenn's nichts zu sagen gibt. Nicht wie Sem oder Papa. Papa redet eine Menge Scheiß, das steht mal fest, aber Sem ist noch schlimmer, vorwiegend deshalb, weil er denselben Mist verzapft wie Papa – aber nicht, weil er daran glaubt, sondern nur, weil Papa sagt, er soll daran glauben. Das ist manchmal einfach nicht zum Aushalten.

Natürlich faselt Cham auch manchmal dummes Zeug. Aber gerade jetzt passt es mir ganz gut in den Kram, als er sagt: »Mal sehen, was er will.«

Wir sind zwanzig Ellen über dem Boden, also dauert es ein Weilchen, bis wir unten ankommen. Was aber weiter nichts macht, denn ich klettere gern ein bisschen. Schließlich stehen wir wieder auf festem Grund, und dieses riesige, halbfertige Ding ragt über unseren Köpfen auf. Wie ein Kadaver ohne Haut verdeckt es den halben Himmel und zieht sich so lang in jede Richtung, dass man gar nicht sehen kann, wo es aufhört. Über Cham kann man sagen, was man will, aber ich muss zugeben, der kann ein Boot zusammenhämmern.

Mit hochrotem Kopf und völlig außer Atem trabt unser alter Herr auf uns zu. »Wir müssen uns sputen«, hechelt er. »Wolken ziehen auf. Bald wird es regnen.«

Cham wirft ein: »Da gibt es ein kleines Problem, Abba. Das Schiff hat noch keine Außenhülle.«

»Und Holz dafür haben wir auch keins«, steuere ich hilfreich bei.

»Und wo bleiben die Tiere?«, fragt Cham.

»Die kommen«, behauptet der Alte mit rührender Unbestimmtheit.

»Bera und Ilya sind seit Wochen unterwegs. Du hättest sie nicht alleine losschicken sollen, Abba.«

»Es gab keine andere Möglichkeit«, wehrt Noah sich.

»Du hättest eine andere finden müssen.«

Die beiden würden den ganzen Nachmittag so weitermachen, das wäre nicht das erste Mal. Glücklicherweise bin ich jedoch hier und schaue in den Himmel hinauf. »Ich sehe keine Wolken, Papa.«

»Hä?«, macht er und schaut ebenfalls auf. »Oh, sie hängen tief am Himmel, man kann sie von hier aus nicht sehen. Kommt mit.«

Er nimmt uns auf die andere Seite des Schiffs mit, und das ist ein weiter Weg: hundertfünfzig Ellen, nur um in den Himmel zu gucken. Wir hätten eine Abkürzung durch das Boot nehmen können, denn alles ist noch offen und unfertig, aber keiner von den beiden hat dran gedacht, und warum soll ich was sagen? Ich hab nichts gegen eine kleine Pause von der Arbeit. Ich will nicht jammern, aber meine Schultern haben mich in den letzten drei Wochen beinah umgebracht. Bretter schneiden und Löcher fräsen und aus Kupfer Nägel hämmern macht jeden fertig. Glaubst du nicht? Dann versuch's mal.

Wir drei stehen da und gucken. Es stimmt schon, dass es im Süden diesig geworden ist. Die Sonne ist orangerot und sieht irgendwie bedrohlich aus, und am Horizont zeigt sich ein flacher dunkler Streifen. Aber das sieht mir nicht nach Wolken aus. Wolken würden die Sonne silbrig aussehen lassen, nicht rot. Das sage ich ihnen dann auch.

Der alte Herr glotzt mich verständnislos an. »Hä?«

Doch Cham nickt beifällig. »Das stimmt, Abba. Das sind keine Regenwolken. Das ist Staub.«

Und wieder bin ich von Cham beeindruckt. Dass er von zu Hause weggegangen ist, scheint Wunder bei ihm bewirkt zu haben. »Entweder zieht ein Sandsturm auf, oder da sind Menschen unterwegs. Viele Menschen, wenn ich mir die Größe der Wolke so anschaue«, sagt Cham.

»Falsche Richtung für einen Sturm«, sagt der alte Herr.

»Stimmt.«

Papa grunzt und zupft an seinem Bart, als suche er nach Schätzen. Das ist interessant, denke ich. Besuch. Mit ein bisschen Glück war's das für heute Nachmittag. Vielleicht sollte ich Mirn suchen und noch ein kleines Nümmerchen mit ihr schieben, bevor die Gäste kommen.

Doch ich habe kein Glück: Mama ist allein in der Küche und schneidet Streifen ab für das verfluchte Rauchfleisch. Ich frage: »Mama, hast du Mirn gesehen?«

»Sie ist draußen und sammelt«, erwidert sie.

Das hätte ich mir denken können, Mirn mit ihren Flaschenkürbissen. Die kann überall sein.

»Ist denn was zu essen da, Mama?«

Nach einer Weile sehe ich, dass die Dunstwolke näher gekommen ist oder jedenfalls größer geworden ist; sie bedeckt jetzt den halben Himmel, und die dunkle Linie am Horizont sieht ziemlich ungleichmäßig und merkwürdig aus. Also esse ich Brot und Käse auf und gehe nach draußen, wo der alte Herr und Sem und Cham am Rand des westlichen Feldes beim Bewässerungsgraben stehen und gucken. Als wären sie ein Begrüßungskomitee oder so. Ein Stoßtrupp. Der Ältestenrat.

Als ich bei ihnen ankomme, sagt Sem gerade: »Wenn sie es ist, dann ist sie nicht allein.«

Immerhin – das hat selbst Sem erkannt. Ich frage: »Wer, *sie*?«, aber keiner beachtet mich.

»Am besten, wir warten einfach ab«, schlägt Cham vor.

Und als wäre das ein Signal, sagt Sem: »Ich nehme das Maultier«, und rennt zum Stall rüber.

»Gebrauche deinen Kopf«, ruft Cham ihm vergeblich hinterher, und der alte Herr sagt nichts. Auch mir wird ein bisschen mulmig, als ich Sem aufsteigen und zu der Wolke hinüberreiten sehe.

Aber am Ende löst sich alles in Wohlgefallen auf. Kurz nach Sonnenuntergang kommt Sem zurück, und im schwindenden Licht erkenne ich, dass eine zweite Gestalt hinter ihm her reitet, und wer kann es anderes sein als Prinzessin Nippel höchstpersönlich. Bera hat es nicht nur fertig gebracht, die schockierendste Sammlung an Kreaturen, die man sich vorstellen kann, mitzubringen, sondern sie hat auch zwei plärrende Babys auf dem Schoß, schwärzer noch als sie selbst und eine ganze Ecke lauter.

Bei Adams Rippe, denke ich erstaunt. Cham neben mir sieht verwirrt aus, als wiege er die Fracht in Gedanken ab und frage sich, ob das Schiff die Last tragen könne. Aber der alte Herr neben ihm, der strahlt über beide Backen.

Es sind Tiere dabei, die hast du in deinem ganzen Leben noch nicht gesehen, worüber du vermutlich auch froh sein kannst. Aber es ist kaum Zeit, sie sich genauer anzusehen. Bera springt herum und brüllt Befehle, dass sie in den Schatten der Hügel oder zwischen die Olivenbäumchen geführt werden sollen, oder zumindest irgendwohin, wo keine Sonne hinkommt. »Die Hitze bringt sie um«, sagt sie. »Besonders die großen. Lasst sie uns füttern und tränken.«

Jetzt beginnt das Chaos, das könnt ihr mir glauben. Der Nachmittag besteht nur aus Staub – eine riesige taumelnde Wolke, die sich in meine Nase und Augen frisst, aufgewirbelt von unzähligen Füßen, während wir geschäftig hierhin und dorthin rennen. Bera ist nämlich nicht alleine nach Hause gekommen. Sie hat einen schwarzen, sauertöpfischen Krüppel mitgebracht, der nichts lieber tut, als knappe Befehle zu erteilen, auf die sie sogar hört. Aus irgendeinem Grund wird er ›Kapitän‹ genannt. Ein halbes Dutzend Fremde sind bei ihm, alle mürrisch und still, und sie glänzen vor Schweiß und sind schmutzig vom Staub. Muskelbepackte Kerle allesamt, die die Tiere einschüchtern und die Käfige nach irgendeinem Ordnungsprinzip herumschleppen. Vielleicht hab ich das noch nicht erwähnt: Alle Tiere, die Bera gebracht hat, sind in Käfigen, Dutzende, vielleicht Hunderte. Und Tausende Viecher, wenn man die wilden Hunde und kleinen Nager und winzigen Affen mitzählt, die einem nur bis zum Knie reichen. Und unbekannte, namenlose Wesen, jedenfalls für mich. Die Käfige sind auf Schlitten aus riesigen Balken aufgestapelt, mit Kufen darunter, und werden von Gespannen aus Ochsen, Büffeln, Kamelen und Jahwe weiß was gezogen: graue Monster auf säulenartigen Beinen mit riesigen, vorstehenden Zähnen und Nasen, die über den Boden schleifen. »Bei Adams Rippe«, ist alles, was ich dazu sagen kann, als ich diese Abscheulichkeiten zum ersten Mal sehe.

Der so genannte Kapitän lacht mich aus, und ich sage mir, soll er doch. Ich erkenne es wenigstens, wenn ich etwas Mächtigerem gegenübertrete, als ich selbst es bin. Es passiert bei Gewittern und Erdbeben und in klaren Nächten ohne Mond, und hier passiert es direkt vor meinen Augen. Ich wäre dumm, wenn ich das Gegenteil behaupten würde.

Aber erst am nächsten Morgen, nachdem ich mit Mirn fertig und nach draußen gegangen bin, wo Papa und die anderen alle neben dem Boot die Köpfe zusammenstecken, erkenne ich das volle Ausmaß dessen, was Bera mitgebracht hat. Tiere, na klar, aber eine Menge, das steht mal fest. Und was die Neuankömmlinge angeht, Beras Eskorte, die haben sich aus dem Staub gemacht. Bera hat ihren Kittel hochgezogen und an jede Brustwarze eins der Babys gelegt, die eifrig saugen. Sem starrt mit weit aufgerissenen Augen auf das Bild, das sich ihm bietet – so als wisse er nicht, ob er aufspringen und jubeln oder lieber seinen Wetzstein holen soll. Bera war vielleicht zwei Monate weg, und sie war genauso wenig schwanger wie der alte Herr, also steht fest, dass die Babys nicht von Sem sind. Aber wie es aussieht, ist ihm jetzt die Last auferlegt worden, für sie den Vater zu spielen.

Vom Olivenhain her lässt sich ein grunzendes Murmeln vernehmen, wie Wind, der durch Bäume fegt, nur dass kein Wind weht. Oder wie der Ozean, der gegen Felsen brandet, nur gibt es hier auch keinen Ozean und eher wenig Felsen. Es ist das Geräusch von Tausenden Körpern, die aufwachen und sich recken und aufrichten und vögeln und furzen. Tausende Kreaturen, die sich fragen, was wohl heute passiert, das nicht schon gestern passiert ist. Nicht so anders als du und ich also.

»Abba, siehst du die Schlitten, die Bera mitgebracht hat?«, fragt Cham.

»Die sehe ich«, antwortet der alte Herr.

»Ich habe eine Idee, wie wir sie sinnvoll einsetzen können.«

»So so?« Und Papa schaut zu mir rüber und – ungelogen – zwinkert mir zu. Das ist ein sehr ungewöhnliches Verhalten. Er sagt: »Ich denke, es reicht für die Außenhaut des Schiffes.«

»Es ist ein guter Anfang«, stimmt Cham zu. »Vielleicht reicht es, vielleicht nicht.«

»Gelobt sei Jahwe«, sagt Papa und macht ein Geräusch, das sich so anhört, als würde er durch die Zähne pfeifen. Aber als ich zu ihm rübergucke, schaut er nicht etwa zu den Schlitten oder Tieren in den Käfigen hinüber. Sein Blick ist vielmehr auf Bera und die Gören fixiert, und Sem sieht ihn an, runzelt die Stirn und nickt gleichzeitig. Als wüsste er nicht, ob alles so ist, wie es sein sollte, oder ob die Dinge in Schieflage geraten sind, als er nicht dabei war, um ein Auge darauf zu halten. Aber er scheint bereit zu sein, Papas Einschätzung der Sache zu akzeptieren. Als guter Sohn, der er nun mal ist.

13. Kapitel

Noah

☑ 🐃🐃

Einige Tage später verkündet Noah seiner Familie in der Küche: »Wenn ich mich nicht sehr irre, sind heute Morgen wirklich Wolken am Himmel.«

Alle stürmen nach draußen. Die federartigen Nimbuswolken erstrecken sich von einem Horizont zum anderen. Japhet johlt und täuscht ein paar Fausthiebe an, als würde er schattenboxen. Sem sieht Bera an, die teilnahmslos dasteht. Cham seufzt tief und stemmt die Hände in die Hüften. Mirn kichert. Noahs Frau rümpft die Nase und geht zurück in die Küche, von wo sie ruft: »Das Essen wird kalt.«

Sie setzen sich um die Kochstelle herum auf den Boden. Wie ernüchtert essen sie eine Weile schweigend. Schließlich fragt Sem: »Was glaubst du, wie viel Zeit uns noch bleibt?«

Noah runzelt die Stirn und zupft an seinem Bart. »So viel wir brauchen. Cham, wie lange dauert es, bis der Rumpf fertig ist?«

Cham sagt nichts.

Noah räuspert sich.

Cham sagt nichts.

»Cham?«

»Besorg mir erst mal das verdammte Pech!«, zischt er seinen Vater an. »Und rede ja nicht von Aufbruch, ehe Ilya zurück ist.«

Damit steht Cham auf und stürzt aus dem Zimmer, den kalten Brei auf seinem Teller zurücklassend.

»Die Riesen haben versprochen, es zu bringen«, erklärt Noah den anderen seufzend. »Sie sind in Verzug, aber es gibt nicht viel, was ich tun kann. Ich habe das Cham schon erklärt, aber es scheint, als müsse ich es noch mal tun.«

»Keine gute Idee«, murmelt Japhet.

»Er hat Recht«, wirft die Frau ein. »Lass ihn in Ruhe.«

Noch am selben Nachmittag kommen sie. Sie sind zu sechst und tragen Ledersäcke so groß wie Kornspeicher. Heißer Teer quillt heraus, zähflüssig und klebrig, und was er berührt, bleibt augenblicklich daran haften. Noah sieht zu, wie sie Mulden entlang des Schiffes ausheben und dann die Säcke hineinlegen. Ohne ein Wort verschwinden sie wieder am Horizont Richtung Norden. Noah weiß, dass ihr rechtzeitiges Erscheinen ein neuerliches Wunder ist. Und er weiß, dass er sich jetzt stumm zu Boden werfen oder seinen Dank an Gott herausbrüllen sollte. Aber es hat schon so viele Wunder gegeben, und er ist hundemüde.

»Vergib mir, Herr«, stammelt er leise. »Dein Schiff ist unvollkommen, aber ich tue mein Bestes.«

Sein Nacken schmerzt, und die Wolken am Himmel verdichten sich. Sein Rücken pocht genauso wie die Backenzähne links und sein rechter Spann. Seit einiger Zeit leidet er an Verstopfung, und manchmal vergisst er Dinge. Später wird auch noch Zeit für Dankbarkeit sein. Hofft er. Nun schickt er erst einmal Bera los, um aus Pferdeschweifen Haare für Pinsel abzuschneiden, und überträgt Mirn die Aufgabe, das Pech warm und flüssig zu halten. Dann beschäftigen sie alle sich damit, Teer gegen die Innenseite der Außenhülle zu schleudern. Sie arbeiten nahezu im Dunkeln. Das einzige Licht kommt durch die Risse und Spalten herein, die sie sich abmühen zu schließen. Von Zeit zu Zeit tauchen sie aus dem Rumpf auf wie neugeborene Hundebabys oder Küken aus dem Ei, um sich neue Pinsel zu holen und frische Luft zu schnappen. Bei der ganzen Arbeit bleibt Cham stumm wie ein Fisch.

Es ist eine gnadenlose Schinderei. Die Hitze im Schiff lässt sie alle wie in einer Räucherkammer ausdörren. Spät am Nachmittag wirft Cham seinen Pinsel zu Boden und verkündet: »Die Innenseite ist fertig. Zeit aufzuhören.«

»Wir haben es doch schon fast geschafft«, protestiert Noah und folgt ihm heftig blinzelnd hinaus ins Licht.

»Wir haben es innen schon fast geschafft«, verbessert Cham ihn. »Die Außenseite haben wir noch vor uns, und das muss zwei Tage warten.«

Noah schaut argwöhnisch zum Himmel. »Es hat keinen Zweck, das Schicksal herauszufordern.«

»Du meinst, dein Gott würde, kurz bevor wir fertig sind, uns und unsere ganze Arbeit hinwegschwemmen?«, fragt Cham.

»Lästere nicht«, warnt Noah. »Und außerdem ist er auch dein Gott.«

»Hab ja nur gefragt.«

Sem schaltet sich nervös ein: »Warum machen wir nicht einfach weiter und bringen es jetzt gleich zu Ende, Cham? Dann wäre es erledigt.«

Cham seufzt. »Die Innenseite muss erst trocknen.«

Alle schweigen.

»In der Zwischenzeit können wir entscheiden, wie wir die Fracht organisieren wollen.«

»Organisieren?«, fragt Sem. Er schaut mit flackerndem Blick unsicher zu Noah hinüber, der sich mit dem typischen Gesichtsausdruck eines alten Mannes, der mit einer neuen Idee ringt, über die Lippen leckt.

»Ach, Herrgott noch mal!«, grollt Cham und stapft zum Haus hinüber. Japhet trabt hinterher, begierig, die Arbeit hinter sich zu lassen. Sem hebt entschuldigend die Schultern und erklärt Noah: »Ich glaube, er hat Recht, Vater. Immerhin hast du ihm die Verantwortung übertragen.«

Noah rafft an Würde zusammen, was er kann, und nickt. »Natürlich. Er hat Recht. Wir müssen darüber reden, wie wir mit der … eh …?«

»Fracht umgehen?«

Noah grunzt. Um ehrlich zu sein, hat er sich darüber noch keine ernsthaften Gedanken gemacht, obwohl er das vor den anderen niemals eingestehen würde.

Vier Tage später ballen sich gewaltige Regenwolken zusammen und bedecken den Himmel.

Noah versammelt seine Familie und verkündet: »Ich habe intensiv darüber nachgedacht, wie wir die Tiere auf dem Schiff verteilen. Ich schlage vor, dass wir Gottes natürlicher Ordnung folgen. Als menschliche Wesen und somit als Abbild Gottes, als das wir geschaffen worden sind, werden wir das Oberdeck bewohnen, zusammen mit den Affen und den anderen zweibeinigen Kreaturen. Unter uns, im mittleren Deck, werden die Tiere sein, die sich auf vier Beinen bewegen. Würmer und Schlangen, Insekten und andere Abscheulichkeiten, seien sie nun vielgliedrig oder ganz und gar beinlos, sollen in den tiefsten Tiefen des Schiffes untergebracht werden.«

Japhet zuckt die Achseln. »Also gut. Das hätten wir dann.«

Sem runzelt die Stirn, aber Cham ergreift das Wort. »Das ist Unsinn. Diese großen Monster da draußen, wie heißen die doch gleich? Elefanten, Flusspferde, oder wie auch immer? Die können wir nicht in der Mitte des Schiffs unterbringen, die würden es noch instabiler machen, als es ohnehin schon ist. Und es ist schon schlimm genug«, fügt er hinzu.

Noah blinzelt. »Verstehe.«

Es folgt ein peinliches Schweigen, als würden alle auf einen Urteilsspruch warten. Sem stößt seine Frau an, die auf den Boden starrt. »Was denkst du, Bera? Du hast sie schließlich hergebracht. Wie würdest du sie ordnen?«

Sie blinzelt gedankenverloren. »Hm? Oh, nach Farben, nehme ich an. Die braunen und grauen Tiere ganz unten, gelbe und orange in der Mitte, schwarze und weiße oben. Rote im Bug und blaue im Heck. Sind überhaupt blaue dabei?«

Niemand kann sich erinnern, ob irgendetwas Blaues unter ihnen ist.

»Wie auch immer«, fährt Bera fort, »wenn ihr wollt, könnt ihr es auch andersherum machen.«

Noah starrt sie mit offenem Mund an, als zweifle er an ihrem Verstand.

»Auch die Vögel? Du würdest die orangefarbenen Vögel zusammen mit den orangefarbenen Katzen und den orangefarbenen Schlangen unterbringen?«

Japhet lacht. »Und orangefarbene Affen, Papa. Orangefarbene Schmetterlinge.«

»Ihr habt mich gefragt«, sagt Bera achselzuckend. »Das ist, was ich darüber denke.«

Vom Fenster her trällert eine vergnügte Stimme: »Wie immer ein sehr interessanter Gedanke, Schwester. Nur nicht allzu praktisch.«

Plötzlich entsteht ein großes Durcheinander, alle sind verwirrt. Cham eilt zur Tür hinaus und hält wenig später Ilya im Arm. Alle sind auf den Beinen, Japhet lacht. Mirn plappert vergnügt, und Noahs Frau hastet von einem zum anderen, um Brot und Eintopf anzubieten. Im Getümmel tritt jemand einem Schaf auf den Huf, und es beginnt zu blöken.

»Abba, komm heraus«, ruft Cham mit einer Stimme, die mühelos die ganze Aufregung übertönt. »Unsere Arbeit ist gerade noch ein bisschen komplizierter geworden.«

14. Kapitel

Mirn

☑ 🐾 🐾

Ilya hat ebenfalls viele Tiere mitgebracht, und mir gefallen sie nicht besonders. Es sind lauter große, pelzige, langweilige, noch dazu grausam aussehende Viecher. Füchse und Wölfe, Rotwild mit riesigen Geweihen und Bären. Jede Menge Bären: schwarze und braune und gelblich-weiße, und sie alle sind schlechter Laune, die ganze Zeit über, oh ja.

Die Männer, die Ilya begleitet haben, sind genauso unheimlich wie die Tiere und fast genauso pelzig und wild. Sie bleiben nicht lange, und darüber bin ich froh. Ilya schickt sie am nächsten Morgen fort, nein: befiehlt ihnen zu gehen! Und die Männer scheinen erleichtert zu sein, aufbrechen zu können.

Die Tiere sind wie Gefangene mit doppelt geflochtenem Seil aneinander gebunden und bewegen sich in einer Reihe hintereinander her. Die größeren Bären und Wölfe tragen orangefarbene Halsbänder, und das Fell darunter ist abgewetzt, sodass rohes Fleisch zu sehen ist. Sie tun mir Leid, als ich das sehe. Wir bringen sie alle in den Schatten, und dann hält Papa wieder eine große Versammlung ab wegen der Frage, wie die Tiere im Boot verstaut werden sollen. Es ist so langweilig, dass ich am liebsten weinen möchte. Wieder schlägt Papa vor, sie sollen nach ihrer Nähe zu Gott sortiert werden, was bei allen Verwirrung auslöst, nicht nur bei mir. Bera ist dagegen der Meinung, wir sollen nach ihrer Farbe gehen, aber das ist einfach Quatsch. Sie sagt manchmal Dinge, bei denen ich mich frage, womit ihre Gedanken eigentlich wirklich beschäftigt sind.

Dann schlägt Ilya vor, man sollte sie nach Arten aufteilen, und weil wir alle nur verständnislos dreinschauen, erzählt sie etwas von Eier legend und lebend gebärend, Nestbauern und Höhlengräbern, Echsen und Insekten und Pelztieren. Jedes Mal, wenn ich zu verstehen glaube, was sie meint, sagt sie etwas Gegenteiliges, verändert die Gruppen oder fügt andere hinzu, sodass ich vor lauter Verwirrung heulen möchte. Also schleiche ich mich davon und gehe am Senffeld vorbei in die kleine Klamm mit dem Flüsschen, vorbei an dem Felsbassin mit dem Wasserfall, dorthin, wo der Boden sumpfig wird. Ich habe ein paar Tongefäße zum Sammeln dabei. Unter einem flachen runden Stein finde ich einen Tausendfüßler, der so lang wie mein Arm ist, und einen Haufen kleiner brauner Käfer mit gefurchten Rückenpanzern. In der Nähe entdecke ich blaue und gelbe Grashüpfer auf langen Halmen, nicht die grünen, die ich kenne, also nehme ich auch die mit und ein bisschen Gras zum Fressen und eine Hand voll Würmer. Ich sehe kleine grüne Frösche, die mich anzulächeln scheinen, und einen rosafarbenen Wassermolch, den ich fange, verliere und wieder fange. Und Schnecken und alles Mögliche andere. Es dauert nicht lange, und meine Tontöpfe quellen förmlich über. Ich sehe jede

Menge Heimchen und Raupen und andere Tiere, aber ich habe schon genug davon. Ein paar Raupen nehme ich trotzdem noch mit, denn man kann ja nie zu viele davon haben.

Als ich zum Haus zurückkehre, diskutieren die anderen immer noch. Ich bringe währenddessen meine Ausbeute zu der Sammlung, die ich schon zusammenhabe, sortiere die toten Tiere aus – glücklicherweise nicht allzu viele – und mache mich wieder auf den Weg, um am entlegenen Ende des Senffeldes einige Spinnen zu fangen, die ich dort gesehen habe.

Später sind sie immer noch zugange. Streiten über dies und jenes, aber es ist kein richtiger Streit, bei dem Leute einander zuhören und dadurch vielleicht ihre Meinung in bestimmten Punkten ändern. Es ist die Art von Streit, bei dem sich jeder sagt: ›Das ist, was ich denke, und ich werde nicht auf das hören, was du sagst, denn das wäre wie zugeben, dass ich falsch liege.‹

Plötzlich schweigen alle, und ich sage: »Ordnet sie doch nach Größen.«

»Pst«, macht Japhet, aber gleichzeitig sagt Papa: »Hm?«

Die Lösung liegt doch auf der Hand. »Bringt die großen Tiere unten unter, die kleinen oben und dazwischen die mittleren«, erkläre ich ihnen. »Wenn ihr die kleinen mit den großen zusammen verstaut, werden die großen die kleinen fressen oder zermalmen, und die mittelgroßen werden nicht wissen, was sie machen sollen, und ganz verstört sein.«

Dann schweige ich. Ich mag es gar nicht, so mit ihnen sprechen zu müssen, aber die machen alle solch einen Wirbel, dass man auf anderem Wege nicht zu ihnen vordringt. Doch Papa nickt überraschenderweise. »Gott spricht durch dieses Kind«, sagt er.

Dieser Gedanke stimmt mich froh.

Selbst Cham, der mir ein wenig Angst macht, wenn er die ganze Zeit so mürrisch ist, bestätigt: »Das wird helfen, das Schiff auszubalancieren. Vorausgesetzt natürlich, all diese schweren Tiere treten keine Löcher in den Boden.«

Aber so ist Cham eben – er kann nie etwas Gutes sagen, ohne etwas Trübsinniges hinterherzuschicken. Vielleicht wird es ja besser, jetzt, da Ilya zurück ist.

Eine Zeit lang diskutieren sie über meinen Vorschlag, aber ich weiß, es ist nur Geschwafel. Er macht nämlich Sinn: Kleine Wesen mögen die Gesellschaft kleiner Wesen, deshalb sind sie ja auch ständig zusammen. Wende einen Stein, und was findest du? Einen Haufen kleiner Wesen. Ist ein Pferd darunter? Nein.

In der Nacht im Bett tätschelt Japhet meinen Hintern. »So ein cleveres Mädchen.«

»Nun, es lag doch auf der Hand.«

»Klar«, sagt er, und sein Ding dringt in mich ein. »Darum ist kein anderer draufgekommen.«

»Niemand achtet auf die *kleinen* Dinge«, flüstere ich. Aber er hört nicht zu.

In den nächsten zwei Tagen redet niemand von etwas anderem als dem Wetter, oh ja. Die ganze Erde ist mit flachen grauen Wolken wie überdacht. Die Männer beeilen sich, das Boot zu teeren, und als es fertig ist, steht vor mir das größte Ding, das ich je gesehen habe, ausgenommen die Erde selbst. Wenn ich an einem Ende stehe und Japhet am anderen, kann ich meinen Daumen hochhalten und Japhets ganze Gestalt dahinter verschwinden lassen, als wäre er überhaupt nicht da. Jetzt ist alles schwarz von Pech und glänzt wie ein riesiges, abgebranntes Scheit eines gigantischen Kochfeuers.

Da nun alles fertig ist, stehen die Männer herum und wissen nicht, was sie tun sollen. Sie starren so gebannt in den Himmel, dass ich mich frage, ob sie etwas sehen, das ich nicht sehe. Inzwischen haben Mama und wir anderen alle Hände voll zu tun, die Vorräte für das Boot herzurichten. Mama sagt, wir haben unsere Sache gut gemacht. Jede Menge Verpflegung ist schon an Bord verstaut, aber da niemand weiß, wie lange wir auf See sein oder wie viel Essen wir brauchen werden, ist sie nie wirklich zufrieden oder beruhigt.

Wann immer es geht, stehle ich mich davon. Jetzt, da die Tongefäße knapp werden, ist das Sammeln schwieriger. Sie sind alle im Einsatz für Datteln und Oliven, Käse und Öl. Aber ich komme zurecht. Es ist erstaunlich, wie viele kleine Kreaturen es da draußen gibt, und Gott hat sie alle geschaffen. Manchmal frage ich mich, warum er sich die Mühe gemacht hat, wo die meisten Menschen sie nicht einmal sehen. Oder sie – wenn sie sie sehen – hassen, ebenso wie Schlangen. Sie bezeichnen Schlangen als des Teufels Lakaien, aber ich denke: na schön, die eine war schlecht, aber doch nicht alle. Ich fange eine hellgrüne mit einem breiten Kopf und gelben Streifen an der Kehle, die ziemlich träge ist, da sie gerade gefressen hat. Sie streckt mir die Zunge raus, aber davor habe ich keine Angst. Ich stopfe sie in den Sack zu den zwei anderen, die ich heute gefangen habe. Sie winden sich und machen ›ssss‹, aber ich weiß, das hat nichts zu bedeuten. Die meisten Leute, die ich kenne, würden Schlimmeres sagen als ›ssss‹, wenn man sie in einen Sack steckte.

Das Abendessen ist vorbei. Die anderen sind alle schon in der Schlafkammer, und ich weiß genau, dass Japhet dort mit seinem Ding auf mich wartet. Ich gehe gleich zu ihm, aber die Dämmerung ist eine gute Zeit zum Sammeln, weil die Tiere alle draußen und ruhelos sind und das Tagewerk getan ist. Also nehme ich meinen Schlangensack und schleiche auf Zehenspitzen zum hohen Gras hinüber, wo ich es rascheln höre. Etwas kriecht über den Boden – eine Feld- oder Wühlmaus? Oder eine Eidechse. Es klingt jedenfalls nicht nach einer Schlange. Ich beuge mich hinunter, spähe in der Dunkelheit herum, benutze aber in erster Linie die Ohren – ich bin diesbezüglich wie eine Fledermaus. Was immer es ist, es macht ›tick tick tick‹ und bleibt dann stehen. Irgendetwas streift meine Schulter, aber ich beachte es nicht weiter.

Da! Es ist tatsächlich eine Wühlmaus, sie sitzt im Gras wie erstarrt. Ich mache einen weiteren verstohlenen Schritt. Etwas berührt meine Wange, vielleicht ein Käfer. Ich scheuche ihn mit der Hand weg. Wo ist die Wühlmaus hin? Irgendwie verschwunden, sie hat mich wohl kommen hören. Meine Schritte müssen für diese kleinen Wesen wie Donner klingen.

Plötzlich berührt mich etwas an der Nase, dann an der Schulter, dem Unterarm, an der anderen Schulter, und mir wird klar, das sind keine Käfer. Ich vergesse die Wühlmaus, renne zum Haus zurück und brülle auf dem ganzen Weg mit voller Kraft: »Steht auf, es regnet! Regnet!«

Es entsteht ein ziemlicher Tumult im Haus, aber sie kommen schrecklich langsam in die Gänge.

»Ich habe gerade noch einen Tropfen gespürt!«

Auf einmal drängen sie sich alle aus dem Haus heraus und starren auf die vom Sonnenuntergang violett gefärbten Wolken. Regenwolken. Die Tropfen werden jetzt immer dicker. Alle schauen sich in die Augen, dann wieder zum Himmel. In dem Sack lassen die Schlangen ihre Körper vor- und zurückschnellen wie Peitschen.

In der Ferne hört man Donnergrollen, das sich anhört, als würde jemand über den Himmel schlurfen. Wie die Schritte eines Riesen, der sich anzuschleichen versucht.

Zweiter Teil
Regen

- ☑ 🦒🦒
- ☑ 🐘🐘
- ☑ 🐻🐻
- ☐ 🐊🐊

1. Kapitel

Mirn

Paarweise waren sie zu Noah in die Arche gekommen aus allen Wesen, in denen Lebensodem ist.
Genesis 7, 15

Es ist fast so, als wäre man ein kleines, kriechendes Wesen in einem dunklen, höhlenartigen Holzstamm voll von anderen kleinen, kriechenden Wesen. Beengt und muffig ist es, und es gibt kaum Licht zum Sehen. Der Geruch des Teers wetteifert mit dem nach nassem Fell und Dung. Ich glaube, die Tiere haben Angst. Man hört nichts als muh, bäh, grunz, piep und knurr. Alles ist feucht, drinnen wie draußen. Die Wüste verströmt einen überraschenden Duft von nassem Sand, und der Regen wird stetig stärker. Noch ist es eher ein Schauer, und der Donner verharrt weiter im Süden. Schwer zu glauben, dass daraus viel mehr werden soll. Aber es reicht, damit wir uns unserer Kleider und sogar unserer Haut bewusst werden, was meistens nicht der Fall ist.

Sich an Bord zu bewegen ist schwierig. Für so ein großes Boot gibt es erstaunlich wenig Platz, um sich die Beine zu vertreten. Zum Glück bin ich klein. Der arme Cham rennt ständig gegen die Wände und flucht, und Sem stößt sich jedes Mal den Kopf, wenn er durch eine Tür geht. Hallo, Sem – boing – tschüss, Sem. Er flucht nicht, aber ich weiß, er würde gerne. Alle tun sich schwer, weil noch keiner weiß, wo was zu finden ist. Und dann die Tiere überall. Die Tiere, auf die man ein spezielles Auge haben muss, haben wir gut untergebracht, von groß nach klein, von unten nach oben, genau wie ich gesagt habe. Aber da sind noch Ziegen und Enten und Hühner, die wir noch nicht in ihre Verschläge gesteckt haben, weil so viel zu tun ist, und die tauchen mitunter an den merkwürdigsten Orten auf. Man ergreift die Sprosse einer Leiter, und plötzlich berührt man etwas Pelziges. Draußen an Deck sind zwar keine Tiere, aber es regnet, und das ist auch nicht sehr gemütlich.

Nachts ist es kaum besser. Sem sagt, wir müssen wegen des Teers mit den Fackeln vorsichtig sein, deshalb gibt es nur ein paar Laternen. Die an Deck flackern im Regen, als wären sie zornig. Wieder nach unten zu gehen ist, als springe man in eine Höhle.

Aber irgendwie schaffen wir die meisten Tiere hinein. Sie sind ziemlich ruhig, legen sich dort auf den Boden, wohin wir sie führen. Sie sind jedoch noch nicht ganz drinnen, da fangen sie schon an, miteinander zu zanken. Japhet und Sem und Papa bringen gerade die letzten herein, während Cham mit einer Laterne ums Boot geht und nach Lecks sucht und Ilya und Bera das Futter für die Grasfresser hinuntertragen. Ihre Schatten sehen unheimlich aus, wie sie durch die Gänge eilen – lange Köpfe, Arme wie Flügel und Finger wie Klauen – als wären die Tiere nicht schon schlimm genug. Am Boden huschen und gleiten und hüpfen die Kleintiere mit glänzenden Augen.

Der Regen prasselt aufs Boot wie auf eine Trommel. Einmal, als ich noch ein kleines Mädchen war, bin ich mit meinen Eltern zu den Wasserfällen am Ende der Berge gegangen. Das war, bevor Mama gestorben und Papa jede Nacht wach geblieben ist und die Sterne gezählt hat, bis er geweint hat. Bevor Japhet mit seinem Papa gekommen ist, der jetzt mein Papa ist, und gesagt hat, dass Japhet mich heiraten und sich um mich kümmern will, und mein richtiger Papa noch ein bisschen mehr geweint und dann gesagt hat: In Ordnung. Bei den Wasserfällen haben meine Mama und mein richtiger Papa mich unter einen Felsvorsprung hinter den Fällen gesetzt, wo ich das Wasser hinunterdonnern hören konnte. Es war wie im Innern einer Glocke. Jetzt, wo ich hier unter Deck stehe und den Regen aus der Dunkelheit prasseln höre, mit den fremdartigen Tieren um mich herum und dem Geruch von Teer in der Nase, kommt diese Erinnerung so stark zurück, dass ich fast das Gefühl habe, meine Eltern sind hier bei mir. Ihre Seelen oder was auch immer, und dann frage ich mich, ob es Sünde ist, so zu denken. Bestimmt, wenn ich bedenke, wie ich mich fühle, mit Gänsehaut auf den Unterarmen, und ich bin sicher, dass jemand hinter mir steht, obwohl da keiner ist.

Vielleicht ist Gott hier bei uns im Boot. Papa sagt, Gott ist in allen Dingen, vor allem in den lebenden. Wenn das stimmt, muss es eine Menge Gott in Schnecken und Ameisen, Blutegeln und Spinnen, Heuschrecken, Grillen und Motten geben. Aber ich weiß nicht genau, wie das gehen soll. Hat eine Kuh mehr Anteile von Gott in sich als eine Ameise? Haben eine Million Ameisen mehr Anteile von Gott als eine Kuh? Und was ist mit Menschen? Hat ein Mensch mehr Anteile von Gott in sich als Ilyas Bären, auch wenn ein Bär so viel größer ist? Oder haben alle die gleiche Menge in sich? Ich glaube, das macht am meisten Sinn, sonst wäre es so, als wollte man Gott zu einer Zutat in Mamas Kochrezepten machen: zwei Teile Gott in einem Hühnchen, zwanzig in einem Menschen, fünfzig in einem Kamel und ein Tausendstel in einer Echse. Das ist doch verrückt.

Aber wenn in allem die gleiche Menge Gott ist, dann sollten wir keine Rinder und Schweine und Hühner essen. Weil wir dann nämlich Gott essen! Oder Ameisen töten, was ich eigentlich nicht tue, aber alle anderen. Wenn man sieht, wie Menschen handeln, erkennt man leicht, dass sie nicht denken, Gott sei in *allem* enthalten – nicht wirklich. Nur in *ihnen*. Aber das ist ein so dummer Gedanke, dass ich am liebsten heulen möchte. Seht euch doch nur mal einen Bienenstock an, wie sie alle wuseln, um ihre kleinen Waben zu bauen, einfach so, und dann tanzen, um den anderen zu zeigen, wo die Blumen sind. Oder seht euch zwei Schlangen bei der Hochzeit an, oder eine Spinne, die ihr Netz spinnt. Wie könnte Gott nicht in ihnen sein? Ein Mensch muss blind sein, um das nicht zu sehen.

Wenn ich Papa nach diesen Dingen frage, lächelt er mich an und legt mir die Hand auf den Kopf. Das tut er immer, wenn er meint, ich bin zu dumm, oder er die Frage nicht beantworten kann, oh ja.

Vor kurzem hat Papa gesagt, dass Gott böse ist und die ganze Welt außer uns zerstören wird. Ich sollte traurig darüber sein, bin es aber nicht. Es zeigt nur, dass ich die ganze Zeit über Recht hatte – dass wir alle gleich sind, Ameisen und Mäuse und Menschen und Würmer. Nur wenige von jeder Art werden überleben, und diejenigen, die weiterleben, sind die, die wir retten. Die kleinen Wesen, die ich eingesammelt habe, werden in Sicherheit sein, sie werden Eier legen und brüten und hinauskriechen, um sich auf der Welt auszubreiten. Die Würmer werden sich in die Erde bohren, die Motten des Nachts herauskommen und die Salamander bei den Teichen leben. Ich denke darüber nach, dass all dies wegen *mir* geschehen wird. Es ist die Sünde des Stolzes, so zu denken, aber ich kann es nicht ändern. Es stimmt, nur Jahwe kann Leben erschaffen, aber ich konnte ein kleines bisschen davon vor der Zerstörung bewahren. Das ist schon was für einen Menschen. Das ist so ungefähr das Beste, was ein menschliches Wesen sich je vom Leben erhoffen kann.

2. Kapitel

Noah

☑ 🦌 🦌

Die Morgendämmerung kriecht herauf wie eine böse Ahnung. Der Himmel wird zunehmend heller, enthüllt noch trübere Schattierungen von Grau. Wolken drängeln einander, schütten ihre flüssige Fracht in den durstigen Sand, der sie aufschlürft und nach mehr verlangt. Die meiste Zeit der Nacht hat es geregnet, aber das Land, obwohl durchnässt, ist nicht untergegangen.

Von einer Flut ist nichts zu sehen.

Noah steht, von seiner Familie und ein paar Dutzend verblüffter Vögel umgeben, an der Reling des Schiffes. Die Arche erstreckt sich so unermesslich weit nach allen Seiten, dass sie jedem Versuch einer Beschreibung zu spotten scheint, wie Gott selbst. Mit rechtwinkligem Bug und Heck und flachem Kiel steht sie da wie ein riesiger, mit Pech beschmierter Kasten. Noch verharrt sie stur auf dem Sand.

Die Vögel sind in der Nacht einzeln oder zu zweit angekommen, Flüchtlinge auf der Suche nach Asyl. Jetzt schlagen sie mit den Schwanzfedern nach den Regentropfen und piepsen sich gegenseitig Fragen zu.

Es wird nicht viel geredet. Alle sind an Deck außer

Cham, der die unteren Decks auf der Suche nach Konstruktionsfehlern durchstreift.

Von dem improvisierten Hüttendorf auf der anderen Seite des Olivenhains sind ein paar Gestalten bis auf Rufweite an das Schiff herangekommen. Ihre Worte sind undeutlich, aber der Inhalt ist klar: Der Regen ist gekommen, die Überschwemmung nicht. Noah ist ein Narr, Noah ist verrückt. Noah hört anscheinend Stimmen, die sonst niemand hört, und sieht Dinge, die nicht da sind. Und wer ist verrückter: der Tor oder der Mensch, der auf ihn vertraut?

Sem räuspert sich verlegen, als wolle er eine Frage stellen, schweigt dann aber wieder.

Cham windet sich durch die Bodenluke an Deck, in der Hand eine kleine Öllampe. Sein Gesicht ist verschmiert, und in seinem Bart stecken Strohhalme. »Bisher keine Lecks«, verkündet er. »Sie scheint zu halten.«

»Gut«, erwidert Noah.

»Natürlich konnte ich mir einige Abteilungen nicht allzu genau ansehen.« Cham schüttelt den Kopf und schielt zu Bera hinüber. »Wegen einiger Kreaturen, die du mitgebracht hast, Frau. Mein Gott, wer hat sich die nur ausgedacht?«

Bera lächelt geheimnisvoll. »Frag deinen Vater.«

Wieder schüttelt Cham den Kopf und schaut zur Luke. »Verrückte Biester da unten«, sagt er mit einer schiefen Grimasse. Und dann, als er die Vögel um sich herum wahrnimmt, fragt er: »Wer hat die denn mitgebracht?«

»Keiner«, erklärt Mirn. »Die sind einfach gekommen.«

Cham brummt leise. Und während er sie beobachtet, flattert ein Pirolpärchen aufs Deck, Männchen und Weibchen, zwei identische, schwarz-orangefarbene Lichtpunkte. Sie strecken die Hälse in Richtung ihrer Artgenossen – Krähen, Drosseln, Eulen – und piepsen versuchsweise.

»Ich frage mich, ob die etwas wissen, was wir nicht wissen«, murmelt Cham nachdenklich.

3. Kapitel

Japhet

Jetzt stehen wir also endlich auf diesem riesigen Monsterding und kommen nicht vom Fleck. Die ganzen Leute, die sich unten versammelt haben, lachen uns aus. Die sind zwar genauso nass wie wir, aber wenigstens haben sie Spaß. Eine klasse Party scheint da abzugehen, Wein und auch Frauen, wenn meine Augen mich nicht täuschen. Klar, die machen sich auf unsere Kosten lustig: Der bescheuerte Noah mit seinen dämlichen Projekten. Das werden wir noch jahrelang zu hören kriegen, das steht mal fest.

Von unten aus dem Schiff dringt das Schnauben und Schnüffeln der Tiere herauf, die wir in der Nacht verladen haben, das Knurren, Brüllen und Kreischen, und dazwischen auch ein paar fröhliche Töne. Inzwischen haben sich so viele Vögel um uns herum versammelt, dass man keinen Schritt machen kann, ohne Federn zwischen den Zehen stecken zu haben.

Ich kann nicht behaupten, dass ich allzu erfreut über die Entwicklung der Dinge bin, bestimmt nicht. Wenn es eine Flut geben soll, dann bitte. Wenn nicht, auch gut, denn ich hab Arbeit, um die ich mich kümmern muss, Dinge zu erledigen, eine Frau zu beglücken.

Als ich einen Blick auf meinen alten Herrn werfe, trifft mich der Schlag: Er lächelt. Mein Vater hat keine besondere Vorliebe fürs Lächeln und zeigt überhaupt nicht viele Gefühle, es sei denn eine gewisse kämpferische Verdrossenheit. Zu sehen, wie dieses Lächeln, das nach und nach alle Zähne enthüllt, durch den Bart hervorbricht, ist ein bisschen so, als würde eine Ziege den Mund öffnen und sprechen. Er hält die Arme weit geöffnet, als wolle er den Regen umschließen, und hat das Gesicht den Wolken, oder wer auch immer dort oben sein mag, zugewandt. Seine Lider sind fest zusammengepresst, aber man sieht an der Art, wie sein Kopf zittert, dass er mit irgendjemand eine Debatte führt.

Dann fällt er krachend auf die Knie und sagt: »Ich danke dir, oh Herr.«

Alle Vögel um ihn herum flattern erschrocken in die Höhe, dann beruhigen sie sich wieder.

Eines muss ich dem alten Herrn lassen: Wenn der mit Jahwe zugange ist, bringt den nichts aus der Fassung, und man macht besser auch keine Witze über ihn. Ihr würdet das sofort verstehen, wenn ihr je diese Stimme gehört oder diesen wahnsinnigen Blick in seinen Augen gesehen hättet. So überrascht es nicht, dass wir es ihm alle gleichtun – plumps, plumps, plumps, alle fallen im Regen mitten auf den Planken auf die Knie. Sogar Cham, der normalerweise bei diesen Dingen genauso langsam ist wie ich, und meine Mirn, die ich immer ein wenig in Verdacht habe, dass sie die meiste Zeit in ihren Tagträumen lebt.

»Oh Herr«, betet Vater, »erlöse uns heute von unseren Feinden, die uns mit ihrem Spott herabsetzen, genau wie unser Werk, und dadurch auch dich. Erlöse uns, jawohl, und schlage sie mit Schweigen.«

Da habt ihr's, ihr Bastarde, denke ich befriedigt.

»Wir sind bereit, deinen Willen zu erfüllen, oh Herr. Wir haben getan, was du uns befohlen hast: Wir haben deine Arche gebaut und alles darauf versammelt, was auf Erden lebt. Für alles Weitere unterwerfen wir uns deinem göttlichen Willen. Amen.«

»Amen«, sagt Sem.

»Amen«, sagen auch Bera, Ilya, Mirn und sogar Cham. Nur Mutter schaut auf die Luke, die Cham offen gelassen hat, als frage sie sich, ob sie hingehen und sie schließen soll, damit das Wasser nicht hineinkann.

»Amen«, murmle ich ebenfalls und schaue nach oben. Der Regen fällt und fällt, vielleicht jetzt sogar noch ein bisschen heftiger als vorher. Die Wolken sehen aus, als hätten sie sich darauf eingerichtet, noch ein Weilchen in der Gegend zu bleiben. Da geht mir auf, dass uns vielleicht tatsächlich schlimmes Wetter bevorsteht.

Plötzlich spüren wir ein Beben, das wie ein Zittern durch das Deck hindurchläuft und unsere Knie durchrüttelt, die sich noch immer auf den Planken befinden. Fast so, als bebe die Erde selbst ein bisschen, bewegt sich das Boot auf dem schlammigen Grund. Da, schon wieder dieses Rütteln. Ich habe das Gefühl, als rutschten wir zur Seite, und mein Abendessen von gestern schwappt höchst unangenehm durch meinen Bauch. Ich habe für Boote nicht viel übrig, stelle ich fest, obwohl das nicht der beste Augenblick für dieses Eingeständnis ist.

Aber wann wäre schon die passende Zeit dafür?, frage ich mich dann. Und als das Boot wieder ruckt, muss ich zugeben, dass mich der eisige Hauch einer bösen Vorahnung befällt.

Wenigstens werden wir unseren Enkelkindern eine Mordsgeschichte erzählen können, denke ich.

4. Kapitel

NOAH

☑ 🐬 🐬

Nun ergoss sich die Flut vierzig Tage lang über die Erde. Das Wasser schwoll an und hob die Arche empor, sodass sie über der Erde schwamm.

Genesis 7, 17

Sechs Tage später, von Vögeln umgeben, beobachtet Noah das Wasser. Regen prasselt hernieder wie ein Gottesurteil, was er ja streng genommen auch ist. Schwarzgraue Wolken bedecken den Himmel; die ganze Welt scheint aus Grau, Weiß und fahlem Aquamarin zu bestehen, als hätte das endlose Wasser alle Farben aus der Palette der Schöpfung weggespült.

Nie zuvor hat Noah sich so lebendig gefühlt.

Die Arche treibt mitten durch den Sturm. Seit sie an jenem ersten Morgen von der unaufhaltsamen Flut roh in die Höhe gehoben und rückwärts mitgerissen worden ist wie ein Blatt in der Klamm, wird sie vom Wasser getragen.

Noah beobachtet die Wassermassen um ihn herum, die sich nach ihrer ureigenen Geographie bewegen. Berge erheben sich und stürzen ein, Täler öffnen sich und brechen wieder zusammen, Kontinente kollidieren in gewaltigen tektonischen Zuckungen. Wie ein Pelikan nimmt die Arche diese Brecher, hin und wieder von Gischt besprüht, aber durchaus im Stande, sich der nächsten Welle zu stellen.

Immer noch fällt Regen. Die leeren Fässer, die in den Ecken des Decks vertäut worden waren, um Regenwasser zu sammeln, waren schon nach dem ersten Tag halb voll gewesen; jetzt laufen sie ständig über. Noah hat angeordnet, dass noch mehr Fässer an Deck gebracht werden, um Gottes Freigebigkeit nicht ungenutzt zu lassen.

Zuerst hatte er Probleme mit dem Gleichgewicht auf dem schwankenden Schiff, das sich unter seinen Füßen windet wie besessen. Jetzt nimmt er die Bewegung kaum noch wahr; seine dünnen Waden spannen und entspannen sich, die Knie federn, um sich aufrecht zu halten. Die nackten, knochigen Füße kleben förmlich auf den nassen, geteerten Planken.

Es gibt nicht viel zu sehen, aber Noah schaut sich trotzdem um. Hauptsächlich sieht er Wasser. Er ist nass bis auf die Knochen und rechnet damit, dass es in absehbarer Zukunft auch so bleiben wird. Abgeschälte Haut hängt in Fetzen an seinen Fingern, und ein hässlicher rötlicher Ausschlag bedeckt seinen Oberkörper. Noah spürt jedoch nichts von alldem. Die Winde heulen, doch er nimmt es kaum wahr. Er ist in einen Mantel übernatürlicher Wärme gehüllt.

Die Vögel um ihn herum teilen diese Zufriedenheit nicht. Missmutig hocken sie nahe zusammen, Krähen, Eichelhäher, Lerchen und Finken, Sperlinge, Tümmler- und Ringeltauben: ein vielfältiger Federteppich, der sich über die gesamte Breite und Länge des Decks erstreckt. Ein traurigerer Haufen Lebewesen ist kaum vorstellbar. Die ungeladenen Gäste auf der schlimmsten Party aller Zeiten haben ihr Gefieder gesträubt, um die Gischt, den Regen und den unablässigen Wind abzuwehren.

Über all dem schweben Engel, lassen sich von der Windströmung treiben und blicken voller Wohlwollen auf die Arche herab. Die Vögel zeigen keinerlei Reaktion, während die Engel eine Art andächtiger Heiterkeit verbreiten, die Noah die Tränen in die Augen treibt. Mit einem wortlosen Winken bringt er seine Dankbarkeit zum Ausdruck. Sie nehmen dies mit einem Nicken zur Kenntnis und entschwinden.

Noah verspürt ein Kribbeln vom Scheitel über die Fingerspitzen bis zu den Zehen. Energie durchströmt ihn mit voller Kraft, verursacht bei ihm gar einen leichten Schwindel, und seine Wahrnehmung scheint übernatürlich geschärft. Jeder schäumende Wellenkamm, jeder Engelsflügelschlag brennt sich in sein Gedächtnis ein. Vielleicht liegt es am Wasser, dem Wind und organischer Physiologie. Vielleicht verspüren auch die Vögel um ihn herum ein Kribbeln vom Schnabel bis zu den Krallen und genießen es insgeheim. Aber vielleicht auch nicht: In Gottes Gunst zu stehen bleibt nicht ohne Folgen. Vielleicht brennt seine Stirn vor Rechtschaffenheit, nicht vor Fieber.

Die Frau will von alldem nichts wissen. Plötzlich steht sie neben ihm, klein, aber entschlossen, und zerlumpter, als Noah sie je zuvor gesehen hat. Sie ist Materie, wo Noah Geist ist. Sie drückt ihm eine Eintopfschale in die Finger, ehe sie sein Gesicht zwischen die Hände nimmt. Ihre Augen, grün wie Flechten, sind sorgenvoll. »Du glühst. Du musst unter Deck kommen.«

Noah schaut in die Schale. Der Regen verdünnt gerade sein Mittagessen, und dieser Anblick regt seinen Appetit nicht gerade an. »Es geht mir gut.«

»Sei kein Narr.«

Milde lächelnd blickt Noah die Frau an. Sie ist ihm immer eine gute Gefährtin gewesen, pflichtbewusst und geduldig. Er ist geneigt, ihr diese kleine Widerspenstigkeit zu verzeihen, und im Stillen dankt er Gott für seine Großmut. »In Ordnung«, erwiderte er augenzwinkernd. »Ich werde kein Narr sein. Was soll ich deiner Meinung nach tun?«

Sie klopft an die Schale. »Iss das und dann komm nach unten, trockne dich ab und ruh dich aus.«

»Aber anschließend werde ich ja doch nur wieder nass.«

»Noch besser wäre es, du würdest dich erst abtrocknen und dann essen, aber ich verlange ja keine Wunder.«

Noah isst einen Happen, um sie zu besänftigen. Der Regen hat das Essen zwar abgekühlt, aber es schmeckt dennoch nahrhaft. »Sieh dich um. Wir erleben ein Wunder mit.«

Der Mund der Frau sieht aus wie eine Falte, die sich unter zahllosen anderen in ihrem Gesicht befindet. »Wenn das hier ein Wunder ist, möchte ich nicht wissen, wie eine Katastrophe aussieht.«

»Eine Katastrophe wäre es, wenn dieses Boot kentert.«

Das bringt sie zum Schweigen. In diesem Moment trifft eine große Welle den Rumpf und wirft das Schiff beängstigend stark zur Seite, als wolle sie Noahs Worten beipflichten. Er isst ungerührt weiter, während das Boot wieder zur Ruhe kommt und die Frau mit verschränkten Armen dasteht, vielleicht um zu beweisen, dass sie genauso viel aushalten kann wie er. Er weiß die Geste zu schätzen, aber es besteht keine Veranlassung, die Frau unnötigen Anstrengungen auszusetzen. Falls es so etwas gibt, überlegt Noah, und beschließt dann, sich dieser Frage ein andermal zu widmen.

Er leert die Schale und sagt: »Es kann nicht schaden, ein Weilchen unter Deck zu gehen, nehme ich an.«

»Der erste vernünftige Satz, den du seit Tagen gesagt hast.«

Mit einem nachsichtigen Lächeln folgt Noah ihr hinab.

So ungefähr muss es in der Hölle sein, fährt es ihm durch den Kopf, als er sich unter Deck befindet.

Der Geruch allein reicht schon aus, um ihn wieder hinauszutreiben: Der Gestank von menschlichem und tierischem Kot, die abgestandene, sechs Tage alte Luft, verpestet vom Kochfeuer der Frau und den Körpergerüchen der gesamten Schöpfung. Weitere Nuancen verleihen dieser giftigen Ausdünstung Würze: Japhets saures Erbrochenes und der Urin der Raubkatzen.

Die Familienmitglieder, deren Gesichtsfarbe ebenfalls an Erbrochenes erinnert, liegen in dem kleinen Verschlag am Bug. Eine Reihe kleiner, viereckiger Fenster lässt zu wenig Licht und Luft, im Austausch dazu leider aber zu viel Regen und Gischt herein. In einer Ecke windet sich Japhet und flucht. Sem hält Beras Kopf auf dem Schoß. Ihre Augen sind starr auf die Deckenbalken gerichtet, während sie ihre beiden kleinen Kinder an sich presst. Ilya und Cham haben sich voller Entschlossenheit an die Aufgabe gemacht, eimerweise den Dung aus den Laderäumen unten zu holen. Mit ihrer Last klettern sie hinauf an Deck und werfen den Mist über Bord. Es ist eine Arbeit, bei der kein Ende abzusehen ist. Neben einem der Fenster unterhält die Frau ihre Kochstelle. Noah erschaudert bei dem Gedanken, dass eine kräftige Welle die Kohlen in den Teer befördern könnte, was dann das Ende seiner heiligen Mission wäre. Doch die Familie muss etwas essen, und dafür wird ein Feuer gebraucht. Wenigstens zieht der Rauch teilweise durchs Fenster ab, wenn auch ein Großteil – viel zu viel – wieder hereingeweht wird.

Nur Mirn scheint all dies nichts anhaben zu können. Sie sitzt da mit einem Arm voll gelber Küken, die vor ihr Reißaus nehmen und wild im Kreis umherrennen. Mirn lacht und beugt sich vor, um sie wieder auf ihren Schoß zu heben, wo sie einen Moment ausruhen, ehe sie sich wieder davonmachen.

Schweiß rinnt über Noahs Gesicht. Die Luft, die draußen feucht und kühl ist, ist hier heiß und klebrig. Das Rollen und Schlingern des Schiffes, das oben an Deck schon entnervend genug ist, ist hier weitaus schlimmer, und er fühlt seine Knie weich werden und seinen Magen rebellieren. Plötzlich wankt er wie ein alter Mann in gebeugter Haltung nach vorn und lässt sich auf die Planken niedersinken. Etwas protestiert.

Erschrocken springt er auf und entdeckt eine empörte Ente, die unter ärgerlichem Geschnatter davonwatschelt. Noah sieht diesmal genau nach, ehe er sich wieder auf die Planken setzt. Die rauen Bretter treiben Splitter in seine Flanken. Vielleicht liegt es an der übel riechenden Luft oder dem unablässigen Schlingern des Bootes, jedenfalls spürt er Gottes wohlwollendes Lächeln plötzlich nicht mehr auf sich ruhen. Und in dieser Kabine weilen auch keine Engel. Sein Blick verschwimmt, und er schließt die Augen, gleitet hinab in schwindelnde Träume von gleißendem, farblosem Licht und einem unendlichen, bodenlosen Strudel.

5. Kapitel

Ilya

☑ 🐺 🐺

Da kam alles Fleisch um, das sich auf der Erde regt, Vögel, Vieh, Wild, alles, was auf Erden wimmelt, und alle Menschen.

Genesis 7, 21

Das Beängstigende an dieser ganzen Sache war gar nicht so sehr der Regen oder die Flut, oder gar diese armen Menschen, die wie Ratten ertranken. Obwohl das natürlich schrecklich war und darüber hinaus die Zerstörung der bekannten und vertrauten Welt etwas ist, das ein vernünftiger Mensch nicht ohne Entsetzen betrachten kann. Aber was mir wirklich einen Schauer verursacht, mir ernsthaft Angst gemacht hat, war Noahs Reaktion auf all das. Und das war, mit einem Wort, Jubel.

Ich habe sehr schnell begriffen, dass er kein typischer Schwiegervater ist: Noah spielt nach seinen eigenen Regeln – entweder kommt man damit zurecht, oder man ist ganz schnell draußen. Gut. Ich kam damit zurecht. Ich bin sogar losgezogen, wie er es wollte, habe einige Tiere heimgebracht und dabei einiges riskiert, aber darüber habe ich mit niemandem gesprochen. Erstaunlicherweise hat auch niemand danach gefragt, nicht einmal Cham. Auch nach Beras Reise hat keiner gefragt, soweit ich weiß. Aber sie sind eben ein egozentrischer Verein, und das habe ich in der Tat sehr schnell begriffen.

Um ehrlich zu sein, als der Regen begann, war ich geschockt. Ich hatte immer angenommen, dass mein Schwiegervater ein ziemlicher Spinner ist, wenn auch ein unwiderstehlicher. Ich hätte nie gedacht, dass er Recht haben könnte.

Aber das hatte er.

Die Ungläubigen sind schon früh an jenem ersten Morgen aufgebrochen, zurück zu ihren Hütten, um zu tun, was immer Ungläubige tun. Oder sagen wir besser, taten. Der Regen hielt an. Am frühen Nachmittag waren die Fässer an Deck schon zu einem Drittel voll – das ist eine ganze Elle Wasser in nicht einmal einem Tag –, und das Schiff bekam merklich Schlagseite, als sich auf dem Boden unter ihm mehr und mehr Wasser sammelte. In den Furchen des Senffeldes bildeten sich knöcheltiefe Pfützen. Wir hatten es nicht sehr gemütlich unter Deck in jener ersten Nacht, denn in dem Verschlag war es eng und rauchig. Als der Morgen endlich kam, war das Land knietief mit Wasser bedeckt und sah aus wie die Oberfläche eines Spiegels, durch die der Regen hindurchtropfte und die den mattsilbernen Himmel reflektierte. Die Wasserfässer waren nun bereits zu zwei Dritteln voll.

Zu diesem Zeitpunkt hatte sich schon eine Menschenmenge entlang des Schiffs versammelt, und alle weinten und schrien, sie wollten an Bord und hielten ihre Kinder in die Höhe. Noahs Antwort war vorhersehbar: »Ihr hattet eure Chance«, brüllte er ihnen zu.

Die hatten sie, aber trotzdem. Zwangsläufig musste ich an die Ereignisse denken, die mich überhaupt in diese Lage gebracht hatten, angefangen mit dem Tod meiner Mutter, der sie hinwegraffte, als ich noch ein Kind war. Später durfte ich meinen Vater auf seinen Reisen begleiten, wobei ich die Grundkenntnisse von einem Dutzend Sprachen erlernte, die in den Ländern entlang der Küsten gesprochen wurden. Als er bei einem Schiffsuntergang vor Kittim starb, war der Weg frei, dass sich aus meiner zufälligen Begegnung mit Cham – zögerlich und mit vielen Missverständnissen – mehr entwickeln konnte. Wir heirateten wenig später. Wäre nur einer dieser Umstände anders verlaufen, wäre ich heute nicht auf diesem Schiff. Ich würde unten in der Menge stehen und betteln: Lasst mich hier nicht sterben.

Dies erzeugt ein Gefühl der Verwundbarkeit, das mein Schwiegervater offensichtlich vergessen oder vielleicht nie erlebt hat.

Noah setzte der Menge stattdessen weiter zu: »Ihr könnt euch vor Jahwe rechtfertigen.«

Schön und gut, aber musst du so selbstgefällig sein? Ich könnte schwören, er hat sich die Lippen geleckt, als koste er ihre Qualen.

»Vielleicht ist noch Platz für einige der Kleinen?«, schlug ich vor.

Er schaute mich mit diesem eisigen Blick an, den ich bereits kenne. »Es ist nicht an dir, dieses Angebot zu machen. Dir steht kein Urteil zu.«

»Und dir dagegen schon?«, parierte ich, bevor ich mich zügeln konnte.

»Jahwe entscheidet«, antwortete er völlig ruhig.

»Was ist mit den Kindern?«

Seine blauen Augen funkelten. »Wir werden genug eigene Kinder haben.«

Prima. Also zu allem anderen wird jetzt auch noch die Tatsache meiner Kinderlosigkeit – Chams und meiner Kinderlosigkeit – an die Oberfläche gezerrt. Vielleicht könnte Bera mir ja eins der Babys überlassen, die sie gefunden oder gekauft oder unter einer Hütte ausgegraben hat – oder was auch immer.

Wahrscheinlich jedoch nicht.

In dem Moment bemerkte ich das Grollen. Zuerst dachte ich, es sei der Regen, der zugenommen hat, oder ein aufbrausender Wind. Dann glaubte ich, es sei ein rollender Donner, um gleich darauf festzustellen, dass dem nicht so war. Ich rannte zur Luke, um Cham zu rufen, aber er war schon die halbe Leiter heraufgeklettert, Mirn hinter ihm, und auch die anderen folgten. Wie eine Woge aus Blut quollen sie aus der Luke und wirbelten im Regen auf Deck umher auf der Suche nach der Quelle des Tosens.

Noah deutete mit der Hand zum Himmel. Der westliche Horizont war eine dicke, finstere Linie. Sie wurde immer dicker. Dunkler. Größer.

»Gott im Himmel!«, rief Cham wild.

Der Bug des Schiffs zeigte nach Westen, sodass das Wasser – was sage ich, diese Wand aus Wasser, diese Flutwelle, Springflut, Sintflut, was auch immer – uns von vorne überrollen würde. Jetzt weiß ich, dass das gut so war. Hätte sie uns längsseits getroffen, wäre das Schiff umgekippt und wie eine Eierschale zerbrochen und pulverisiert worden. Aber auch so war es Furcht einflößend, am Bug zu stehen und diese Katastrophe auf uns zurollen zu sehen. Schmutzige Schaumkronen trieben auf dem Wellenkamm, und silbrige Lichtstreifen blitzten dort, wo die Woge sich auftürmte.

Chams Hand wirbelte mich herum. Sein Gesicht war von Raserei gezeichnet. »Geh runter!«, befahl er.

»Aber ...«

Das erste und einzige Mal, dass er mich mit etwas anderem als köstlicher Zärtlichkeit berührte, war, als er mich nun Richtung Luke schleuderte. »Keine Widerrede!«

Natürlich hatte er Recht. Wie eine Mauer, höher als das Boot, türmte sich das Wasser auf und schoss heran. Sie war nicht höher, aber das wussten wir da noch nicht. Die Perspektive kann das Auge täuschen, genau wie die Angst. Wir dachten nur, das Wasser werde uns über Bord fegen, wie ein Besen Sand fegt. Also flohen wir alle zur Luke hinüber, als ich einen entfernten Schrei hörte und mir die armen Menschen dort unten wieder einfielen.

Ich konnte nicht anders: Ich rannte zur Reling und schaute hinunter. Gott steh mir bei, ich wünschte, ich hätte es nicht getan. Nie zuvor habe ich die Gesichter von dreißig oder mehr Seelen gesehen, die wussten, dass sie im nächsten Moment sterben würden, und ich hoffe, das muss ich auch nie mehr.

Da spürte ich Chams Hand auf meiner Schulter und schaute auf. Das Wasser schien so nahe zu sein, dass man es hätte berühren können, und das Tosen war so laut, dass Cham in mein Ohr brüllen musste. »Um Himmels willen, Ilya, geh hinunter.«

Und noch als ich die Leiter hinunterstolperte, wirbelten meine Gedanken im Kreis herum wie ein Hund, der seinen Schwanz jagt. Warum ich und nicht sie? Warum sie und nicht ich?

Ich fürchtete, dass es darauf keine befriedigende Antwort gab.

Unter Deck war es ein wenig leiser, aber dafür ziemlich überfüllt. So viel Angst lag in der Luft, man hätte darüber stolpern können. Besonders Japhet brabbelte völlig hysterisch einen solchen Unsinn vor sich hin, dass ich für den Krach draußen dankbar war.

Als das Wasser auf das Schiff traf, achtete niemand mehr auf die Geräusche von außen. Ein gewaltiges Knacken lief durch das ganze Boot, und ein Aufwärtsschlingern ließ meinen Magen nach unten sacken. Dann schnellte er wieder nach oben und wollte auch noch weiter steigen, als der Rest von mir auf den Boden geschmettert wurde. So ging es eine ganze Zeit weiter.

Irgendwann fand ich mich dann, eingeklemmt in einen schmalen Korridor, der zu den Verschlägen führt, auf dem Bauch liegend wieder. Trotz des Regens und der Wogen hörte ich den Radau, den die Tiere machten. Meine Finger ertasteten etwas Kleines und Pelziges, und ich stellte fest, dass Mirns Kopf in meinem Schoß lag. Sie lag völlig reglos da, bis ich sie fragte: »Bist du in Ordnung?«

»Ich denke schon«, antwortete sie ruhig. »Schwimmen wir?«

»Ich glaube ja.«

»Wir gehen nicht unter?«

»Soweit ich weiß, nicht.«

»Dann ist ja gut. Ist Papa in Ordnung, oder ist er über Bord gegangen?«

Das wollte ich auch wissen. Ich setzte mich auf. »Sehen wir nach.«

An Deck stützten Noah und Sem sich gegenseitig und starrten ich weiß nicht was an. Da gab es nicht viel anzustarren, nur das Wasser, die Kronen einiger hoher Bäume und ein, zwei Strudel. Obwohl ich zugeben muss, dass diese ganze Zerstörung etwas Fesselndes hatte – sie hielt einen gebannt wie ein alles verzehrendes Feuer. Überall schwamm Treibgut: Stroh von den Dächern, Zaunpfähle, ertrinkendes Geflügel, lauter solche Dinge. Das Wasser war eher braun als blau, und Schaum trieb vor den Wellen. Die Hügel hinter dem Hof, von denen wir nun wegdrifteten, waren zur Hälfte untergegangen.

»Wo ist Cham?«, fragte mich Sem.

Ich zuckte die Schultern. »Vielleicht unten und sucht nach Lecks.«

Sem nickte. Noah sprach mit mystischer Ruhe: »Es gibt keine.«

Ah ja. »Es ist ein Wunder, dass du nicht über Bord gespült worden bist«, bemerkte ich.

»Der Wunder Jahwes gibt es viele«, sagte Noah.

»Na ja, und das Wasser war auch gar nicht so hoch«, warf Sem ein. »Nur ungefähr zwanzig Ellen. Gerade genug, um das Schiff zu heben, ohne es voll laufen zu lassen.«

Noah sah ihn scharf an.

»Was schon ein Wunder an sich war«, murmelte Sem eingeschüchtert.

Das Deck unter unseren Füßen wankte und schlingerte. Ich hoffte, das würde sich bald legen, vermutete aber, dass das nicht der Fall sein würde. Regen peitschte nach wie vor schräg auf uns herunter, und zwischen den Gewitterwolken war keine einzige Lücke zu sehen. »Diese armen Leute, die noch da unten gestanden haben …?«, begann ich.

»Was ist mit denen?«, spie Noah hervor.

»Sind ertrunken, nehme ich an?«

»Gelobt sei der Herr, das hoffe ich doch«, murmelte er. Zögernd nickte Sem Einverständnis.

»Das ist abscheulich«, sagte ich.

Noah sah mich an. Er hatte diesen Blick aufgesetzt, der sagte: Wenn du dich ihnen anschließen möchtest, helfe ich gerne nach. Laut sagte er: »Sie waren Sünder.«

»Das sind wir alle«, erinnerte ich ihn.

»Sie waren unrein im Angesicht Gottes«, fuhr er fort. »Ein Schandfleck, der beseitigt werden musste. Diese Welt ist alt, tausend Jahre oder mehr. Sie war beladen mit Unflat und der Sünde überdrüssig. Jetzt ist sie reingewaschen.«

Der alte Mann schaute auf das Wasser hinaus, auf die reinigenden Wellen, die alles hinwegwuschen. Freude ließ jeden Zug seines Gesichts erstrahlen. Mein Magen drehte sich wieder um, und das lag nicht nur am Schlingern des Schiffs.

»Männer.«

Sein Lächeln wankte, als er mich ansah.

»Nur ein Mann kann ein Kind Unflat nennen. Keine Frau könnte ein totes Baby ansehen und Freude dabei empfinden.«

»Ilya«, sagte Sem warnend.

»Und nur der Gott eines Mannes würde Liebe für seine Schöpfung zeigen, indem er sie vernichtet.«

Noahs Gesicht hatte sich verfinstert wie der Himmel. »Hüte dich, Gottes Zorn heraufzubeschwören, Weib.«

Am liebsten hätte ich geantwortet: Was kann er noch tun, das er nicht schon getan hat? Aber ich kannte die Antwort darauf: Er würde mich emporheben und für unzureichend befinden und in den finsteren Abgrund schleudern und so weiter und so fort …

Noahs Augen verengten sich, sodass sie im Dickicht der Falten beinahe verschwanden, die Lippen verloren jede Farbe und wurden spitz in ihrem kleinen Bartnest. Der ganze Mann war plötzlich verkniffen und runzelig, sauer wie unreifes Obst. Mir blieb nichts anderes übrig, als diesem Zeloten den Rücken zu kehren und unter Deck zu gehen.

Das war vor zehn Tagen. Noah blieb ungefähr eine Woche lang an Deck, während das Boot durch die Wellen schlingerte und der Regen unablässig fiel. Hin und wieder sahen wir die Spitze eines Berges, die beharrlich versuchte, über Wasser zu bleiben, aber davon gab es nur wenige. Und der Regen fiel unablässig.

Ich war neugierig, wie viel Wasser genau vom Himmel kam, also fing ich an, ein bestimmtes Fass immer dann zu entleeren, wenn es überlief. Ich stellte fest, dass an einem halben Tag drei Ellen zusammenkamen, manchmal weniger. Diese Art Regen überstieg mein Begriffsvermögen, aber das änderte nichts an den Tatsachen. Das konnte natürlich nicht die ganze Geschichte sein – Regen allein konnte nicht für die Wassertiefe verantwortlich sein, die inzwischen die höchsten Berggipfel bedrohte. Stiegen vielleicht selbst die Meere an?

Ich wüsste gerne, was mein phönizischer Kapitän dazu sagen würde, der Kerl, der die Sonnenfinsternis vorausgesagt hat. Ich frage mich, ob er auch dafür eine Erklärung hätte, vielleicht dargestellt mit Zitronen. Ein bohrender Schmerz befällt mich jedes Mal, wenn ich mich an ihn erinnere oder die Stammesfürstinnen oder meine Onkel. Sie sind jetzt alle tot. Aber ich darf der Trauer über sie nicht nachgeben – einmal angefangen, nähme sie kein Ende mehr, es sind einfach zu viele Tote, ganze Stämme, ganze Zivilisationen ausgelöscht. Ich halte die Erinnerung an sie auf Armeslänge von mir fern und konzentriere mich stattdessen auf die Messung der Niederschlagsmenge und versuche zu begreifen, was hier vor sich geht.

Wenn so etwas überhaupt erklärt werden kann.

Schließlich kam Noah herein, zitternd vor Fieber und halb von Sinnen. In dem Verschlag, in dem die Familie haust, ist er dann zusammengebrochen und liegt seither zitternd unter einem Stapel Decken.

Cham und ich scheinen übrigens die Einzigen zu sein, denen auffällt, dass das Schiff voller Tierdung ist, der regelmäßig ausgemistet werden muss. Zwischen den Decks mit einem Eimer Antilopenmist auf der Schulter herumzuklettern ist nicht gerade meine Vorstellung von Vergnügen, aber es hält mich beschäftigt und bringt mich von Zeit zu Zeit an Deck. Ich würde mich aber trotzdem nicht beklagen, wenn uns noch jemand zur Hand ginge.

Sem hat die Pflicht übernommen, neben dem bewusstlosen Noah zu beten. Viel Glück ihnen beiden. Bera verbringt die meiste Zeit mit den zwei Babys, Japhet ist für gewöhnlich damit beschäftigt, seekrank zu sein, und Mirn füllt ihre Zeit aus, indem sie mit den Küken spielt. Man muss ihr zugute halten, dass sie auch die Haustiere füttert. Chams Mutter hantiert den ganzen Tag mit dem Kochfeuer, Gott segne sie. Ohne sie würden wir alle verhungern.

Ab und zu begegnen Cham und ich uns unten in den Gängen, und dann drückt er sich an mich oder fasst mir an den Hintern und flüstert: ›Hab ich dich‹, und alles ist fast so wie früher. Aber für gewöhnlich ist es das nicht. Cham ist verändert und ständig beschäftigt, vollkommen in Anspruch genommen von Lecks, Rissen und Brüchen, und er trägt die ganze Verantwortung auf seinen Schultern, uns über Wasser zu halten. Und das lebendig. Ich wünschte, ich könnte etwas dazu beisteuern, aber ich verstehe nicht genug vom Schiffbau. Also wische ich die Pfützen auf und schleppe die Eimer nach draußen und kümmere mich um die grimmigeren Tiere, vor denen er sich fürchtet, wie Wölfe, Krokodile und Löwen, die sich merkwürdig still verhalten, als habe das Stampfen und Wanken des Schiffes ihre Raubtierinstinkte eingelullt. Ich hingegen habe Mühe, meine eigenen Instinkte unter Kontrolle zu halten, bis die anderen in der Kabine jede Nacht eingeschlafen sind. Dann spreize ich meine Schenkel über Chams und taste unter seinem Kittel nach der einzigen Sache, die in dieser Welt aus Wasser noch fest geblieben ist. Unter mir stößt er und wälzt sich, aber ich bin standhaft wie ein Boot, während ich ihn reite, und spüre eine Erschütterung in mir, die sich mit der messen kann, die außerhalb des Schiffes stattfindet.

Sie helfen, diese nächtlichen Sitzungen. Sie helfen sogar sehr. Aber sie können nichts bewirken, um den Regen versiegen zu lassen, der unaufhörlich fällt, Tag für Tag für Tag. Oder die Erinnerungen an die armen Sünder an jenem zweiten Morgen verblassen zu lassen, oder die Fragen, die wie Geier in meinem Kopf kreisen: warum ich, warum nicht sie? Warum sie, warum nicht ich?

Es gibt natürlich keine Antwort darauf. Es gibt nie eine.

6. Kapitel

Noah

Der Regen strömte auf die Erde vierzig Tage und vierzig Nächte lang.

Genesis 7, 12

Es wäre nicht korrekt, es Schlaf zu nennen. Noah wälzt sich in einem Fiebertraum, der von Errettung und Verbannung, von Gott und der Hölle, von überirdischer Rechtschaffenheit und schmieriger Sünde handelt. Der Schweiß lässt ihn frieren. Er murmelt Wörter, Halbwörter und rudimentäre sprachähnliche Töne. Das Boot stampft auf den Wellen, und er stampft mit dem Boot. Verwirrtheit streichelt ihm die Wange, während der Wahn ihn die Stirn runzeln lässt. Sie sind treue Begleiter.

»*Siehe, ich bin der Herr, dein Gott. Du sollst keine anderen Götter neben mir anbeten.*«

In seinem Traum aus Verwirrtheit und Wahnvorstellungen steht Noah allein in einem Garten, der von einer Steinmauer umgeben und reich mit Brunnen und Wegen aus bunten Kieseln ausgestattet ist. Der Duft ihm unbekannter Blumen erschlägt ihn fast. Noah sucht die Quelle von Gottes Stimme und entdeckt vor sich, auf dem Weg, eine Ameise: kleiner als sein Daumennagel, glänzend schwarz, emsig in ihrer rastlosen Mühsal. Die Ameise richtet sich auf vier Hinterbeinen auf und zerteilt die Luft mit ihren winzigen Mundwerkzeugen, während ihre Stimme Noahs Kopf ausfüllt:

»Meine Pflicht ist, zu befehlen. Ob du handelst, wie ich dich anweise, obliegt deinem eigenen Willen.«

Etwas stimmt nicht mit dieser Szene, mit diesem Gott. Aber Noah ist nicht in der Lage herauszubekommen, was. Er zögert.

»Zweifelst du an meiner Macht?«, kreischt die Ameise.

»Selbstverständlich nicht, Herr«, keucht Noah. »Ich diene dir fortwährend.«

Er fällt auf die Knie. Dabei zerquetscht er unabsichtlich den Herrn Gott Jahwe unter seiner knochigen Kniescheibe.

»Herr ...?«

Das Insekt ist nur noch ein Häuflein Matsch. Noah wischt reflexartig den feuchten Dreck von seinem Bein, dann hält seine Hand mitten in der Bewegung inne. »Gott ist tot!«, wehklagt er. »Und ich habe ihn getötet!«

»Wirklich?«

Er wendet sich um. Er kniet jetzt nicht mehr in einem Garten, sondern steht am Ufer eines gewaltigen Bergsees. Die scharfen Bergspitzen, die ihn umgeben, sehen wie Schwerter aus. Frische Bergluft kitzelt seine Nase. Ein eleganter Schwan schwimmt auf dem Wasser und schaut ihn an, seidig weiß, schwarzäugig, königlich. *»Ich bin der Herrgott Jahwe«*, ruft der Schwan näselnd. »*Sieh mich an und verbanne deine falschen Götter.*«

»Das habe ich doch«, erwidert Noah unsicher. Er meint, Gott sollte das inzwischen wissen. »Das habe ich schon vor langer Zeit, als ich mich für immer in deinen Dienst gestellt habe.«

Jahwe schwimmt im flachen Wasser auf und ab und wackelt dabei kräftig mit den Schwanzfedern. Sein Hals beschreibt einen perfekten, graziösen Bogen. Mit einem Hosianna sprießen grüne Blätter aus unbekannten Bäumen, die Noah umgeben, kräuseln sich dann braun verfärbt und fallen ab. »*Wenn du wahr sprichst, dann beweise deine Treue und erweise mir einen letzten Dienst.*«

»Was immer du verlangst«, sagt Noah.

»*Ich fürchte, das meinst du nicht ernst*«, kreischt Gott. »*Der Geist ist willig, aber den Rest kennst du.*«

»Ich werde alles tun!«, protestiert Noah. Aufrichtigkeit rinnt durch jede Faser seines Körpers. Noch nie hat er etwas so wahrhaft gemeint. Er sagt: »Was immer es ist!«

»*Dann lass mich in Ruhe. Belästige mich nicht mehr. Das ist, was ich verlange.*«

Der Schwan verharrt einen Moment, damit das Gesagte in Noahs Verstand eindringen kann, dann erhebt er sich mit mächtigem Flügelschlag in die Luft, schwerfällig und unsicher, als ziehe er das feuchte Element dem Himmel vor. Gleich darauf umkreist er die verblüffte, einsame Gestalt Noahs und fliegt davon, entschwindet zwischen den hoch aufragenden Schwertspitzen der Berge.

»Herr!«, schreit Noah mit erhobenen Armen. »Verlasse mich nicht!«

Sein eigenes Echo narrt ihn: Verlasse mich nicht!

»Ich habe alles getan, was du verlangt hast, und doch verlässt du mich! Welcher Schöpfer tut denn das?«

»Vielleicht ein unzuverlässiger?«

Noah fährt herum. Jetzt steht er mitten in der Wüste. Dünen umringen ihn, die gleißende Sonne brennt erbarmungslos auf seinen Kopf. Vor ihm kauert eine Löwin, deren schwerer, fleischiger Moschusduft Noah anekelt und deren Augen golden von teilnahmsloser Tücke glimmen. *»Siehe Gott, deinen Herrn. Huldige keinem anderen an meiner statt oder du wirst wahrlich zu Grunde gehen.«*

»Ich habe nicht ...«, stottert Noah. »Ich würde nie ...«

»Nenne mir einen Grund, warum ich dich nicht gleich dort abschlachten soll, wo du stehst.«

Noahs Verstand ist wie Brei. »Herr ...?«

»Du hast mich gehört.«

Noah findet seine Sprache wieder. »Ich bin unschuldig und habe keine Verfehlung begangen, Herr. Ich bin so unschuldig wie ein Lamm auf der Weide.«

»Und wir alle wissen, was mit ihnen geschieht«, erwidert Gott gähnend. Ihre Reißzähne funkeln in der Wüstensonne wie Krummsäbel. Noah bricht fast zusammen, denn in dieser Hölle findet sich kein einziger Grashalm oder auch nur ein winziges Fleckchen Schatten. *»Sie sind Futter für Wölfe. Oder Menschen. Was auch immer, sie werden geopfert.«*

»Ich habe deine Aufgaben alle erfüllt«, stammelt

Noah. Er kämpft den aufsteigenden Unmut nieder. »Habe alles getan, was du wünschtest. Und jetzt drohst du mir? Das ist nicht gerecht.«

»*Wie kannst du es wagen, mir gegenüber von Gerechtigkeit zu sprechen!*«, brüllt Gott Jahwe mit einer Stimme, die von Speichel und Blut nur so tropft. »*Ist das Tier im Dschungel gerecht? Ist es gerecht, dass der Mensch über die Geschöpfe des Waldes, der Luft und der See herrscht? Wenn du von Gerechtigkeit sprichst, verlangst du eine Sonderbehandlung, die du nicht verdienst.*« Und damit streckt die Löwin die Hinterbeine und springt Noah an die Kehle.

Noah schreit und schlägt wild mit den Fäusten, aber Gott hat starke Kiefer.

7. Kapitel

CHAM

☑ 🐏 🐏

Und mächtig wurde das Wasser und wuchs gewaltig über der Erde. Die Arche aber fuhr auf dem Wasser dahin.

Genesis 7, 18

Es ist eine Schinderei, aber die Beschäftigung beruhigt mich. Zu viel unter Menschen zu sein ist nicht meine Sache, besonders hier, unter diesen Menschen, in derart geballter Form. Es ist, als wäre ich wieder zu Hause und nie fortgegangen. Ich weiß, dass sie meine Familie sind, aber das macht es nicht besser, eher noch schlimmer – ist das schockierend? Ich bin umgeben von ungewaschenen Körpern und starrenden Augen, die alle immer nur die eine Frage stellen: Werden wir deinetwegen sterben? Natürlich stellt jeder sie auf eine andere Art. ›Wie hält sie sich, Cham?‹ oder ›Dringt dort unten Wasser ein?‹ oder mein Favorit ›Glaubst du, sie schafft's?‹. Was sie wirklich meinen, ist: ›Glaubst du, wir schaffen es? Oder werden wir sterben, Cham, weil du einen Träger nicht richtig justiert oder einen Balken im Bug nicht versiegelt hast?‹

Also gehe ich hinunter und sehe nach. Es ist eine

riesige Aufgabe, denn sie ist ein riesiges Schiff, voll gestopft mit wahnsinnigen Monstern, die mir das Gesicht zerfetzen oder das Rückgrat brechen wollen. Es dauert seine Zeit, mich zwischen den Affen hindurchzukämpfen, die mich mit Scheiße bombardieren. Die schnaubenden, stampfenden Gazellen, die mir ihre Hörner ins Kreuz rammen wollen, versuche ich zu ignorieren. Eine entspannte Arbeit ist das nicht, ganz und gar nicht, und davon mal abgesehen, warum bin ich eigentlich hier unten? Ich steh hier, die Öllampe in der Hand, und blinzle in ihrem flackernden Licht auf der Suche nach einem tröpfelnden Rinnsal zwischen den Brettern oder einer schwappenden Lache an irgendeiner Stelle, wo keine sein sollte, oder einem Riss, wo diese dämlichen, riesenhaften Flusspferde ihre Hintern in eine Schwachstelle am Schott gerammt haben. Kurz gesagt nach irgendetwas, das unseren schnellen Tod in dieser aufgewühlten Suppe da draußen bedeuten würde, wenn ich es nicht blitzschnell mit ein paar Holzresten und zähem Teer flicke, den giftigen Atem irgendeiner abscheulichen Kreatur im Nacken. Also, es ist wirklich keine besonders angenehme Arbeit, und alle naselang treibt es mich wieder die Leiter hoch, vorbei an der Kabine, wo Abba krank daniederliegt und der seekranke Japhet stöhnt und die anderen mich mit ihren Fragen erwarten. Vorbei an der Tür, hinaus aufs Deck in die frische Luft, den Wind und den Regen. Wenn ich dort ein Weilchen gestanden habe, fange ich an zu glauben, dass wir es vielleicht schaffen könnten.

Wir sind jetzt seit einem Monat auf See. Im Laufe der letzten Tage hat sich der Regen von dem endlosen

Schütten zu einem beständigen Nieseln abgeschwächt. Überall um uns herum ist Wasser, und zwar reichlich, doch es ist nur noch in rastloser Bewegung, bockt nicht mehr wie ein verwundetes Vieh, sodass es möglich ist, an Deck umherzugehen, ohne hinzufallen, immer vorausgesetzt, man rutscht auf der schmierigen Schicht Vogelscheiße nicht aus. Nie im Leben habe ich so viele Vögel auf einmal gesehen. Ich habe sie auf ein paar Hundert geschätzt, bis ich interessehalber mal die gezählt habe, die dicht an dicht auf der Heckreling hocken, welche über die gesamte Schiffsbreite verläuft, also fünfzig Ellen lang ist. Und dort saßen sage und schreibe mehr als zweihundert Möwen, Seeschwalben, Fliegenschnäpper, Eisvögel, Flussuferläufer, Enten, Finken – und das sind ungefähr alle, die ich kenne. Um sich vorzustellen, welch eine Vogelwelt wir transportieren, braucht man diese zweihundert nur mit der Länge des Schiffs, also dreihundert Ellen, zu multiplizieren.

Ich strecke einen Finger aus, und irgendetwas Winziges landet darauf, nicht größer als ein Grashüpfer. Die Federn leuchten wie grünes Kupfer, und er hat einen lächerlich langen Schnabel. »Wovon in aller Welt magst du leben?«, frag ich ihn.

Er trippelt meinen Finger entlang, ohne zu antworten.

Ein Wolke aus Vögeln steigt auf und landet wieder: Ilya ist an Deck gekommen. Sie trägt einen Eimer mit Mist zur Reling und leert ihn. Wessen Dung mag es wohl sein?, frag ich mich. Kamel? Ameisenbär? Gnu? Es gibt nicht viel, was meine Frau fürchtet, kein Tier, dem sie sich nicht nähern oder dessen Verschlag sie nicht ausmisten würde. Das ist etwas, wovon ich keine Ahnung hatte, ehe diese ganze wilde Eskapade begann. Es gefällt mir.

»Hab ich dich.«

»Küss mich lieber nicht.« Sie lächelt. »Ich rieche nach Mist.«

»Ich auch, Liebes«, erwidere ich. »Oder nach Schlimmerem.«

Wir reden ein Weilchen. Schließlich sage ich: »Du bist schön.« Und das ist sie auch, wie aus Marmor gemeißelt und glatt poliert von Händen, die feingliedriger sind als meine. Aber in letzter Zeit kommt sie mir sehr blass vor. Ilya hat nie besonders robust gewirkt, aber sie hat immer die Kraft aufgebracht, die notwendig war. Doch in den letzten Wochen ist sie stetig dünner geworden, und jetzt stehen ihre Wangenknochen wie Messerklingen hervor, was dazu führt, dass ihre silbrig funkelnden Augen noch faszinierender wirken. Aber ich frage mich doch, wie sie das hier gesundheitlich verkraftet. Diese ganze Geschichte ist für jeden von uns hart.

»Sieh dir die Vögel an«, sagt sie.

»Ja. Wahrhaftig ein Anblick.«

Ihr Gesicht nimmt diesen abwesenden Ausdruck an, der sich immer dann einstellt, wenn sie sich etwas durch den Kopf gehen lässt. »Es müsste doch einen Weg geben, sie zu ordnen«, murmelt sie.

»Ordnen«, wiederhole ich erstaunt. Ich lasse den Blick nochmals über die Vögel schweifen. Es sind schrecklich viele. »Du meinst, sie in Reihen aufstellen oder so was?«

Sie lächelt müde. »Nicht Vogel für Vogel. Aber nach Kategorien. Stelzvögel und Waldvögel. Insektenfresser und Körnerfresser. Fleischfresser, Aasfresser und so weiter.«

Wovon zum Teufel redet sie da? Ich liebe meine Frau über alles, aber wenn sie so redet, muss ich jedes Mal die Augen verdrehen und frage mich: ›Woher kommst du eigentlich? Welche Werkzeuge haben diesen Verstand geformt?‹ Denn in meiner Heimat werden – wurden – Frauen nicht dazu erzogen, solche Ideen zu haben. Sie hatten nur die Kinder zu füttern, den Eintopf zu kochen und die Decken zu weben, vielen Dank. Und es ist auch nicht so, als hätten die Männer sich mit solchen Gedanken beschäftigt. Die hatten genug mit Jagen und Feldarbeit und so weiter zu tun. Ich komme wie schon oft zuvor zu der Erkenntnis, dass die Leute im Norden einfach anders sind.

Als könne sie diese Gedanken von meinem Gesicht ablesen, nimmt sie den Misteimer wieder auf und sagt: »Ich muss gehen. Noch jede Menge zu tun.«

»Tu's später.«

Sie rümpft die Nase. »Später wird nur noch mehr Mist da sein.«

»Was tun denn die anderen?«, frage ich, mehr um noch länger mit ihr zu reden denn aus wirklichem Interesse.

»Oh, das Übliche.« Sie verdreht die Augen. »Cham, ich weiß, ich bin hier eine Außenseiterin, aber es ist erstaunlich, wie zufrieden deine Familie damit ist, sich wochenlang eingepfercht in einen kleinen Raum aufzuhalten. Sogar Bera und Mirn.«

»Ich weiß, Liebes. Das war einer der Gründe, warum ich da rausmusste. Sie sind ein fatalistischer Haufen. Notfalls könnten sie bis zum Ende der Welt einfach dahocken.«

»Es sind erst ein paar Wochen«, erwidert sie, und ihre grauen Augen wirken noch farbloser als gewöhnlich. »Aber ich habe den Verdacht, dass es noch lange nicht vorbei ist. Ich hoffe nur, dass ich nicht den Verstand verliere.«

»Vielleicht gewöhnst du dich ja dran.«

Sie lächelt schwach. »Das meine ich mit den Verstand verlieren.«

Es war ein Zufall, der uns damals zusammengebracht hat. Ilya war auf der Suche nach einem Schiff, das nach Norden fuhr, um nach Hause zurückzukehren, nachdem ihr Vater bei dem Schiffbruch ums Leben gekommen war. Irrtümlich kam sie auf die Werft, und ich war der Einzige, der gewillt war, es mit ihrem grässlichen Akzent aufzunehmen, um herauszukriegen, was sie wollte. Und da war es schon zu spät. Ich wurde überrumpelt, geriet auf meinem eigenen Territorium in einen Hinterhalt und konnte die Augen von ihrem Gesicht und seinen Zügen, der Art und Weise, wie sie sich veränderten, wenn sie eine Frage stellte, oder dem Anblick, wie sie sich mit dem Zeh den anderen Knöchel kratzte, nicht mehr abwenden. Diese Knöchel waren in der Tat von Meisterhand geformt, und ich taugte deshalb zu nichts anderem mehr, als wie ein Trottel zu grinsen und zu fragen: ›Kann ich irgendetwas tun, um dir zu helfen?‹ Was ich natürlich tat, war, alles daran zu setzen, dass sie kein Schiff fand, das nach Norden fuhr, und derweil bemühte ich mich, charmant, liebenswürdig und begehrenswert zu wirken. Ein hartes Stück Arbeit war das, und je weniger darüber gesagt wird, umso besser.

Ich glaubte damals, dass ich sie liebte. Als wir heirateten, war ich todsicher. Die Hochzeit war eine kleine Angelegenheit, nur ein paar Freunde und die notwendigen Amtspersonen, denn ihre Familie war tot und meine viele Tagesreisen weit weg, und außerdem wollte ich nicht, dass Abba aufkreuzte und ihr mit seinem düsteren Gerede Angst machte. Aber heute verstehe ich, was ich zu der Zeit noch nicht wusste: Ich hatte keine Ahnung, was Liebe ist. Nicht die entfernteste Idee. Natürlich wäre ich für sie von einer Brücke gesprungen oder hätte jeden umgehauen, der sie beleidigte. Keine Frage. Die ganze Nacht liebten wir uns, und am Tag ging ich arbeiten, damit ich ihr kaufen konnte, was immer sie wollte. Und? Das ist keine Liebe, das ist ein Handel. Das ist nichts weiter, als sich um seinen Besitz kümmern, sich vergewissern, dass die eingebrachte Leistung Profit abwirft, und nicht Liebe in ihrer ganzen Spannweite. Und was ist Liebe?

Liebe ist, so merkwürdig es sich auch anhören mag, was man fühlt, wenn man seine Frau dabei beobachtet, wie sie Misteimer leert, die sie in den Verschlägen der teuflischen Löwen und Wölfe gefüllt hat, und dann davonwankt, um mehr zu holen, und dabei so dünn ist, dass man praktisch die Sonne durch sie hindurchscheinen sieht. Und das, obwohl überhaupt keine Sonne scheint. Zu wissen, dass sie weitermacht, ohne sich zu beschweren, weil es getan werden muss, und zu wissen, dass man das Gleiche tun würde – nein, streicht das – man verlangt, dass einem gestattet wird, das Gleiche für sie zu tun, und alles, was einen davon abhält, ihre Bürde zu erleichtern, wird zur überflüssigen Nebensächlichkeit.

Als Ilya das nächste Mal an Deck kommt, nehme ich ihr den Eimer ab und kippe den Inhalt selbst über Bord. »Bleib ein bisschen hier oben, Liebes.«

»Später.« Sie lächelt müde.

»Nein, jetzt.«

Ich wedle mit den Armen und scheuche genug Vögel auf, dass sie sich mit dem Rücken an ein Fass gelehnt hinsetzen und über die Reling hinweg auf das Wasser und die Wolken schauen kann. Kein berauschender Ausblick, bestimmt nicht, aber die Luft ist frisch und die Distelfinken und Wiedehopfe sind eine ganze Ecke appetitlicher als die Biester da unten. »Du kannst gleich jetzt damit anfangen, sie zu ordnen.«

»Es gibt noch mehr Arbeit«, erinnert sie mich.

Ich reiche ihr einen Becher Wasser. »Die läuft uns nicht davon.«

Und als ich nach unten in die Kabine komme, was macht Sem? Kniet neben Abba. Er ist ununterbrochen dort gewesen, seit der alte Herr hinuntergegangen ist. Und seitdem betet er, hält ein Nickerchen und kostet von allem, was Mutter über dem Feuer hat. Sehr angenehm für den, der diesen Job innehat. Wenigstens hat mein älterer Bruder auf dieser Reise nicht abgenommen.

Noch nicht.

Ich rüttle ihn wach, und er starrt mich mit Unschuldsaugen groß an. »Ich bete.«

»Es gibt viele Möglichkeiten, das zu tun«, kläre ich ihn auf und drücke ihm den Eimer in die Hand. »Geh runter und miste die Verschläge aus. Wir ersaufen in Scheiße.«

Er setzt gerade zum Protest an, als ich ihn schon auf die Füße zerre. Der Trick bei Sem ist, dass man so schnell sprechen muss, dass er nicht folgen kann. »Hör zu. Gott schätzt Arbeit genauso wie Worte. Frömmigkeit in Taten, verstehst du? Denk doch nur, was er Abba auferlegt hat.«

Sem schaut mich an und möchte gerne widersprechen, aber anscheinend findet er nicht das passende Argument. Mutter beobachtet uns, sagt aber nichts. »Wenn du den Herrn preisen möchtest, dann mach das auf nützliche Weise«, schlage ich vor. »Schaff den Mist aus dem verdammten Boot, sodass Vater reinere Luft zum Atmen hat.«

Sems Finger lassen unentschlossen den Eimer kreisen. »Wenn ich jetzt aufhöre zu beten, meinst du, Gott wird das verstehen?«

»Oh ja, Gott weiß, dass du es tust, weil du ihn liebst. Und Abba auch.«

Er nickt.

Und vor allem, denke ich, spreche es aber nicht aus: weil ich meine Frau liebe.

8. Kapitel

Noah

☑ 🐾 🐾

Sein Leben ist plötzlich auf die elementarsten Dinge reduziert:

1. Atmen.
2. Schlafen.
3. Aufwachen oder in einem nebulösen Semidelirium erwachen, in dem er halb verständliche Wörter brabbelt: ›Gepriesen sei der Herr!‹ oder vielleicht auch ›Eine Prise Pfeffer!‹ oder möglicherweise etwas ganz anderes: ›Die Brise kommt vom Meer herüber!‹. Oder auch gar nichts.
4. Ein Schlückchen Wasser oder Brühe aus der Schale trinken, die die Frau ihm an die Lippen hält.
5. Ein Stück Möhre oder Fladenbrot kauen, es herunterschlucken oder ausspucken, sodass der halb zerkaute Brei sein Kinn hinunterläuft.
6. Sich die Stirn mit einem feuchten Tuch abtupfen lassen, meist von der Frau, manchmal auch von Bera oder Mirn.
7. In Momente plötzlicher Klarheit verfallen, in denen er Fragen brummt über das Wetter (schlecht), das Boot (stabil), die Tiere (überleben, zumindest

die meisten), Land, das eventuell in Sicht ist (keines), und die Familie (alles wunderbar, mach dir um uns keine Sorgen). Manchmal knabbert er noch ein bisschen Brot und spricht schnell ein Gebet, bevor er wieder in einen unruhigen, fiebrigen Schlaf fällt.
8. Den Zyklus wiederholen.

Noah führt eine Unterhaltung mit Dinar, dem fahrenden Händler mit seiner Falkennase und den scharfsichtigen Augen, obwohl dieser tot ist. Ein Teil seiner Nase ist abgefallen. Sie sitzen in Noahs alter Küche, und Noah sagt: »Du hättest mit uns kommen können. Ich habe dir gesagt, was geschehen würde. Du hättest darum bitten können, an Bord kommen zu dürfen.«

Dinar öffnet den Mund, um zu antworten, und ein Schwall Wasser strömt heraus, zusammen mit Seetang, kleinen Fischen und dem halb verdauten Mittagessen. Noah wendet sich angewidert ab. Dinar scheint das nicht zu bemerken. Er sitzt recht nahe, sein Knie berührt beinah Noahs, er hat den Mund weit offen, und es sprudelt noch mehr Wasser hervor, weit mehr, als ein einziger Magen fassen kann. Die Flüssigkeit bildet eine Pfütze zu Noahs Füßen, vermischt sich mit dem Lehmboden des Zimmers und wird zu einem zähen Brei aus Schlamm, Galle und Meerwasser. Er reicht jetzt schon bis zu seinen Knöcheln.

»Lass uns hinausgehen«, schlägt Noah vor und steht auf. Er versucht, einen Fuß anzuheben, und stellt fest, dass es nicht geht. Er versucht, den Arm zu bewegen, aber auch das geht nicht. Panik steigt in seiner Kehle auf: Irgendwie steckt er in dem Schlamm fest, der einmal der Küchenboden gewesen ist. Das Wasser steht jetzt kniehoch, und er ist zur Statue geworden, die nicht flüchten kann.

Andere Gestalten sind um ihn herum. Die nackte Hure, die ihn verspottet hat, die anderen aus den Hütten, die in sein Land eingefallen waren. Die Familie seiner Frau, Mirns verrückter Vater. Und viele, die er nicht kennt oder an die er sich nur vage erinnert. Das Schlimmste sind die ertrunkenen Kinder und Babys, die nass im Matsch herumplatschen und mit kleinen geballten Fäusten durch die Wasseroberfläche nach seinen Waden greifen. Ein alter, gebeugter Mann sieht ihn mit glühendem Hass an, aber die meisten starren nur mit leblosen, leeren Augen, was Noah noch mehr peinigt, als blanker Zorn es vermocht hätte. Sie alle erbrechen Wasser und anderes. Draußen vor dem einzigen Fenster bewegen sich gewaltige Schatten hin und her, und Noah weiß, dass auch die Riesen dort sind und Seen aus Wasser und bitterer Galle ausspucken, ganze Meere, Ozeane. Die Größe der Riesen wird ihr Leben verlängern, aber nicht retten.

Als das Wasser sein Kinn erreicht, streckt Noah den Hals, um den Kopf noch weiter in den Nacken legen zu können. Als es seine Lippen berührt, presst er sie zusammen, als gelte es, sich den Teufel vom Leibe zu halten. Als es in seiner Nase kitzelt, beginnt Noah unwillkürlich zu keuchen und zu würgen, mit plötzlich wieder beweglichen Armen und Beinen auf das Wasser einzudreschen. Er lässt die Fäuste darauf niederkrachen, als wolle er die abscheuliche Flüssigkeit mit äußerster Kraft besiegen. Ganz von selbst entfahren seiner krächzenden Kehle die Worte: »Hinfort! Zurück! Hinfort, sage ich! Ihr seid alle tot, plagt mich nicht mehr!«

Mühsam öffnet er die Augen und sieht zwei Gesichter über sich schweben, die ihn stirnrunzelnd anschauen, wie besorgte Engel. Er erkennt sie nicht, und sie beäugen ihn, als sei er ein ihnen unbekanntes Wesen.

»Ist er wach?«, fragt der eine.

»Ich weiß nicht«, sagt der andere, ältere. »Ich glaube nicht.«

Noahs Augen flackern in stummem Entsetzen und fallen dann zu, die Lider fest geschlossen. Es gelingt ihm, die Gesichter der Lebenden auszusperren, aber die der Toten verharren nur allzu deutlich und lebhaft vor seinem inneren Auge.

9. Kapitel

Bera

Fünfzehn Ellen hoch stand über ihnen das Wasser, so hoch waren die Berge bedeckt.

Genesis 7, 20

»Nicht bewegen«, sagt Mirn und deutet auf mich.

Ist das ein Witz? Ich weiß es nicht. Meine jüngste Schwägerin ist mir ein Rätsel, und ich erwarte nicht, dass sich das ändern wird. Körperlich ist sie eine Frau (jedenfalls so gerade), hat aber noch den Verstand eines Kindes. Bedenkt man, mit wem sie verheiratet ist, ist das vielleicht aber auch gar nicht so schlecht.

»Nicht bewegen«, wiederholt sie und zeigt immer noch mit dem Finger auf mich.

Wir sind alle müde. Seit Wochen sind wir jetzt schon auf diesem Boot, und ein Ende scheint nicht in Sicht. Wenn es sich auch nicht sehr davon unterscheidet, eine lange, kalte Regenzeit drinnen im Haus zu verbringen, ist es aber auch nicht genau das Gleiche. Zum einen das Schaukeln des Schiffes, und dann das ständige Poltern der Ziegen am Ende des Korridors, wo sie mit den Köpfen gegen den Verschlag donnern und zu fliehen versuchen. (Eigentlich hätte ich gedacht, dass selbst ein so dämliches Tier wie eine Ziege begreift, wie sinnlos es ist, mit dem Kopf gegen die Wand zu rennen. Aber offensichtlich ist das nicht der Fall.) Unsere Kabine ist klein und eng, besonders nachts. Kleiner noch als die alte Schlafkammer, die wir uns geteilt haben, und das war schon schlimm genug. Privatsphäre ist hier ein Luxus, den Sem und ich längst abgeschrieben haben, zusammen mit Stille und frischem Obst.

»Bleib ganz ruhig«, sagt Mirn wieder und sieht mich mit weit aufgerissenen Augen an.

Also das hier hat mir gerade noch gefehlt. Mirn sitzt an der gegenüberliegenden Wand der Kabine bei den Fenstern (diesmal hat sie eine Schlange auf dem Schoß), Mutter steht am Feuer, Vater und Japhet liegen ausgestreckt entlang der Schotten, ich sitze mit dem Rücken zur Tür.

»Bera, Vorsicht!«

In dem Moment erkenne ich, dass ihre großen braunen Augen an mir vorbeisehen. Ich drehe den Kopf, langsam, und plötzlich spüre ich ein feuchtes Schnüffeln an meinem Ohr. Auf der Leiter, die von den unteren Decks heraufführt, taucht der Kopf einer der riesigen, getupften Dschungelkatzen meines Vaters auf, fast so, als würde sich eine Blüte öffnen.

»Bleib da sitzen«, sagt Mirn.

Ja, ich weiß. Eine plötzliche Bewegung oder nur ein Zucken meinerseits, und sie könnte mir an die Kehle springen, mich zu Boden reißen und mir die Luftröhre zerquetschen. Und wenn sie mich nicht erwischt, dann Mutter, wie sie da gleichmütig mit dem Rücken zum Geschehen hockt. Oder eins der Babys oder Mirn.

(Das wäre vielleicht nicht so schlimm, aber komm schon, sei nett.) Andererseits, wenn ich mich nicht bewege, könnte es trotzdem passieren.

Wir rufen nach Hilfe, die in Gestalt meines Mannes erscheint, der von oben durch die Luke hereinspäht, und Cham und Ilya, die von unten fragen, was los ist. Über den Radau der Ziegen hinweg erklären wir die Lage und beratschlagen uns. Keiner weiß so recht, was zu tun ist. »Werft ihr eine Schlinge um den Hals«, schlägt Mirn vor. »Und dann schleppt sie wieder nach unten.«

»Prima Idee«, sagt Ilya trocken.

Wir alle denken angestrengt nach, und der Katze wird langweilig. Ihre Stupsnase zuckt, und die gelben Augen mit der schwarzen Iris schwenken in jede denkbare Richtung. Ihre Pfoten sind unvorstellbar groß und mit weichem Flaum bedeckt. Ich muss mich zurückhalten, um nicht hinzugreifen und sie zu streicheln. Als Vater im Schlaf ruft, fixiert die Katze (ein Leopard) den Blick auf ihn und verharrt reglos wie eine Holzfigur. Aber sie sieht ziemlich zufrieden aus, wie sie da hockt, und macht keinerlei Anstalten, jemanden anzugreifen oder ihre hart erkämpfte Position zu räumen.

»Vielleicht sollte ich sie nach hier oben locken«, sagt Sem.

»Das wird die Hölle entfachen mit all den Vögeln«, entgegnet Cham.

»Besser die Vögel als wir.«

»Du wirst dich selbst in Gefahr bringen«, warne ich Sem.

»Ich werde ihr schon aus dem Weg gehen.«

Die Vorstellung gefällt mir gar nicht – mein Mann allein an Deck mit diesem Tier. (Ich weiß, wie schnell diese Katzen rennen können, und Sem ist ein ganzes Stück langsamer.)

Am Ende hilft uns eine Ziege. Genau wie der Leopard es geschafft hat, seinem Gefängnis zu entrinnen, indem er sich durch einen Spalt in der Holzwand seines Verschlages gezwängt hat, so ist auch schließlich die Beharrlichkeit der Ziegenkopfstöße von Erfolg gekrönt, und der größte, sturste Ziegenbock bahnt sich auf wackligen Beinen seinen Weg in den Korridor. Er verkündet seine Befreiung mit einem lauten Blöken, seinen Schrecken mit einem schrillen Kreischen und sein plötzliches Ableben mit dem Schweigen aller jüngst Verstorbenen.

Nachdem die Katze sich voll gefressen hat, ist es ganz leicht, sie nach unten zu locken. Sem benutzt ein Seil – nicht für den Leoparden, sondern für die Überreste der Ziege – und zieht sie zur Treppe, wo er sie bis ganz nach unten fallen lässt. Die Katze, unwillig, ihr Frühstück herzugeben, folgt hurtig. Ilya lockt sie in den Käfig, an dem Cham schnell noch ein paar Reparaturen vornimmt. Nachdem er fertig ist, atmen alle erleichtert auf, und jeder beschäftigt sich wieder mit dem, was er oder sie gefunden hat, um sich die Zeit zu vertreiben.

Für mich sind das die Kinder. Das Mädchen ist ganz schön mutig und immer für ein Spiel zu haben. Wenn man es ein Spiel nennen kann, meinen Finger auszustrecken, damit sie danach greifen kann. Wann immer es ihr gelingt, scheint ihr begeistertes, überschwängliches

Lachen die schäbige Kabine zu erhellen. Sogar wenn ich den Finger wegziehe und sie nur Luft zu fassen bekommt, lacht sie – nur ein ganz klein wenig leiser.

Der Junge ist ein vollkommen anderer Fall, grüblerisch und verdrossen. (Wahrlich der Sohn seines Vaters, nur dass Sem nicht sein Vater ist.) Ernüchternd, wenn ein Baby sich so verhält, aber so ist es eben. Auch mit ihm mache ich mein Fingergreifspiel, aber wenn er gewinnt, hält er ihn unbarmherzig fest, und wenn er verliert, schreit er. Die Alternative dazu, ihn jedes Mal gewinnen zu lassen, ist, das Spiel zu beenden. Mutter rät mir, ihn gewinnen zu lassen, doch stattdessen höre ich auf zu spielen.

Wenn ich ihnen jedoch die Brust gebe, sind sie beide außer Rand und Band.

Das Wunder bei mir hat angehalten, all die Tage hindurch. Vielleicht ist das so bei Wundern, sie hören einfach nicht auf. Manchmal vergessen wir sie, aber sie sind immer noch da. Wenn die Kinder satt sind, rollen sie sich auf die Seite und dösen, geben mir Gelegenheit, aus dem kleinen Fenster zu schauen und an all die anderen Wunder zu denken, die zu Ende gegangen sind oder gerade erst begonnen haben.

Zuerst gab es noch Baumkronen über dem Wasser, kaum zu erkennen, wie Gespenster im Regen, der nicht wie gewöhnlicher Regen in einzelnen Tropfen oder für kurze Zeit als Platzregen gefallen ist. Dieser Regen sah aus wie weiße Striche in der Luft, wie hingezaubert von der Hand eines Zimmermanns, manchmal vertikal, aber häufiger schräg. In der Ferne stemmten Berge ihre fahlen, lavendelblauen Spiralgipfel in die Wolken, die herabhingen wie die schlammigen Bäuche der Schafe. Und all das halb verborgen hinter diesen weißen Linien.

Die Farbe des Wassers war einst blau, jetzt gibt es nur noch das Grau des allumfassenden Meeres und die zermürbenden weißen Schleier dieses Sturms.

Der Regen fiel weiter, und die Bäume gingen unter und dann die Vorberge. Manchmal kamen wir an farblosem Treibgut vorbei, einem Stück Zaun oder einem entwurzelten Baum, der noch nicht voll gesogen war, oder den aufgeblähten Kadavern von Rindern. Zweimal sah ich kleine menschliche Gestalten, die sich an behelfsmäßige Flöße klammerten und uns schwach zuwinkten. Aber da wir keine Möglichkeit zum Steuern haben, konnten wir nur hilflos zusehen, wie sie vorbeitrieben.

Das Wasser stieg weiter, bis selbst die Berggipfel verschwanden. Ich frage mich, ob Menschen versucht haben, auf die Berge zu klettern, um dem Wasser zu entkommen, und was sie taten, als die Wellen immer näher kamen. Die letzten wunderbaren Ellen über der Wasserlinie müssen ihnen das Kostbarste auf der Welt bedeutet haben. Und sicherlich waren diese Leute, die sich versuchten um jeden Preis zu retten, nicht edel und selbstlos, sondern hässlich und verbittert und gemein. Frauen, die ihre Kinder beiseite stießen, Männer, die über Frauenkörper hinwegtrampelten. Starke Menschen, die die schwachen beim Genick packten, wenn diese versuchten, die Gipfel zu erreichen. Menschen tun alles, um zu überleben, so sind wir geschaffen.

Wie auch immer, jetzt ist es vorbei.

In der Kabine gibt es eine Menge verstohlenes Flüstern darüber, ob das Schiff halten wird. Aus irgendeinem Grund habe ich keine Bedenken. Vielleicht habe ich wegen meiner wilden Fahrt auf Ulms Boot auch zu diesem Vertrauen. Vielleicht gewöhnt man sich auch an Wunder. Vielleicht erwarte ich jetzt, weil ich schon eines erlebt habe (die Kinder, die mir anvertraut worden sind), noch mehr (dass das Schiff weiter schwimmt, dass die Flut zurückgeht, dass die Kinder gesund bleiben). Und außerdem habe ich ja schon ganz andere Dinge erlebt, viel Schlimmeres als diese stickige Kabine und dieses ächzende Boot. Aber wahrscheinlicher ist, dass ich mir nur etwas vormache.

Hin und wieder denke ich an Ulm und seine stille Besatzung. Sicher inzwischen tot. Ich hoffe, sie haben nicht übermäßig leiden müssen. (Jeder erleidet irgendetwas.) Ich hoffe, sie sind jetzt bei Gott und zufrieden. Ich bin zuversichtlich, dass dem so ist.

Vor allem aber frage ich mich, warum das alles geschehen musste. Ich kenne Vaters Antwort und kann mir auch die meines Mannes vorstellen. Keine wäre besonders überzeugend. Ich vermute, wenn ich jedem auf dem Schiff dieselbe Frage stellen würde (mit zehn Wörtern oder weniger: ›Warum hat Gott das getan?‹), bekäme ich acht verschiedene Antworten.

Vielleicht würde eine mir helfen, meine eigene zu formen.

Nachdem die Berge nun verschwunden sind, lässt der Regen nach. Er prasselt jetzt nicht mehr, aber der Wellengang ist immer noch heftig. Wir werden ganz schön herumgeschleudert, und wo es uns hin verschlagen wird, können wir nur raten.

Die Kinder schlafen. Ich hocke mich neben Vater und tupfe seine Stirn mit einem Lappen ab. Mutter putzt Linsen für den Eintopf. »Wie geht es ihm?«, frage ich.

»Unverändert.« Sie zuckt die Schultern.

»Und Japhet?«

Sie schnaubt belustigt. »Japhet geht es gut. Er war nur in der ersten Woche krank.«

Das überrascht mich. Ich schaue den Jungen an, der zusammengekauert am Schott liegt. »Aber er hat die ganze Zeit geschlafen.«

»Was er dem Leeren von Dungeimern im Regen vorzieht.«

Ich wende mich wieder Vaters Stirn zu. »Gleich erzählst du mir noch, dass es ihm hier auch gut geht.«

Augenblicklich bereue ich meine Worte. Ihr Gesicht nimmt wieder den üblichen, zerfurchten Ausdruck an. »Nein, ihm geht's nicht gut. Er hätte sich beinahe selbst umgebracht. Alter Dummkopf.«

Mir geht auf, wie besorgt sie ist. Wie verhärmt und gelb ihr Gesicht geworden ist. Jede andere Frau würde vor Angst weinen.

»Ich bin sicher, er erholt sich wieder«, murmle ich tröstend.

Sie schnaubt leise und beschäftigt sich weiter mit dem Gemüse. Die Linsen und Kichererbsen sind flaumig von Schimmelpilz, die wenigen Kräuter sehen trostlos aus. Ich glaube, Mutter ist für uns alle eine Art Rettungsanker in dieser Flut geworden, denn sie ist irgendwie ungebrochen. Sie ernährt uns und sorgt sich um uns. Jetzt sehe ich allerdings, dass diese Reise auch bei ihr Spuren hinterlassen hat. Das Gesicht ist von kraftlosen grauen Strähnen eingerahmt, und ihre Augen huschen ständig von einer Seite zur anderen. Ich frage mich, ob Vater sie nach ihrer Meinung gefragt hat, bevor er mit dem Bau begonnen hat, oder hat er vorausgesetzt, sie würde einfach gehorchen? Er scheint mir nicht der Ehemann zu sein, der oft nach der Meinung seiner Frau fragt. Und hier ist sie nun und pflegt ihn.

Um das Thema zu wechseln, berichte ich: »Wenigstens hat der Regen aufgehört. Vielleicht geht die Flut bald zurück.«

Sie antwortet scharf: »Davon weiß ich nichts.«

»Zumindest hält das Boot durch.«

»Davon weiß ich auch nichts. Mädchen, hör mir zu.« Sie sieht mich mit einer Strenge an, die ich von ihm nicht hinnehmen würde. »Du bist jetzt eine Mutter, also lerne dies schnell: Du kannst auf nichts hoffen. Akzeptiere, was geschieht. Hoffst du auf etwas, wirst du enttäuscht.«

Mir fehlen die Worte.

»Der Regen hat aufgehört«, fährt sie unbarmherzig fort. »Hat er für immer aufgehört? Ich weiß es nicht. Das Boot schwimmt. Wird es morgen noch schwimmen? Ich weiß es nicht. Wird mein Mann überleben oder meine Kinder oder deine Babys? Werden unsere Vorräte zur Neige gehen? Ich weiß es nicht, und ich hoffe nicht auf das eine oder das andere.«

Ich bin völlig verblüfft über ihre Gehässigkeit. »Es können auch gute Dinge passieren«, entgegne ich.

Sie fuchtelt mit dem Messer in der Luft herum. »Kann sein, und du solltest sie zu schätzen wissen, denn keiner weiß, wann sie dir wieder begegnen. Ich nehme sie einfach als angenehme Überraschung hin.«

Meine Hände sind kraftlos in den Schoß gesunken. Ihre agieren zielstrebig weiter, sieben Linsen, klauben Kiesel heraus. Ich warte, dass sie weiterredet, aber das tut sie nicht, und mir ist es recht so. Mutters eigenwillige Philosophie ist sicher kein Trost, aber es ist eine Möglichkeit, den Tag zu überstehen, denke ich und ziehe mich auf meine Seite der Kabine zurück.

Als ich mich gegen die Fensterbank lehne und den Kindern über die lockigen Köpfchen streichle, spüre ich, wie in mir etwas aufsteigt, gleich einem Geysir. Ich brauche einen Augenblick, um zu erkennen, was es ist: Hoffnung. Es trifft mich vollkommen unvorbereitet. Hoffnung überschwemmt meine Kehle, droht mich zu würgen und sich auf meine Kinder zu ergießen, die ihrerseits, das erkenne ich jetzt, in erster Linie für mein Gefühl verantwortlich sind. Ich hoffe, dass meine Kinder leben werden und ich sie aufwachsen sehen kann. Ich hoffe, ihre Kindheit wird nicht so unglücklich wie meine. Ich hoffe, das Wasser geht zurück und die Pflanzen schlagen im Frühjahr wieder aus und das Leben wird wieder, wie es vorher war. Vielleicht mit weniger Sünde und dafür mehr Billigung von Gott.

Mutter würde sagen, dass solche Fantasien gefährlich und dumm sind. Aber sie machen gewiss den Unterschied zwischen uns und den Tieren aus, die wir transportieren. Hat der Bulle Hoffnung für sich selbst, seine Nachkommen, deren Zukunft? Oder das Flusspferd?

Die Kröte, die Gottesanbeterin? Bestimmt nicht. Aber ich weiß nicht, wie ich mit Mutter über all dies reden soll, so emsig, wie sie sich den Linsen und Kichererbsen widmet. Also überlasse ich sie ihrer Bitterkeit, obwohl es mich traurig macht, sie so ausgelaugt und leer zu sehen. Stattdessen betrachte ich die endlose Weite des Wassers und frage mich, wohin wir treiben. Und fahre mit den Fingern durch das Haar meiner Kinder. Und hoffe, dass wir irgendwo sicher landen.

10. Kapitel

NOAH

Das Wasser stieg über die Erde hundertfünfzig Tage.
Genesis 7, 24

Noah erwacht aus einem tiefen, erholsamen Schlaf. »Danke, Herr, für einen weitern Tag.«

Sofort umringen ihn die anderen. Die Frau träufelt Wasser in seinen ausgedörrten Mund. »Nicht zu viel.«

Er erholt sich schnell. Das Fieber ist überstanden, jetzt muss er nur noch ruhen und essen. Er ist bis aufs Skelett abgemagert. Seine erste Frage ist: »Das Wetter?«

»Feucht.« Cham zieht eine Grimasse. »Aber der Regen hat aufgehört.«

Noah nickt, und alle warten auf die Frage: ›Wie lange hat er angehalten?‹ Worauf sie antworten müssten: ›Vierzig Tage‹, und Noah folgern könnte, dass der Zustand, in dem er mehr oder weniger in Bewusstlosigkeit geschwebt hatte, fünf Wochen angedauert hat.

Aber er fragt nicht. Stattdessen sagt er: »Und es ist kein Land in Sicht.«

»Keins«, bestätigt Sem.

»Nicht mal Berge?«

»Nein.«

Er schließt die Augen. »So ist die Barmherzigkeit Gottes.«

Am Morgen nach seiner Auferstehung ist Noah zurück an Deck und betrachtet die Apokalypse. Die Sintflut ist zu Ende, aber die Wolken sind noch da. Wellen türmen und drängen sich, als seien sie von all dem Leben beseelt, das sie ausgelöscht haben. Noah lehnt an der Reling und umfasst sie mit einer dürren Hand. Er leckt sich über die Lippen und schmeckt Salz. »Haben die Tiere überlebt?«

»Die meisten«, berichtet Ilya. »Ein paar sind verendet, fast alles Grasfresser. Wir haben sie an die Fleischfresser verfüttert.«

»Alles in allem halten sie gut durch«, sagt Cham. »Sie sehen ziemlich grimmig aus, sind aber eigentlich fügsam.«

»Vielleicht beruhigt sie das Schaukeln des Schiffs«, meint Ilya.

Sem zieht die Stirn kraus. »Mich beruhigt es jedenfalls nicht.«

Noah bemerkt, dass sein Ältester Fingernägel kaut. Das ist ihm neu. Aber schließlich sehen sie alle ein bisschen abgerissen aus. Ohne Zweifel er selbst auch.

»Futter?«, will Noah wissen.

»Bis jetzt reicht es«, antwortet Ilya.

Er besteht auf einem Rundgang, den sie in Etappen vornehmen. Mirn führt Noah durch die oberen Laderäume, die mit rastlosen Haustieren und den Kleintieren voll gestopft sind: Echsen und Schlangen, Spinnen und Insekten, Murmeltieren, Meerkatzen, Rennmäusen, Fledermäusen und Nagetieren. Einige dieser Verschläge haben offene Fenster, und das einfallende milchige Licht offenbart eine Unzahl von kriechendem, sich windendem und raschelndem Leben. Noah ignoriert seinen Ekel und lobt Mirn für ihre gewissenhafte Arbeit. Besonders angetan ist er von ihren Käfigen mit den rautenförmigen Holzgittern, die von der Decke der Kabine herunterhängen und Tausenden grüner und brauner Kokons Raum zum Verpuppen bieten. »Und aus all denen sollen Schmetterlinge werden?«

»Aus denen, die noch leben.« Mirn nickt. »Gewöhnlich wären sie schon geschlüpft, aber diese hier scheinen zu warten.«

Cham führt ihn durch die nächste Ebene. Mittelgroße Tiere: Füchse und Rehe, Affen und Zebras, Wildschweine, Hyänen und Riesenschildkröten. Hier sind die Räume dunkler, haben weniger Fenster, aber dafür sind eine Menge Zähne zu sehen. »Das Schiff hält bislang durch«, berichtet Cham, »aber es ermüdet, keine Frage. Ich hätte nichts dagegen, wenn wir bald Land erreichen würden.«

Ein unangenehmes Schweigen macht sich breit.

Cham zeigt auf ein munteres Knäuel pelziger Wesen. »Fuchswelpen. Einige der Tiere haben tatsächlich Nachwuchs, ob du's glaubst oder nicht.«

Noah wirft einen Blick auf Bera, Ilya und Mirn. »Ein Wunder«, bemerkt er trocken.

Das unterste Deck ist Ilyas Reich. Es ist dunkel, und die Luft ist erfüllt vom Klang der Wellen und dem Fauchen der Tiere. Sie ergreift Noahs Hand und hält eine flackernde Öllampe hoch. »Hier ist es ein bisschen beklemmend«, warnt sie.

»Ich fürchte mich nicht.«

Leise gehen sie den Korridor entlang und spähen in Verschläge, groß wie Scheunen. Noah stellt fest: »Wir waten hier unten durch Wasser.«

Tatsächlich, es ist wenigstens zwei Zoll tief, und es schwappt hin und her bei jedem Schlingern des Schiffs. »Da kann man nichts machen«, murrt Cham. »Das Holz schwitzt.«

Dieser Teil der Arche ist schwarz wie das Lachen des Teufels. Der Dunkelheit entsteigt ein Dunst von Elefanten- und Nashorndung und feuchten Flusspferdgasen. Traurige Giraffenaugen spähen von Hälsen herunter, die hoch wie Palmen sind. Neun Fuß große Tiger heben die Köpfe und betrachten sie mit hasserfüllten Augen. Wölfe formieren sich zu einer Reihe und versuchen sie mit Blicken einzuschüchtern. Die Krokodile erscheinen leblos. Kamele und Büffel käuen lustlos wieder, während die Bären das alles gnädigerweise verschlafen.

Wieder zurück an Deck, ist Noah bleich. »Keine Sorge, Vater«, beruhigt ihn Sem. »Wir werden bald auf Land treffen und sie alle freilassen.«

»Mit ein bisschen Glück«, ergänzt Cham achselzuckend.

»Ich bin mir sicher«, verkündet Sem.

»Und wie kommst du zu dem Schluss?«

Sem tippt sich an den Kopf. »Ich habe meine Gründe.«

»Hoffen wir's«, murmelt Bera und ignoriert das spöttische Lächeln der Frau.

Noah nickt geistesabwesend, als verfolge ihn das

Gesehene noch immer. »Tatsächlich, ich glaube, Sem könnte Recht haben.«

Doch Sem hat Unrecht.

Das Wetter wird schlechter. Feuchte Kälte kriecht in Noahs Gelenke, besonders in Knie und Schultern, und verwandelt ihn in ein gekrümmtes Abbild des Jammers. Er erträgt seine Pein stoisch und wartet auf das Ende. Als sei er beschämt von seines Vaters Leid, gibt Japhet das Simulieren auf und beginnt verlegen, das oberste Ladedeck zusammen mit Mirn auszumisten. Die Familie, längst gewöhnt an die Stickigkeit der Kabine, versammelt sich zum Aufwärmen um den Herd. Die Frau hält das Kohlefeuer in Gang und äußert ihre Sorgen bezüglich der Vorräte, doch keiner hört richtig hin. Noah spürt, dass er den Mittelpunkt seiner Sippe bildet, die Seele ist, die alles zusammenhält. Er bittet die anderen, Geschichten zu erzählen, um die Zeit zu vertreiben. Gewöhnlich ist er nicht besonders interessiert an Geschichten, aber er weiß, dass die Familie sich daran erinnern muss, wo sie herkommt und warum sie jetzt hier ist.

Alle reagieren begeistert. Cham und Sem geben Anekdoten aus Japhets unfallträchtiger Kindheit zum Besten: der Zwischenfall, als er versucht hat, Vaters Kastrationsmesser zu schleifen, oder als er das erste Mal beim Schafscheren Hand angelegt und dem armen Tier beinahe den Bauch aufgeschlitzt hat. Japhet rächt sich, indem er Geschichten erzählt, die von Sems Wichtigtuerei (die Tatsache, dass eine Krähe Sem auf den Kopf geschissen hatte, sah dieser als Beweis für Gottes Gunst an) oder Chams hitzigem Temperament handeln (dieser hatte Dinar, den fahrenden Händler, vom Pferd geschlagen, weil der ihn plump genannt hatte). Sie erzählen langsam, um die Zeit verstreichen zu lassen, fügen sorgfältig ausgearbeitete Beschreibungen hinzu, schmücken Unterhaltungen aus, wiederholen interessante oder lustige Stellen, und es funktioniert: Die Tage vergehen.

Ilya und Bera steuern ihre Geschichten bei, die sie erlebt haben, als sie die Tiere eingefangen haben, und die anderen schütteln verwundert die Köpfe. Ilya erzählt ihnen vom Matriarchat, vom Rat der Frauen, die in ihrem Heimatland die Gesetze erlassen, die selbst von den Männern befolgt werden. Noah zieht die Brauen in die Höhe und tauscht belustigte Blicke mit seinen Söhnen, als wolle er sagen: ›Habt ihr so was Seltsames schon mal gehört?‹ Bera unterhält sie mit Geschichten von Kriegerkönigen, den Heldentaten ihres Vaters und fortdauernden Schlachten, während Mirn ihnen von ihrer Kindheit erzählt, ihrer jung gestorbenen Mutter und dem gebrochenen Vater und von der Zeit, die vor diesen Ereignissen lag: einer Zeit, die sie umschreibt mit ›als ich noch glücklich war‹. Noah fragt sich genau wie die anderen, einschließlich Japhet, was diese Wortwahl wohl bedeutet. Aber niemand bohrt nach, um es herauszufinden.

Die Frau weigert sich zu erzählen, behauptet, sie kenne keine Geschichten, aber Noah unterhält alle mit Berichten darüber, wie die Dinge sich seit seiner Kindheit verändert haben. Wie die Jäger, die bereits in seiner Jugend ausgestorben sind, zu Staub zerfielen. Wie die Nomaden sich niederließen, Bauernhöfe bauten und Gemeinden bildeten. Wie die gehauenen Steinklingen der Vergangenheit von wertvollen Materialien wie Kupfer und Bronze abgelöst wurden. Wie er selbst das ausgelaugte Land seiner Familie verließ, um ein ungenutztes Stück für sich zu suchen, und von Zeit zu Zeit umzog, wenn sein Anbau den Boden erschöpft hatte.

»Es war damals nicht so einfach«, sagt Noah gern, und das nicht nur einmal. »Damals war es nicht so einfach.«

Worauf Cham, der es nicht fassen kann, stets die Frage stellt: »Und was ist das hier?« Über die Wochen werden die Geschichten immer spärlicher, tröpfeln dahin und versiegen schließlich ganz. Noah zieht das Ganze so gut es geht in die Länge, muss sich aber am Ende geschlagen geben. Es sind keine Geschichten mehr übrig, bis auf die eine, in der sie jeden Morgen aufwachen. Die Geschichte, die sie erleben. Aber bis jetzt will sie niemand erzählen, denn keiner weiß, wie sie enden wird.

Die Unterhaltung schwindet dahin. Abgesehen vom Wetter und den Tieren gibt es nichts zu besprechen, und sie alle sind es leid, an ihre Fracht zu denken.

Sie verfallen in Routine. Die jungen Frauen gehen morgens an Deck, um sich in Eimern mit Meerwasser zu waschen. Die Söhne folgen ihrem Beispiel in der Abenddämmerung. Verschmutzte Wäsche wird gewaschen und wie Fahnen im Wind zum Trocknen aufgehängt. Besonders sauber wird sie nicht, aber jeder ist dankbar über irgendeine Aktivität. Mirns neues Steckenpferd ist es, Insektenlarven aus den Regenwasserfässern zu fischen und an die Vögel zu verfüttern, die sie umringen wie die Bettler auf dem Basar. Sie beteuert, dass sie das nur mit den überzähligen Larven macht, aber der Rest der Familie ist zu entnervt, um sich darüber Gedanken zu machen.

In einem Moment der Langeweile erfindet Japhet ein Spiel, das aus Holzplättchen und einem mit Kreide auf den Boden der Kabine gezeichneten Kreis besteht. Für ein paar Wochen spielen sie wie besessen, werfen Würfel, raufen um die beste Platzierung ihrer Plättchen und erfinden neue Regeln. Sie spielen um Reichtümer, die sie nicht besitzen, und schließlich verwetten sie ihre einzige Währung. »Drei Affen, dass ich dich diesmal schlage.«

»Ich halte einen Wasserbüffel dagegen.«

Die Frau spielt mit. Schließlich sogar Noah, zunächst nur hin und wieder, aber schon bald mit einer verbissenen Leidenschaft, die sie alle bemerken. Er spielt verwegen und verliert oft. Wie vorherzusehen war, ist er der Erste, der das Interesse verliert. Der Rest folgt seinem Beispiel nach und nach. Schließlich sogar Japhet, und der Kreidekreis nutzt sich ab, bis er nur noch schwach zu erkennen ist, bevor er völlig verschwindet.

Cham erfindet ein neues Spiel. Es besteht darin, mit Olivensteinen auf die Vögel an Deck zu zielen und zu wetten, welcher Vogel als Erster aufflattert, welcher zuerst wieder landen wird und welcher am längsten in der Luft bleibt. Alle stimmen zu, dass es ein blödes Spiel ist. Sem klagt, dass sie die göttlichen Zeichen durcheinander bringen, wird aber ignoriert. Noah sieht eine

Weile zu, grollt dann jedoch: »Passt auf, dass ihr sie nicht verletzt.«

»Tun wir nicht, Papa«, sagt Japhet. »Wir spielen nur.«

Schließlich wird auch diese Zerstreuung aufgegeben. Draußen tost das Wasser um die Arche herum, hebt und senkt sich. Noah und die ganze Familie haben inzwischen eine breitbeinige Seemannshaltung angenommen, und ihre Waden und Schenkel sind kräftig geworden. Noch immer ist es bedeckt, die Wolken überziehen den Himmel wie eine Schleimschicht, aber es fällt kein Regen mehr.

Japhet ist der Erste, der unruhig wird. »Komm schon«, quengelt er bei jedem, der bereit ist, ihm zuzuhören. »Lass uns was machen. Irgendwas machen!«

Aber es gibt nichts zu tun.

»Lass uns irgendwas machen.«

»Hältst du endlich das Maul?«, faucht Cham irgendwann entnervt.

Noah runzelt ob dieses Ausdruckes die Stirn, weiß aber, dass er nicht in der Lage ist, es zu unterbinden.

Es folgt eine lange Periode, in der alle in sich gekehrt sind, ganze Tage vergehen in nachdenklichem Schweigen und mit trägen Tagträumen. Die Ehepaare verständigen sich beinahe wortlos. Nur selten wird etwas laut ausgesprochen. Bera beschäftigt sich damit, ein paar verfilzte Wollknäuel zu kämmen und zu spinnen, die sie den bedauernswerten Schafen abgeschoren hat. Die Wolle riecht nach Urin und Schlimmerem. Sie reinigt sie so gut es geht, spinnt Garn daraus und webt auf einem tragbaren Webstuhl schließlich schmale Stoffstreifen. Mirn wechselt sich mit ihr am Webstuhl ab und schaut zwischendurch nach den Tieren. Ilya, die sich nicht für Hausarbeit begeistern kann, verbringt lange Zeitspannen damit, den Wald von Vögeln an Deck zu beobachten. Die Frau hockt an der Feuerstelle und kocht. Noahs Söhne schleppen sich von einem Deck zum nächsten, kippen Dungeimer aus, behindern sich gegenseitig, knurren und schnauzen sich an, manchmal fauchen sie regelrecht.

Schließlich geben Japhet und Mirn jede Vortäuschung von Schamgefühl auf und treiben es, wo immer es geht: in der Familienkabine, an Deck zwischen den Vögeln, sogar unter Deck im Beisein der Tiere. Bald folgen Cham und Ilya, dann auch Sem und Bera ihrem Beispiel. Noah weiß, dass er dem ein Ende setzen müsste, doch er verspürt eine erdrückende Müdigkeit, eine physische Last, die seinen geplagten Körper beugt. Wenn sie es treiben wollen, sollte man sie lassen, denkt er nach einigem Überlegen. Außer essen und schlafen, Ställe ausmisten und Arbeit erfinden gibt es nicht viel zu tun, es scheint noch die beste Alternative zu sein. Und falls irgendjemand bemerkt, wie sehr die Familie inzwischen den Tieren in den Laderäumen gleicht, so fällt darüber jedoch kein Wort.

Doch dann geschehen ein paar Dinge, die sie um ein Haar wachrütteln. Eines Nachts zerreißt Ilyas Schrei die Dunkelheit der Kabine und schreckt Noah aus dem Schlaf, dem ist, als hätte er einen Tritt erhalten. Hastig werden Lampen angezündet, und in der Ecke des Verschlages werden Chams schlaftrunkene Augen und Ilya sichtbar, die auf dem Rücken eines rosafarbenen, grinsenden Keilers kauert. Japhet packt ihn am Genick und schleift ihn ein Deck tiefer, wobei ihn das schwere, massige Tier beinahe von der Leiter drängt. Sem und Mirn helfen ihm nach Kräften. Cham setzt sich zu seiner hysterisch wimmernden Frau, und in dieser Nacht findet niemand mehr Schlaf.

»Ich dachte, du wärst das! Ich war schon halb eingeschlafen, und es hat sich wie dein Bein angefühlt, oh Gott.«

»Schon gut, Liebes«, beruhigt Cham sie, als sei sie ein Kind. »War nur ein kleiner Irrtum.«

An einem anderen Tag beobachtet Noah, wie Bera ihren Sohn an die Brust hebt und mitten in der Bewegung erstarrt, die Augen auf die Stelle am Boden gerichtet, wo ihre Tochter gelegen hat. Bevor er etwas sagen kann, schießt Beras Hand vor, und Noah sieht, was sie erspäht hat: einen Skorpion, giftig und tödlich. Blitzschnell packt Bera das Tier bei den Zangen und schleudert es aus dem Fenster. Erst als er untergegangen und ertrunken ist, wendet sie sich ihrem Schwiegervater zu. Sie schweigen eine Zeit lang und betrachten sich lauernd. Schließlich sagt Noah: »Ich frage mich, ob das einer der letzten war.«

»Keine Ahnung«, erwidert Bera gleichgültig. Er überlegt, wie er fortfahren soll. Oder ob er überhaupt fortfahren soll. Dieses Schiff ist gebaut worden, um Leben zu bewahren, und doch hat seine Schwiegertochter vielleicht gerade, um ihr eigenes Kind zu retten, eine Spezies vernichtet.

Aber als sich die Lippen des Jungen an ihre Brustwarzen pressen und wieder loslassen, sich vor und zurückbewegen, schließt Bera die Augen, und Noah weiß, dass sie sich einen Dreck um den Skorpion schert. »Ich glaube, du würdest jede beliebige Anzahl von ihnen töten, wenn das, was du in diesem Moment fühlst, der Preis dafür wäre.«

»Mit Freuden«, verrät sie ihm. Einen Augenblick lang herrscht Verstehen zwischen ihnen.

Doch dann kommt der Morgen, an dem ein schrilles Heulen die übliche Geräuschkulisse der unteren Decks durchbricht, ein Kreischen, das gleichzeitig Frustration, Schmerz und Wut in sich trägt. Noah findet Japhet im untersten Deck, heiser vom Schreien, auf Sem gestützt. Er hält eine Hand mit der anderen umklammert, Blut läuft ihm die Arme hinab. »Hab die Ställe ausgemistet«, keucht er. »Verfluchte Bestie hat mich angefallen.«

Sie tragen ihn die Leiter hinauf zur Kabine, wo die Frau die Wunde mit einer zischenden, glühend heißen Kupferpfanne ausbrennt. Der Geruch nach verbranntem Blut ist Ekel erregend, und Japhet fletscht die Zähne, flucht und windet sich wie eine Schlange. Mirn versucht vergeblich, ihn zu beruhigen, und starrt auf die Überreste seiner verkrüppelten Hand.

Später erzählt er stöhnend die Geschichte: Eine Wölfin war ihm an die Kehle gesprungen, und den Versuch, sie abzuwehren, hatte er mit dem Preis dreier Finger der rechten Hand bezahlt. Seinen Daumen und den Zeigefinger wird er behalten, vielleicht auch die Hälfte der Handfläche.

Japhet verbringt drei Tage halb bewusstlos, ehe er

sich an Deck hinaufschleppt, wo er das Wasser anbrüllt. Als Noah zu ihm geht, sagt Japhet immer wieder: »Das ist der Preis dafür, dass ich vorgetäuscht habe, krank zu sein, Vater.«

Und als Mirn ihn tröstet, ihm den Arm um die steinharten Schultern legt und ihm sagt, dass alles gut wird, fragt Japhet verzweifelt: »Und wozu taugt ein einarmiger Bauer? Wozu braucht man einen einarmigen Bauern?«

Eines Tages stellt die Frau zum Frühstück Eier und Käse auf den Tisch, zum Mittagessen Eier und Oliven, und zum Abendessen nur noch Eier. Noah fragt: »Warum kein Fleisch?«

»Weil keins da ist.«

Es dauert einen Moment, bis er versteht. »Die Ziegen ...«

»Wir haben sechs. Wenn wir sie jetzt schlachten, sind sie für immer dahin.«

»Das Dörrfleisch?«

»Keins mehr da.«

Alle schweigen und denken über diese Neuigkeit nach.

Die Frau fährt unverblümt fort: »Wir haben genügend Hühner, dass uns die Eier nicht ausgehen, und Fladenbrot für einige Zeit, Käse und Öl und Oliven für ein paar Wochen. Und dank des Regens jede Menge Wasser in den Fässern. Aber das ist alles.«

Die Stimmung wird düster. Noah spürt die Notwendigkeit, die Situation zu retten, und verkündet: »Also muss es bald vollbracht sein. Sechs Monate sind wir jetzt auf See, ich bin zuversichtlich, dass der Herr uns diese Prüfung nicht auferlegt hat, um uns jetzt im Stich zu lassen.«

Keiner antwortet ihm. Niemand erwidert seinen Blick, nicht einmal Sem.

11. Kapitel

SEM

☑ 🐻 🐻

... und im siebten Monat, am siebzehnten Tage des Monats, ruhte die Arche auf den Bergen von Ararat.
Genesis 8, 4

Diese Erfahrung, die wir gerade durchmachen, verändert mich. Ich spüre es, fühle, wie ich aus meines Vaters Schatten trete. Ich habe begonnen, die Dinge selbst im Auge zu behalten. Jemand musste es tun, besonders nachdem Vater krank geworden ist, und niemand sonst war bereit dazu. Ich beschwere mich nicht. Dem Ältesten obliegt diese Pflicht nun mal. Die Führung zu übernehmen bedeutet Verantwortung, das kann ich nicht abstreiten.

Ich gebe zu, dass mir meine frühe Hoffnung jetzt naiv erscheint. Ich nahm an, dass der Regen sieben Tage dauern und dann abklingen würde. Oder siebzehn, oder siebenundzwanzig. Ich habe mich schließlich mit sieben mal sieben abgefunden und siehe!, er hört nach vierzig Tagen auf. Das gibt mir einige Zeit zu denken. Dann fiel mir jedoch auf, dass vierzig fünf mal sieben plus fünf entspricht, zwei weniger als sechs mal sieben, und fünf plus zwei wieder sieben ergibt ... So macht alles wieder Sinn.

Dann frage ich mich, wie lange es dauern wird, bis die Flut zurückgeht. Ich hätte nie gedacht, dass es länger dauern könnte als der Sturm. Aber das zeigt nur, wie ignorant selbst ich sein kann. Sieben Tage vergehen, dann siebenundzwanzig, dann siebzig hinzugefügt zu sieben mal sieben. Schließlich finde ich mich damit ab, sieben mal siebzig Tage auf diesem Boot zu verbringen. Das sind fast anderthalb Jahre. Wenn dies Gottes Wille ist, so sei es.

Natürlich sind wir alle ziemlich angespannt. Ilya hat seltsame Dinge mit den Wasserfässern angestellt, hat sie während des Regens ausgekippt und dann wie ein Einfaltspinsel zugesehen, wie sie sich wieder füllen. Erfreulicherweise hat sie jetzt damit aufgehört. Sie ist schon sonderbar, das könnt ihr mir glauben. Obendrein haben die Vögel sich beunruhigend verhalten. Ich habe tatsächlich gesehen, wie ein Paar Meisen sich auf dem Rücken eines Flamingos fortbewegt haben! Ich bin fast in Ohnmacht gefallen, wie sich jeder denken kann. Als ich hinter ihnen hergejagt bin, sind sie ganz schön schnell verschwunden. Ich glaube nicht, dass es sonst noch jemand gesehen hat.

Wenigstens haben die Habichte und Falken aufgehört, sich in umgekehrter Richtung aufzureihen, links – rechts, links – rechts. Jetzt können wir uns alle ein bisschen entspannen. Eine Zeit lang stand es auf des Messers Schneide.

Cham war die ganze Zeit unausstehlich. Er schikaniert mich, fährt mich an, ich solle aufhören, für Vater zu beten, nur damit ich irgendwelche niederen Arbeiten verrichte, die auch Japhet hätte tun können. Oder Mirn, was das angeht. Ich bin absolut nicht überzeugt, dass Ilya keinen schlechten Einfluss auf ihn hat. Besonders nachdem sie so respektlos mit Vater gesprochen hat. Aber das ist eine andere Geschichte. Nehme ich jedenfalls an. Wie auch immer, wir alle haben die Gewohnheit angenommen, uns mehr oder weniger abzusondern, und kommen nur noch zu den Mahlzeiten zusammen. Vater deutet immer noch die Zeichen Jahwes, aber manchmal denke ich, dass ich der Einzige bin, der ihm noch zuhört.

Seit dem Unfall ist Japhet noch rastloser und gereizter. Ich erinnere ihn, dass es wenigstens nicht seine linke Hand war, die verletzt worden ist. Aber er schaut mich nur an, als habe ich den Verstand verloren. Manchmal stürmt er so schnell er kann die Leiter vom untersten Deck hinauf bis ganz nach oben, nur, um den ganzen Weg wieder hinunterzurutschen. Das macht er mehrmals hintereinander. Dann rennt er das ganze Deck entlang, scheucht dabei die Vögel auf, kreischt und flucht. Ich weiß, wir alle sind nervlich am Ende, und er hat obendrein auch noch unter seiner Verletzung zu leiden, aber es gibt in der Tat einen feinen Unterschied zwischen Dampf ablassen und ... und sich wie ein Verrückter benehmen. Ich halte mich, soweit es geht, von ihm fern, lasse die anderen sich mit ihm abgeben. Ihn nur anzusehen macht mich schon nervös. Soll seine arme Frau doch versuchen, mit ihm fertig zu werden.

Ich habe dagegen angefangen, Fingernägel zu kauen,

eine Gewohnheit, zu der ich früher nie auch nur geneigt habe.

Ich betrachte das Wasser und versuche zu verstehen, was es uns sagen will, aber es ist schwer. Die Wellen schlagen gegeneinander, Gischt sprüht hierhin und dorthin. Manchmal ist es graublau, manchmal graugrün oder grünblau oder rein grau. Nichts davon scheint viel zu bedeuten. Das Boot schießt voran, rollt und schlingert. Es ist wahrlich eine Prüfung, das alles zu verstehen. So viel steht fest. Manchmal glaube ich auch, dass es eine Prüfung ist, die ich nicht bestehe ...
Aber ich gebe nie auf, es zu versuchen. Es ist besser, hier und jetzt tot umzufallen, als aufzugeben.

Bera verbringt die Zeit mit ihren Kindern. Das heißt, ich nehme an, es sind unsere Kinder. Der Scherz macht die Runde, dass der Junge mir ähnelt, während das Mädchen Japhet gleicht. Dann bin ich vielleicht nicht wirklich der Vater. Eigenartiger Scherz.

Die Ordnung auf dem Schiff beginnt auseinander zu bröckeln: Echsen sonnen sich zusammen mit den Vögeln an Deck. Ein ertrunkenes Kaninchen liegt in einem der Wasserfässer. Eines Morgens war eine Schildkröte in der Kabine, die mindestens zwei Ellen Durchmesser maß. Wie zum Kuckuck kann eine Schildkröte die Leiter hochklettern, das wüsste ich gerne.
Wir versuchen alles an seinem Platz zu halten, aber das ist nicht einfach. Spinnen finden sich in jeder Ecke, Salamander zwischen den Planken, Kaulquappen im

Trinkwasser. Waschbären haben eine Ecke des Hühnerstalls erobert, und Japhet und Mirn haben sich angewöhnt, in dem Verschlag für die verpuppten Kokons zu schlafen. Was kommt als Nächstes? Cham und Bera im Elefantenstall, nehme ich an. Mutter und Vater bei den Pavianen. Alles bricht hier auseinander, die Grenzen lösen sich auf. Von welcher Seite man das auch immer betrachtet, es ist kein gutes Zeichen.

Und dann passiert es. Eines Abends wasche ich mich gerade mit den anderen Männern an Deck, und was sehe ich? Ein undefinierbarer Haufen ragt vor mir aus dem Wasser. Er ist weit weg, und die Wellen verdecken ihn immer wieder. Ich fixiere den Blick auf den Fleck, und was geschieht dann? Ein kleiner Riss öffnet sich in den Wolken, und ein Finger aus goldgelbem Sonnenlicht scheint hernieder, um genau diesen Fleck anzustrahlen. Nur dass es offenbar kein Sonnenlicht ist. Ich werde beinahe ohnmächtig, aber nur beinahe. Das Nächste, was ich weiß, ist, dass die anderen bei mir sind, mit dem Finger auf etwas zeigen, brüllen und sich wie die Verrückten aufführen. Und ich denke, genau das sind wir in dem Moment auch. Unsere Rufe locken die Frauen an Deck, und so nackt wir auch sind, es kümmert uns nicht.

Wie von selbst beginnt die Wolkendecke aufzureißen, und der Himmel leuchtet hindurch. Ich schwöre, ich hatte ganz vergessen, wie Blau aussieht, aber da ist es. Ich fange an zu weinen. Wir alle.

Das Schiff läuft auf irgendetwas auf, wankt von vorne bis hinten und kommt dann langsam zum Stillstand. Wir bewegen uns nicht mehr! Die Vögel flattern in einer wilden, farbenprächtigen Wolke auf, tummeln sich ein Weilchen in der Luft und landen wieder.

Wir starren uns gegenseitig an. Ich warte, dass Vater niederkniet, und als er es tut, sinke ich selbst aufs Deck. Meine Knie krachen hart auf die Planken. Das weckt die anderen auf, und sie folgen ein bisschen leiser unserem Beispiel. Aber dann geschieht etwas Merkwürdiges: Vater scheint unfähig zu sein, etwas zu sagen. Soweit ich mich erinnern kann, ist es das erste Mal.

Unser Schweigen zieht sich in die Länge. Plötzlich bemerke ich, wie alt Vater aussieht, wie abgezehrt. Seine Haut ist bleich und verhutzelt, wie eine Hand, die man lange unter Wasser gehalten hat. Das Weiße seiner Augen ist gelb geworden. Seine Finger zittern, und er befeuchtet fortwährend seine Lippen, als wolle er etwas sagen, aber es kommt nichts.

Alle warten. Offen gestanden, ist es eine ziemlich peinliche Situation und auch nicht das beste Omen, das man sich bei einem Neuanfang erhoffen kann. Plötzlich bin ich ein bisschen ungeduldig mit Vater.

»Dank und Lob sei Jahwe, der ... der uns von der Sintflut erlöst hat«, beginne ich.

Vater fixiert mich mit einem Blick, aber irgendwie wirkt der nicht so bedrohlich wie früher, so wie er jetzt zittert. Wieder befeuchtet er seine Lippen.

»Herr, wir waren bestrebt, deinem Ruf zu folgen«, fahre ich fort. »Befreie uns nun, damit wir dein geheiligtes Werk fortführen können. Amen.«

»Amen«, wiederholen alle, außer Vater.

Ich schaue weg, aufs Wasser hinaus, das so weit zurückgegangen ist, dass weitere Felsen die Oberfläche durchstoßen. Der erste Haufen Felsblöcke, den ich gesehen habe, ist jetzt schon doppelt so groß, wie er vorher war.

»Amen«, sagt Vater.

Ich sehe ihn an. Sein Blick ist fest auf mich gerichtet. Er befeuchtet sich nicht mehr die Lippen und hat aufgehört zu zittern. Stattdessen hebt er den Ellbogen. »Hilf mir auf«, befiehlt er, und das tue ich.

Was als Nächstes geschieht, ist schwer zu erklären. Der Regen hat aufgehört, und der Himmel ist klar, aber das Wasser geht nur langsam und ungleichmäßig zurück. Es ist nicht so, dass wir sofort die Ladeklappen öffnen und die Tiere hinauslassen könnten. Wohin sollten sie gehen? Das Boot ist auf einem glitschigen Matsch gestrandet, zwischen zwei felsigen, grauen Anhöhen. Vor uns und achtern ist Wasser. Und immer noch warten wir …

Das ist der schlimmste Teil von allem. Zwei Monate verharren wir reglos zwischen Bergspitzen mitten im Nirgendwo. Ohne das Gefühl des Treibens, der Illusion, von einer Stelle zur nächsten zu schaukeln, erscheint uns das Schiff mehr als alles andere wie ein Gefängnis. Unten in den Laderäumen werden die Tiere rastlos.

So wie wir. Japhet klettert dummerweise achtern am Schiff hinunter und springt neben der Uferlinie auf den Grund. Er landet knietief im Schlamm. Als er versucht freizukommen, versinkt er erst bis zu den Schenkeln und dann bis zur Brust, während wir tatenlos dastehen und mit ansehen müssen, wie er verschwindet. Er fuchtelt mit den Armen, ohne an seiner Situation jedoch das Geringste ändern zu können. Unter unseren Blicken taucht er beinahe ganz unter, nicht vom Wasser, sondern quasi von der Erde verschluckt. Hätte Bera nicht rasch nachgedacht und ihm ein Seil zugeworfen, an dem wir ihn dann alle heraufgezogen haben, wäre er heute nicht unter uns.

Wir suchen ein Zeichen? Das war eins.

Die Sache hat uns endlich zur Vernunft gebracht. Jeder flüchtet sich wieder in seine alltägliche Routine. Mutter sorgt sich unablässig wegen der Vorräte, die nahezu aufgebraucht sind, und Ilya berichtet von einem ähnlichen Problem bei den Tieren. Wir hatten Heu und alles Mögliche gelagert, aber es ist fast nichts mehr da. Ich muss zugeben, es sieht düster aus. Jetzt, da die Wolken fort sind, wärmt uns die Sonne, aber die Luft ist stickig vom Dunst, und nichts ist wirklich trocken. Unsere Haut ist mit einem Ausschlag bedeckt und schält sich ab – das sind wahrlich die Fingerabdrücke des Teufels, denke ich. Es ist leicht, die Sterne zu deuten, aber die Botschaften, die wir bekommen, sind vieldeutig. Vater beteuert immer wieder, dass wir es bald geschafft haben, und ich widerspreche ihm nicht laut, aber ich glaube, wir alle sind der Versprechungen, Ermahnungen und Gebete überdrüssig. Ja, selbst ich bin des Betens müde … Das mag eine Sünde sein, aber vielleicht keine schwerwiegende, wenn man bedenkt, was wir schon alles durchgemacht haben.

Vater sendet einen Raben aus. Ich bin nicht sicher, ob ich das Gleiche getan hätte. Tatsächlich bin ich fast sicher, ich hätte es nicht getan. Aber er ist so schwach, dass es keinen Sinn macht zu debattieren.

Er bewegt sich, als sei er besessen, mit steifen Armen, schweigend. Die Vögel flattern nervös herum und weichen ihm aus. Alle außer dem Raben, der ihm herausfordernd entgegensieht. Vater beugt sich vor und hebt ihn hoch. Der Vogel ist groß, größer als Beras Kinder und so schwarz, dass er wie ein Schatten auf seinem Arm sitzt. Federn baumeln um seinen Schnabel herab wie Barthaare, und seine Augen funkeln vor Boshaftigkeit. Ich selbst hätte einen anderen Vogel gewählt.

Vater flüstert ihm etwas zu. Ich stehe in der Nähe und lausche. »Gehe und finde festen Boden, und bringe uns ein Zeichen mit.«

Er wirft den Raben in die Höhe, und der beschreibt einen weiten Bogen, bevor er seinen Flügelschlag nach Süden lenkt. Es ist ein großer, stämmiger Vogel, und wir verfolgen seinen Flug eine lange Zeit, betrachten seine V-förmige Gestalt über dem Wasser. Da draußen sieht es nicht sehr einladend aus, und ich frage mich, wie weit er wohl kommen mag.

Eine Woche warten wir auf die Rückkehr des Raben. Er kommt nicht.

12. Kapitel

Noah

☑ 🦢🦢

Dann ließ er eine Taube fliegen, um zu sehen, ob das Wasser sich von der Oberfläche der Erde verlaufen hatte.

Genesis 8, 8

Offensichtlich war der Rabe eine schlechte Wahl.

Noah schleicht auf dem Deck umher. Seine Gedanken überschlagen sich. ›Wo bist du, Herr? Warum lässt du uns im Stich? Sind wir dir so zuwider, dass du uns hier verwesen lässt wie faules Obst?‹

Derart häretische Gedanken fordern ihren physischen Tribut: Noah schließt die Augen, führt die Handflächen an die Schläfen und drückt zu. Nach einem Moment spürt er, wie die blasphemischen Gedanken ihn verlassen, aus seinen Ohren oder der Nase oder einer sonstigen Öffnung entweichen. Als er die Augen öffnet, ist die Welt wieder normal. Das heißt, so normal sie jetzt eben ist. Das Deck unter seinen Füßen ist warm und wankt nicht. Noah sehnt sich beinahe nach dem Rollen und Stampfen während des Sturms zurück.

Er späht zwischen den Vögeln umher. Es macht keinen Sinn, einen weiteren Raben zu entsenden. Was sonst? Eher etwas Kleines, einen Vogel, der schnell zurückkommen wird, wenn er nichts findet. Dem der halsstarrige Stolz abgeht, sich lieber in die Fluten zu stürzen als die Niederlage einzugestehen. Der sich so weit wie möglich von dem pechschwarzen, heiseren Raben unterscheidet. Als Noah sie sieht, ist die Antwort eindeutig.

Die Taube gurrt freundlich und erhebt sich mit der Reinheit des Geistes in die Luft.

»Bring uns ein Zeichen«, ruft Noah eindringlich, während sie wie ein Wollbausch davonflattert, ein weißer Fleck im himmelblauen Strom. »Komm zurück und zeige uns, dass unser Martyrium vorüber ist.«

Die Taube ist seit einem Tag fort. Noah beobachtet die ganze Zeit den Himmel, sein Hals knackt wieder. Er dreht sich auf der Stelle und sucht die vier Himmelsrichtungen ab. Als schließlich ein Punkt weit im Westen erkennbar wird, der mit unsicherem Flügelschlag näher kommt, frohlockt Noah. Er reißt die Arme zum Himmel empor. Der Vogel fliegt im Zickzack übers Wasser, sein Flug ist unstet. Noahs Arme sinken langsam herab. Die Taube landet auf Noahs Schulter, wo sie kollabiert und Noah sie wie ein Insekt aufs Deck fegt. Ihre kleine Brust hebt und senkt sich wie ein Blasebalg. Kein Zeichen also, außer der Erschöpfung.

Noahs Hände sind zu Fäusten geballt. Für einen Moment ist er versucht, dem grässlichen Ding den Hals umzudrehen. Der Moment verstreicht, aber Noah traut sich selbst noch nicht und bleibt still stehen. Der Rest der Familie befindet sich glücklicherweise unter Deck, immer noch in der apathischen Lähmung der letzten

Wochen gefangen. Das ist gut so, denn es wäre nicht von Vorteil, wenn sie ihn so sehen würden.

Noah spürt eine Veränderung, etwas fällt von ihm ab. Es ist nicht wirklich Hochmut, aber irgendwie ist er es doch. Noah seufzt tief und hustet Schleim. Er ist zu müde, um ihn auszuspucken. »Herr«, sagt er, »ich bin fast am Ende. Ich stehe am Abgrund der Verzweiflung und schaue über den Rand. Ich kann nicht viel mehr ertragen. Mein Kelch ist leer.«

Außer dem Gelächter der Wellen erhält er keine Antwort.

Plötzlich steht jedoch Japhet neben ihm und legt ihm die Hand auf die Schulter. Die intakte Hand, nicht die verletzte. »Komm, Vater. Komm mit runter und iss.«

Noah zögert zunächst, folgt dann aber seinem Jüngsten die Leiter hinunter. ›Als betrete man den Schlund der Hölle‹, denkt er unwillkürlich. Die Taube auf den Planken ist beinahe tot. Ein Mob aus Krähen und Eichelhähern, selbst halb verhungert, reißt sie in Stücke.

13. Kapitel

Die Frau

Während Seine Herrlichkeit schläft, sitzen sie herum und reden über ihn. ›Was soll das?‹, möchte ich am liebsten schreien. ›Spart euch die Worte, ihr alle. Er wird tun, was er tun wird, und all eure Worte werden daran nichts ändern.‹

Es würde natürlich nichts nützen. Sie kennen ihn nicht so wie ich.

Sem: »Er hat sich zu sehr verausgabt. Er wird wieder arbeiten, bis er krank ist und zusammenbricht.«
Bera: »Das ist der einzige Weg, den er kennt.«
Cham: »Aber es gibt dennoch eine Menge Dinge, die er auf diesem Schiff nicht getan hat.«
Ilya: »Lass ihn in Frieden. Er ist ein alter Mann.«
Japhet: »Was soll's, es macht doch keinen Unterschied, oder? Von uns hat doch keiner eine großartige Idee, wie wir hier rauskommen.«
Cham: »Du könntest ja wieder mal vom Boot springen.«
Japhet: »Ach leck mich.«
Mirn: »Ich glaube, ich muss mich übergeben.«

Sie verschwindet, und als sie später wiederkommt, sieht sie furchtbar aus. Diese Mirn hat mich in den letzten Monaten ziemlich beeindruckt. Sie ist stärker, als sie zugibt, und vielleicht auch schlauer. Tatsächlich erinnert sie mich an mich selbst. Beschwert sich nicht, macht einfach weiter, obwohl die schiere Dauer der Seereise sie zermürbt hat. Ich frage sie, ob sie irgendwas möchte – nicht, dass noch von irgendwas viel übrig wäre –, aber sie schüttelt nur den Kopf.

Die Unterhaltung der Männer dreht sich in müden Kreisen, wie bei den Ochsen, die Furchen in die Straße zum Markt treten, weil es ihr einzig vertrauter Pfad ist.

Sem: »Er ist immer noch nicht wohlauf, wisst ihr. Wir müssen ihn überzeugen, alles etwas langsamer angehen zu lassen, und das wird nicht einfach.«

Japhet: »Er wird die Dinge erst langsamer angehen, wenn er tot ist. Er versteht nur so zu leben, wie er lebt, das steht mal fest, zum Guten oder zum Schlechten.«

Sem: »Im Moment zum Schlechten, nehme ich an.«

Cham: »Ich weiß nicht, warum ihr euch so viel Sorgen um ihn macht. Der hat mehr Zeit auf seiner Kehrseite verbracht als wir alle zusammen.«

Japhet: »Aber die Tatsache ist, dass er es bis hierhin geschafft hat. Vielleicht weiß der alte Herr noch ein, zwei Dinge, auf die wir noch gar nicht gekommen sind. Schon mal daran gedacht?«

Ich bin gerade dabei, eine gewisse Überraschung angesichts Japhets Kommentar zu verspüren, denn es ist das erste Mal, dass ich ihn auch nur im Entferntesten etwas Schmeichelhaftes über seinen Vater sagen höre, als die Unterhaltung ein abruptes Beben erfährt. Erdrutsch wäre wohl das passendere Wort.

Mirn: »Ich glaube, ich kriege ein Kind.«
 Pause.
Ilya: »Ich auch.«
 Pause.
Bera: »So wie ich.«

Wie ist das als Unterhaltungstöter? Alle drei auf einmal. Die einzige Möglichkeit, da noch eins draufzusetzen, wäre, wenn ich ebenfalls etwas Derartiges ankündige, und glaubt mir, ich bin versucht, dies zu tun. Aber das wäre natürlich reiner Unfug. Wie es scheint, verraten die Gesichtsausdrücke der Jungs, dass sie noch nie von Babys oder Vaterschaft gehört, geschweige denn gewusst haben, was die logische Folge all der ungeheueren sexuellen Aktivität mit ihren Frauen ist. Ich gebe zu, es ist ein Schock, aber bitte Jungs, sagt was!

Und das tun sie. Japhet ist erwartungsgemäß der Erste, er johlt und benimmt sich wie ein Idiot. Einen Moment lang denke ich, dass er dabei tatsächlich seine Hand vergisst. Er wiegt Mirn in den Armen hin und her, und ich wette, gleich wird sie sich wieder übergeben.

Cham ist ganz rührselig und weich geworden, überhaupt nicht das, was man von ihm erwartet, aber so ist Cham, immer für eine Überraschung gut. Ilya zuckt lediglich die Achseln, und sie zeigt ihr Was-soll-ich-dazu-sagen?-Lächeln.

Sem sieht mehr als verwirrt aus. Entsetzt wäre wohl die bessere Beschreibung, vielleicht, weil er schon zwei hat, von denen er nicht weiß, wo sie hergekommen sind, und keine Ahnung hat was Bera mit einem weiteren anfangen soll, bevor wir wenigstens an Land sind. Beras Miene ist undurchschaubar, eine Maske aus dunklem Ton, auf die ein Ausdruck sanfter Heiterkeit gebrannt ist. Sie ist tiefgründig und gibt wenig preis. Sem beobachtet sie von der gegenüberliegenden Wand der Kabine, als habe er Angst, sie könne beißen.

Und zwischen all dem wacht Seine Herrlichkeit auf, leckt sich die Lippen und späht in die Runde. Ich biete ihm Wasser an, doch er weist mich ab und steht auf, wacklig, aber entschlossen. Ich kenne den Blick. Oh, wie ich diesen Blick kenne. Wir alle kennen ihn, aber der Unterschied diesmal ist, dass außer mir niemand auf ihn achtet. Sie haben andere Dinge im Kopf.

Schritt für Schritt, mit vielen Pausen und rasselndem Atem, klettert er die Leiter hinauf und stemmt sich an Deck. Ich kann ihm leicht folgen. Draußen streicht der Wind über meine Wangen und zerzaust mir das Haar, das wirklich schlimm aussieht. Ich bin die letzten sechs Monate kaum hier draußen gewesen, und ich brauche ein Weilchen, um mich an das grelle Licht und die Vögel zu gewöhnen. Meine Augen tränen vom gleißenden Licht, und ich trete beinah auf die Viecher, bis ich mich daran gewöhne, nach unten zu schauen. Und da merke ich, dass das Gleißen von den Planken kommt, die mit Vogelscheiße bedeckt sind, so dick wie mein Finger. Manche Flecken sind von der Sonne getrocknet und aufgerissen oder von der Gischt weggespült worden, aber sobald sie verschwunden sind, bedecken die Vögel sie von Neuem.

Und was denke ich bei diesem Anblick? Ich denke: ›Was für ein Haufen Vogelscheiße.‹

Als ich mich erst mal an das Licht gewöhnt habe, sehe ich Seine Herrlichkeit hundert Ellen entfernt von mir stehen und etwas über die Reling halten. Vorsichtig bahne ich mir einen Weg zu ihm hin und sehe, dass er eine Taube in Händen hält. Neben seinen dreckverkrusteten Fingernägeln und den schmutzigen Knöcheln strahlt sie förmlich. Nicht zum ersten Mal frage ich mich: ›Wie können manche Tiere so sauber bleiben, während andere so dreckig sind?‹

Seine Herrlichkeit sieht mich an. »Dies ist der dritte.«

Ich nicke. »Ich hab von den ersten beiden gehört. Ist das wirklich eine gute Idee?«

Er erwidert nichts. Der arme Vogel zittert in seinen Händen. Da fällt mir auf, dass es seine Hände sind, die zittern, und der Vogel mit ihnen. Plötzlich frage ich mich, wie lange ich wohl noch einen Ehemann haben werde, und die Grausamkeit dieses Gedankens versetzt mir einen Stich im Magen, wie von einem Besenstiel. Ein sturer Hund ist er, aber das Leben wäre ohne ihn doch um einiges leerer. Mit einem Mal drängt es mich, ihn vor noch mehr Opfern zu beschützen.

Das ist dumm, und ich weiß es: Seine Herrlichkeit blüht auf, wenn er Opfer bringen muss. Sie sind Brot und Fleisch für ihn, sie sind seine Luft und das Blut in seinen Adern. Wenn Gott jemals aufhört, nach Opfern zu verlangen, wird seine Herrlichkeit nicht mehr wissen, was er mit sich anfangen soll.

Aber Opfer sind eine Sache, ein gebrochenes Herz eine andere. »Der erste Vogel ist verschollen und der zweite gestorben«, sage ich. »Vielleicht sollte dieser noch warten.«

»Er kann nicht warten«, antwortet er sanft. »Wir verwandeln uns auf diesem Schiff selbst in Tiere. So kann es nicht weitergehen.«

Dazu gibt es nichts zu sagen, denn es ist wahr.

»Übrigens, wir werden Großeltern, hast du schon gehört?«

»Das habe ich.«

»Dann müssen wir alle einen Weg von diesem Boot finden.«

Ich muss zugeben, mir ist zum Heulen zumute. Ich bin nicht stolz darauf, aber so ist es. Das ist keine Regung, zu der ich neige. Aber vielleicht wird mir unter diesen Umständen verziehen. Ich hätte wirklich nichts dagegen, von diesem höllischen Boot herunterzukommen, und wenn Seine Herrlichkeit einen Weg findet, dann werde ich weiß Gott noch einmal auf meine schmerzenden Knie fallen.

Der Vogel steigt in die Luft. »Gehe hin und bringe uns ein Zeichen«, sagt Seine Herrlichkeit.

›Und mach fix‹, denke ich.

Wir sehen ihm nach, bis er – ich weiß nicht in welche Richtung – verschwindet. Er ist so ein kleines Ding, und der Himmel ist endlos und das Meer so gewaltig unter ihm. Ich kann nicht sagen, dass ich besonders optimistisch bin, was dieses Wagnis angeht.

Wir sind allein an Deck, wir zwei alten Knochen und die Vögel. Die Kinder sind immer noch unten und reden. Worüber? Ihre Träume? Die Zukunft? Welche Zukunft? Hier oben ist alles, was wir haben, die Vergangenheit.

Seine Herrlichkeit sieht mich an, zerknittert. Ein alter, alter Mann und eine alte Frau. »Nun«, sagt er, »wir haben ganz schön was geschafft, du und ich.«

›Und was genau soll das sein?‹, wage ich nicht zu fragen. Wie gesagt, ich fühle mich ein bisschen zermürbt. Und müde. Und dann werde ich auch noch Großmutter, und sage und schreibe sogar dreifache. Für jede andere wäre das die Zeit, ein Fazit zu ziehen und die Dinge noch einmal zu überdenken, aber ich bin zu schläfrig. Ich kann gar nichts anderes mehr tun, als mich in ein warmes Plätzchen zu kuscheln und mir ein Schaffell um die Schultern zu legen. Ich sollte ihm erzählen, dass wir beinahe keine Vorräte mehr haben, aber ich tue es nicht. Soll sich doch jemand anders Gedanken darum machen.

Er ergreift meine Hand. Es ist das erste Mal, solange ich mich erinnern kann. Es ist so eine unerwartete Geste, dass ich verdutzt auf seine Finger starre. Vielleicht ist er auch traurig, doch auch das wäre das erste Mal.

Seine Handfläche ist rau und trocken, wie der Bauch einer Schlange. »Ich wäre beinahe zu Gott zurückgekehrt in den letzten Wochen«, sagt er. »Für immer.«

Ich erwidere nichts. Was soll ich auch sagen? Ich habe versucht, meinen Mann am Leben zu halten, und vielleicht ist es mir gelungen. Jede Frau hätte das Gleiche getan. Aber Seine Herrlichkeit wäre doch der Erste, der mich daran erinnern würde, dass er lebt, weil Gott es so wollte und nicht ich.

Meine kleine braune Hand liegt in seiner, wie ein Tierbaby im Maul seiner Mutter. Oder wie ein erschlafftes Beutetier im Rachen seines Jägers. Ich schließe die Augen, denn ich bin zu erschöpft, um darüber nachzudenken, was von beidem zutreffender ist.

Aber seine Stimme raspelt weiter an meinem Ohr wie ein Sandsturm. »Du hast dafür gesorgt, dass ich überlebe, das weiß ich«, sagt er. »Auch wenn ich nicht mehr bei Verstand war, weiß ich es. Der Dämon wollte mich holen, und du hast ihn abgewehrt.«

Er sagt: »Du und Jahwe seid alles, was ich habe.« Er sagt: »Kein Mann könnte sich eine bessere Frau wünschen.«

Darüber muss ich ein bisschen lächeln. Vielleicht sollte ich das Kompliment zurückgeben, aber wäre es mir ernst?

Er fragt: »Frau, geht es dir gut?«

Und als ich nicht antworte, sagt er meinen Namen.

Ich öffne die Augen. »Was hast du gesagt?«

Er schaut verblüfft. »Ich habe deinen Namen gesagt.«

»Sag ihn noch mal.«

Er sagt ihn. Das Deck unter unseren Füßen bewegt sich ein wenig, und er ergreift meinen Arm. Wir fangen uns wieder, zwei alte Relikte in einer neugeborenen, noch nassen Welt. Seine Wangen haben wieder etwas Farbe angenommen. Seine Augen, so blau wie billiger Lapislazuli, sehen mich ein bisschen beunruhigt an.

Wieder bewegt sich das Boot, setzt sich erneut in Schlamm und Schlick fest.

»Wir haben fast keine Vorräte mehr, aber ich sollte etwas für die Mädchen machen«, sage ich nun. »Sie müssen essen, alle drei.«

Er nickt und gibt meine Hand frei. »Was kann ich tun?«

Da bricht die Hoffnung über mich herein wie die Brandung an einen Felsen: Wir leben, und wir werden das Boot bald verlassen. Vielleicht. Nein, ganz bestimmt, da bin ich sicher. Und um allem die Krone aufzusetzen, erinnert mein Mann sich daran, dass ich einen Namen habe, und er erinnert sich sogar, wie er lautet.

Ich muss tatsächlich laut lachen. Wann ist das zum letzten Mal passiert?

Ich sage zu ihm: »Du hast es bereits getan.«

14. Kapitel

Noah

Am selben Abend kehrt die Taube zurück. Im Schnabel trägt sie einen jungen Zweig, übersät mit grünen Sprösslingen. Staunend reicht Noahs Familie ihn von Hand zu Hand. »Olive«, bemerkt Japhet unnötigerweise. Sie alle sehen es.

Schweigend denken sie darüber nach, was das bedeutet. Irgendwo scheint das Wasser zurückgegangen zu sein, die Sonne hat die Erde getrocknet und erwärmt, und Gräser und Bäume sind gesprossen. Irgendwo gibt es Futter für ihre Ziegen, weite, leere Weiden für die Tiere, blühende Blumen, Wälder, die sich regenerieren, frische Quellen, die süße Seen anfüllen, in denen es von laichendem Fisch wimmelt. Mit anderen Worten: Leben, das auf festem Boden Wurzeln fasst. Ihr Verlangen, daran teilzuhaben, schmerzt wie eine offene Wunde.

»Wir werden da sein«, verspricht Noah. »Bald.«

Sie glauben ihm jetzt. Ihre Vorräte sind aufgebraucht, was können sie also anderes tun? Seit einer Woche leben sie von Träumen, Ziegenmilch und einem Ei täglich. Mirn ist spindeldürr. Ilya wirkt nahezu durchsichtig. Bera ist ausgedörrt und verhärmt. Die Frau fällt in sich zusammen, die Männer sind nur noch Knochen und Bärte. Die Tiere unter Deck sind seltsam still geworden.

Es folgt für sie alle eine zermürbende Nacht voller Träume. Träume von schwindelnden Abgründen, in die sie stürzen, sodass Säure in ihre Mägen schießt, als habe sich ihr Schiff von den Felsen gelöst, auf denen es gelandet war, und treibe wieder auf den Wellen. Aber diesmal nicht ziellos: Das Boot gleitet vorwärts, als werde es von einem Tau gezogen. Wie ein wildes Tier an der Kette, unsicher auf den Beinen, halb blind und mit abgetrennter Nase. Ein an den Nerven zerrendes Kratzen hallt vom Kiel wider, ein plötzlicher Ruck wirft sie von einer Seite auf die andere. Nach einem besonders schweren Stoß verlangsamt sich das Boot. Dann stoppt es. Die Träume enden.

Im Morgengrauen wacht Noahs Familie auf und fühlt sich wie geohrfeigt. Aufgeschreckt und in Wachsamkeit versetzt schauen sie sich gegenseitig an, raufen sich die Haare, schauen sich in die Augen und sagen: »Etwas Sonderbares ist geschehen.«

Dritter Teil
Sonne

1. Kapitel

Noah

☑ ☞ ☞

Gott segnete Noah und seine Söhne ...
Genesis 9, 1

Noah blickt zum Himmel auf. Eine Gewohnheit, die er vor der Reise angenommen hat und die jetzt nutzlos ist. Aber schwer abzulegen. Außer einer Schar Gänse und ein paar harmlosen Zirruswolken ist der Himmel jedoch leer.

Noah schaut sich aufmerksam um. Seine Augen sind nicht mehr das, was sie einmal waren, aber selbst von hier aus – er ist am Morgen auf einen kleinen Hügel geklettert, um alleine zu sein und in Ruhe nachdenken zu können – erkennt er die Zelte der Familie, den Obstgarten, die Ziegen auf der Wiese, die Felder mit Gemüse und Weizen, den verirrt wirkenden Streifen mit Japhets Weinbau. Über allem, wie eine Gewitterwolke, die auf die Erde gestürzt ist, wie eine böse Erinnerung, die sich weigert zu verblassen, ragt drohend der geborstene Koloss der Arche auf.

Noah glaubt, dass er immer in der Lage sein wird, sie zu sehen, ganz gleich, wie schlecht seine Augen werden.

Seit einem Jahr sind sie jetzt an diesem Ort.

Am ersten Morgen hatten sie sprachlos auf dem leeren Deck gestanden. Die Vögel hatten sich bereits zerstreut. Noahs Familie nahm den Anblick der jungfräulichen Landschaft in sich auf wie den Duft von Weihrauch, wie eine Opfergabe. Land – kein Wasser. Dieser Anblick trieb ihnen die Tränen in die Augen: Hohe Hügel umrahmten ein Tal voller unbekannter Bäume, und selbst aus dieser Entfernung erkannten sie, dass sie fast verschwenderisch voll mit Früchten waren. Ein Fluss sprudelte munter durch das Tal und zerteilte üppige Wiesen, die sich nach Osten hin in einen geradezu endlosen Teppich aus blühendem Gras erstreckten.

Sie waren auf die Knie gesunken und hatten ein Dankgebet gesprochen. Dann hatte Noah gesagt: »Arbeit wartet auf uns.«

Zuerst hatten sie die kleinen Tiere freigelassen, die sich überraschend schnell davonmachten. Mirn und Japhet rannten lachend bis zu den entlegensten Wiesen hinter ihnen her, und siehe – weg waren sie. Anschließend ging Mirn in ihren Raum, wo sie entdeckte, dass sich alle Kokons geöffnet, alle Puppen verlassen waren. Die Wände um sie herum schienen zu pulsieren. Als sie das Fenster des Verschlages aufstieß, schwärmte eine flatternde Kaskade der Sonne entgegen, ein flimmernder Pylon aus Orange und Schwarz, Lila und Gelb und Aquamarin, der wie Rauch aus der Arche strömte. Genau wie Rauch bestand auch diese Säule aus unzähligen, winzigen, eigenständigen Partikeln, aber diese Teilchen umfassten alle nur vorstellbaren Farben und daneben viele unvorstellbare. Einige der Schmetterlinge waren größer als Mirns Hand. Sie drifteten über das Tal hinweg wie ein Versprechen.

Aus dem mittleren Deck befreiten Cham und Bera die Füchse, Affen und Gürteltiere und all die anderen Geschöpfe: große Schlangen, die vom Umfang her so dick wie Chams Oberschenkel waren, Waschbären, Faultiere und Wildschweine, die grunzten und mit weit geblähten Nüstern schnüffelten, als könnten sie nicht glauben, was ihre Sinne ihnen meldeten.

»Dann fort mit euch«, rief Cham, während sie davonhuschten, -hasteten oder -glitten.

Bera schaute ihnen wehmütig nach. »Ich fürchte, wir werden sie nie wiedersehen.«

»Nie ist noch zu früh für mich«, murmelte Cham und kletterte auf einen flachen Granitfelsen unweit der Arche, wo er darauf wartete, dass die Schwingluken an der Außenwand des Schiffes geöffnet wurden. Diese waren vom Meerwasser angeschwollen und protestierten bei jedem Zoll, den man sie zu öffnen versuchte. Ilya und Sem entließen nun den Rest der Ladung. Die Kreaturen, die aus den Tiefen der Arche auftauchten, mit ihren langen Hälsen, langen Körpern oder langen Schnauzen streckten skeptisch die Köpfe heraus, blinzelten und schnüffelten und machten behutsame, vorsichtige erste Schritte auf festem Grund, als wollten sie seine Echtheit testen.

Cham, der auf seinem Felsen in Sicherheit war, neckte sie: »Kommt schon, ihr monströsen Missgestalten!«, rief er laut und ruderte mit den Armen.

»Ihr wollt eure Freiheit? Hier ist sie! Nun haut schon endlich ab und haltet um Gottes willen Abstand zu uns!«

Die Tiere setzten sich in Bewegung; ein zähnefletschendes, trompetendes Heer. Die Elefanten stampften durch knietiefe, schlammige Erde, die großen Katzen stahlen sich wie Sünder davon, die Büffel und Gnus trampelten los. Die Giraffen gingen im Passgang, die Zebras trabten, und die Wölfe schossen wie Pfeile davon. Die kurzsichtigen Nashörner bewegten sich dagegen vorsichtig, wie alte Leute.

»Bei Adams Rippe«, sagte Japhet staunend zu Bera. »Ich könnte schwören, dass es jetzt viel mehr als damals sind, als du sie mitgebracht hast.«

»Einige haben Babys bekommen«, meinte Mirn.

»Stimmt«, bestätigte Bera. »Aber siehst du die Gazellen mit den gedrehten Hörnern da drüben? An die kann ich mich überhaupt nicht erinnern.«

»Ich habe die bestimmt nicht mitgebracht«, warf Ilya ein.

Cham sah Bera von der Seite an. »Da waren so viele in den Käfigen, es wäre ein Wunder, wenn du nicht ein paar übersehen hättest.«

Nach einem Zögern zuckte Bera die Achseln. »Vielleicht.«

Noahs Familie verfolgte den Exodus schweigend. Es verließen mehr Tiere die Arche, als sie betreten hatten, das war offensichtlich. Der Auszug dauerte eine ganze Zeit. Die Frau zeigte mit dem Finger auf Mirn und verschwand ein Weilchen mit ihr. Schließlich kamen sie mit einem Korb voller Äpfel und Trauben und kleinen roten dreieckigen Beeren zurück. »Frühstück für alle, die möchten.«

Sie ließen sich gleich dort auf dem Felsen nieder. Die Frau steuerte sogar ein kleines Fässchen Ziegenkäse bei. »Das habe ich aufgespart«, gestand sie mit einem mädchenhaften Lächeln, das die anderen überraschte.

Es war jetzt später Vormittag. Der Himmel war ein mattes Azur über diesem leuchtenden Grün – eine Farbe, an der sie sich nicht satt sehen konnten. Die Tiere hatten braune Pfade hineingetreten, wie Fäden, die die Welt zusammenhielten. Immer noch tröpfelten Tiere aus dem Boot, das vor dem Himmel aufragte. Die Familie nahm sie kaum mehr wahr: Die Arche, die einst ihre ganze Welt gewesen ist, war jetzt nur noch ein Teil davon.

Noahs Familie aß mit Appetit, sah sich immer wieder um und hatte vor Freude ein albernes Grinsen aufgesetzt. Die Früchte waren süß, der Käse salzig und pikant. Zu trinken hatten sie klares Flusswasser. Alle stimmten überein: Dies war das köstlichste Mahl, das sie je hatten.

Das war vor einem Jahr. Seither haben Bera, Ilya und Mirn die Söhne Elam, Kanaan und Gomer zur Welt gebracht und damit die Bewohnerzahl dieser Siedlung auf dreizehn erhöht. Chams Sohn Kanaan war der dreizehnte. Sem schwört, dies sei eine unheilvolle Zahl, weigert sich aber zu erklären, warum. Doch das spielt keine Rolle, denn alles wird sich sowieso bald wieder ändern, da die Frauen wieder schwanger sind.

Noah ist heute auf diesen Hügel geklettert, um allein

zu sein und vielleicht eine Verbindung zum Allmächtigen herzustellen. Aber diesbezüglich macht er sich keine allzu großen Hoffnungen. Der Allmächtige hat seinen eigenen Zeitplan, wie Noah nur zu gut weiß.

»*Noah.*«

Er strauchelt beinahe und fühlt sich ertappt. Der Druck in seinem Kopf, obwohl nicht ganz vertraut, ist tröstlich. »Herr?«

»*Das hast du gut gemacht, und auch deine Söhne und deren Frauen.*«

Noah beugt das Haupt.

»*Nun bleibt noch eine letzte Aufgabe.*«

Noahs Mut sinkt. Die Angst schnürt seine Kehle zu, und die Zunge klebt ihm am Gaumen. Um ehrlich zu sein, er hatte gehofft, die Zeit der Aufgaben sei nun vorüber. »Wie du befiehlst, Herr.«

War da etwa Belustigung in Jahwes Stimme? »*Fürchte dich nicht, Noah. Diese Arbeit wird dir nicht zur Last fallen.*«

Noah seufzt vor Erleichterung auf, er kann nicht anders.

»*Höre denn meinen Befehl: Gebiete deinen Söhnen und ihren Frauen, in die Welt hinauszuziehen und sich zu vermehren und so das Land neu zu füllen.*«

»Das ist alles?«, fragt Noah.

»*Das ist alles*«, bestätigt der Herr.

Noah denkt: ›Wie ich meine Jungs kenne, werden sie über diese Aufgabe nicht nörgeln. Die Frauen allerdings ...‹

»*Alles, was da lebt auf der Erde*«, fährt der Herr fort und lenkt Noahs Aufmerksamkeit wieder auf die

Gegenwart, »*soll euch ausgeliefert sein, soll Fleisch für euren Tisch sein. Doch das sollt auch ihr sein für jedes lebende Wesen auf der ganzen Welt.*«

Noah ist nicht sicher, ob er richtig gehört hat. Er blinzelt erstaunt. »Hä?«

»*Wer immer einen Mann erschlägt, soll selbst erschlagen werden, denn ihr seid erschaffen nach meinem Abbild.*«

»Sicher, Herr. Aber ich bezweifle, dass es viel Totschlag geben wird.«

»*Weißt du mehr als ich, Noah?*«

Noah verstummt.

»*Höre denn mein Versprechen: Nie mehr will ich eine Flut schicken, um die Erde zu zerstören. Nie mehr will ich die Menschheit und ihr Werk verdammen. Der Mensch ist von Natur zum Bösen veranlagt, aber ich will ihn nicht noch einmal vernichten.*«

Noah sucht nach einer angemessenen Erwiderung. »Danke.«

»*Siehe mein Zeichen. Und wann immer du es siehst, erinnere dich an mein Versprechen.*«

Am Himmel wird ein Regenbogen von solcher Intensität sichtbar, dass es Noah den Atem verschlägt. Von Horizont zu Horizont gespannt, versprüht er Farben wie ein gigantisches Prisma, überzieht grüne Felder mit Rot, Flussufer mit Gelb und Obstbäume mit blendendem Indigo. Selbst Noahs Schatten bekommt einen blauen Glanz. Er versucht zu sprechen, aber die Worte bleiben ihm im Halse stecken. Doch der Herr ist sowieso aus seinem Kopf verschwunden, und Noah ist wieder allein.

Er lässt sich Zeit beim Hinabsteigen und trifft Bera mit den Ziegen. Die Ziegen sind dieses Jahr ungewöhnlich fruchtbar gewesen, und so tollen zwei Dutzend Zicklein um ihre Erzeuger herum. Bera gibt ihrem Baby gerade die Brust und schaut Noah kritisch an. »Solche Farben habe ich noch nie gesehen.«

»Hm? Ach ja«, erwidert Noah scheinbar desinteressiert. »Sehr hübsch.«

»Sem würde das ein Zeichen nennen.«

»Tatsächlich?« Noah blickt zum Himmel, aber der Regenbogen verblasst bereits. »Davon versteht er mehr als ich.«

Bera zieht eine Braue in die Höhe und sagt nichts.

Der Bogen ist fast verschwunden, als Noah sein Heim erreicht. Es ist Zeit fürs Mittagessen. Alle unterhalten sich angeregt über die Bedeutung des Zeichens.

»Es ist ein Hinweis darauf, dass Jahwe Gefallen an uns hat«, sagt Sem überzeugt.

»So?«, sagt Cham in seinem stichelnden Tonfall, aber er grinst und kitzelt seinen Sohn Kanaan am Bauch.

»Ich denke, es bedeutet etwas anderes«, meint Japhet leise. Er nippt an dem Wein, den er im letzten Jahr aus Traubensaft fermentiert hat, und schneidet eine Grimasse. »Zu sauer. Wie auch immer, ich denke, es bedeutet vielmehr, dass die Arbeit noch nicht erledigt ist.«

Sem richtet sich auf seinem Hocker auf. »Und wie kommst du zu diesem Schluss?«

»Nun, es macht doch Sinn, oder? Du als Experte für Zeichen, Omen und Wunder, Sem, musst doch wohl zugeben, dass sie gewöhnlich auftreten, *bevor* etwas Schlimmes passiert, nicht hinterher.«

»Warnungen«, wirft Cham ein.

Japhet unterstreicht das mit seiner verkrüppelten Hand. »Genau.«

Alle richten die Augen auf Noah, dann senken sie den Blick wieder. Er sagt nichts. Der Wein, den sie trinken, ist Japhets erster Jahrgang, ein blasser Roter, dessen Säure ihnen schwer im Magen liegt. Japhet hat sich mit untypischer Energie auf dieses neue Projekt gestürzt. Für jeden außer Noah ist der Wein nur mit Honig gesüßt genießbar, für Noah ist er gut, so wie er ist. Er gießt sich Becher um Becher ein.

Die anderen sehen ihm beim Trinken zu und fragen sich, wovon sie hier gerade Zeugen werden. Eine Feier? Wenn ja, so unterscheidet sie sich doch völlig von jeder, die sie bisher gesehen haben. Falls Noah allmählich betrunken wird, so deutet nichts darauf hin außer seinen rosigen Wangen und einem leichten Zittern. Er wird nicht laut oder hitzig oder gesellig, weder trübsinnig oder schroff, noch mürrisch oder feindselig. Nicht mal rührselig. Er bleibt er selbst, wenn er ihnen vielleicht auch weniger Aufmerksamkeit als gewöhnlich schenkt.

Schließlich macht er es sich auf dem Boden des Küchenzeltes bequem, dem behelfsmäßigen Obdach, das sie aus Pferdefellen und Teilen der Arche zusammengezimmert haben. Noahs Augen fallen zu, sein Mund öffnet sich, und er beginnt zu schnarchen. Ganz leise, als schnurre er vor Wohlbehagen. Wenn sie auch verlegen sind wegen seiner Trunkenheit, seiner Altersschwäche, seiner Altherrenmanier, sich um ihren Gemütszustand nicht zu scheren, sind die anderen doch auch erleichtert, dass er eingeschlafen ist. Dass er sie irgendwie verlassen hat, obwohl er mitten unter ihnen ist. Und dann schämen sie sich und wundern sich darüber, wie sie so etwas Gemeines nur denken können.

2. Kapitel

Die Frau

☑ 🦌 🦌

Ich bin sicher, dass irgendwas an ihm nagt. Aber erzählt er mir davon? Nichts da. Ich bin ja auch nur seit über vierzig Jahren seine Frau, die Mutter seiner Kinder, Bettgenossin und Gefährtin und all das. Da hatten wir einen kleinen Durchbruch auf dem Boot, eine kurze, rührselige Alte-Leute-Zweisamkeit. In gewisser Weise eine Anerkennung für erbrachte Dienste, die lange unbelohnt geblieben waren. Es war köstlich und unerwartet, und meine Devise lautet: Nimm, was du kriegen kannst. Jetzt ist es vorbei, und glaubt mir, ich erwarte nicht, dass es sich so bald wiederholt.

Seine Herrlichkeit ist offenbar pikiert. Auf den ersten Blick sieht alles wunderbar aus. Das Sommerobst hängt prall an den Bäumen, Ziegen und Schafe tollen auf den Wiesen herum, das Getreide gedeiht prächtig. Den Kindern geht's gut, genauso den Enkeln, die Mädchen sind wieder schwanger, das Wetter ist schön, am Himmel steht ein Regenbogen. Kein Mehltau, keine Seuche, keine Kometen, keine mordgierigen Götzenanbeter. Kein Wunder, dass Seine Herrlichkeit besorgt ist. Zu perfekt, könnte ein Zyniker denken, und Zeit, dass wieder was passiert.

Jede Wette, dass es ein Zeichen ist. Ein Blinder könnte das sehen, was übrigens beinahe auf Seine Herrlichkeit zutrifft. Aber es ist schwer, Jahwes Denkweise zu durchschauen und zu ergründen, ob er uns – und die Welt – schon so bald wieder unters Hackebeilchen legen will. Ich meine, genug ist genug. Aber es ist ja nicht so, dass ich es mir aussuchen könnte. Wir hatten die Flut, aber ich denke, Feuer und Erdbeben sind noch zu haben, wenn das sein Plan ist.

Ich versuche, es aus ihm herauszukriegen, aber es ist ein hartes Stück Arbeit. Frau, geh mir aus den Augen und so weiter. Aber vierzig Jahre haben mich Geduld gelehrt, also versuche ich es in ein paar Tagen wieder.

»Irgendwas bedrückt dich doch.«

»Tatsächlich?«, sagt er und stolziert davon.

Ein paar Tage später erziele ich das gleiche Ergebnis. Die Zeit vergeht. Der Mond wird voll und dann wieder dünner. Ich sitze am Fluss und dresche die Kleider auf die Steine und denke, dass der Flachs keinen Tag zu früh reif sein wird, sonst laufen wir bald alle nackt herum. Dann werden wir schon merken, wie es mit der Fruchtbarkeit und der Vermehrung läuft.

Seine Herrlichkeit taucht plötzlich neben mir auf. »Ich brauche deinen Rat«, sagt er, als hätte ich ihn ihm nicht jeden Tag angeboten.

Ich lege die Kleider beiseite. Wenn Seine Herrlichkeit spricht, schenkt man ihm am besten seine ganze Aufmerksamkeit.

»Es ist wahrlich eine Last, die wir zu tragen haben werden«, beginnt er und wackelt gewichtig mit dem Kopf. Ich mache mich auf das Schlimmste gefasst. Eine

Schlangenplage vielleicht, die Gicht oder Geschwüre oder Feuer, das vom Himmel fällt.

Dann erzählt er mir, dass die Jungs weggehen und ihre eigenen kleinen Kolonien, kleine Völker gründen sollen. Und ich kann nicht anders und platze heraus: »*Das* ist alles, worum du dir Sorgen machst?«

Er fährt auf, und ich mache schnell einen Rückzieher. »Ich meine, ich dachte, es sei irgendwas Unheilvolles, wie das Ende der Welt, wieder mal. Aber das, nun, das macht Sinn, wenn du mal ein bisschen darüber nachdenkst.«

Seine Stimme ist eisig. »So?«

»Sicher. Er hat das Land leer gefegt, und jetzt will er es wieder anfüllen. Er hat die Völker vernichtet, also werden wir neue gründen müssen.«

Ich fühle tatsächlich eine gewisse Heiterkeit, trotz seiner finsteren Blicke und tiefen Seufzer. Der Fluss und diese Bäume werden nicht hinweggespült oder verbrannt werden. Meine Söhne werden leben, zumindest so lange wie nötig, um ein paar Kinder in die Welt zu setzen. Was nicht die härteste Bürde auf Erden war, vor allem wenn man sie mit einigen anderen Dingen verglich, die Jahwe sich hätte ausdenken können. Pocken und Heuschrecken und so weiter.

Seine Herrlichkeit blinzelt und schaut über den Fluss. »Ich hatte gehofft…«, beginnt er und verstummt. »Ich hatte wirklich gehofft…«

Wir bleiben eine Weile dort sitzen und schweigen.

Schließlich sagt er: »Nur wir zwei werden hier bleiben.«

So wird es sein, denke ich. Vielleicht ist das der springende Punkt. Ist das denn so ein Elend? »So haben wir auch angefangen«, erinnere ich ihn.

»Ja, aber ...« Er ringt mit den Händen. »Es wird nicht leicht sein, wenn wir zwei allein sind.«

Vielleicht nicht. Aber es wird auch nicht annähernd so hart, wie es hätte kommen können. »Schau dir diese Bäume an«, sage ich und nicke in Richtung Aprikosen. »Die biegen sich förmlich unter ihrer Last. Wir trocknen die Früchte für den Winter, genauso wie die Erbsen. Das ganze Jahr über sind Fische im Fluss, und sie sind träge, fett und langsam. Außerdem haben wir noch die Ziegen und Hühner und das alles. Wir werden nicht verhungern.«

Seine Herrlichkeit scheint nicht überzeugt zu sein, also nehme ich mir wieder die Wäsche vor und fahre mit meiner Arbeit fort. Dabei flüstere ich mein eigenes schnelles Gebet, Seine Herrlichkeit hat darauf schließlich kein Monopol.

Ich sage Folgendes zu Jahwe: ›Danke, dass du uns mit weiterem Unheil verschonst. Danke, dass du uns armen Seelen eine zweite Chance gibst. Und, wo ich gerade darüber nachdenke, danke für diesen Regenbogen, wenn er das bedeuten soll, was ich glaube. Dass die Stürme vorbei sind, meine ich.‹

Er antwortet nicht, jedenfalls auf keine Weise, die ich verstehe. Aber das ist schon in Ordnung, ich habe auch nichts anderes erwartet. Mir reicht es schon, dass ich ein paar Worte zur Unterhaltung beitragen konnte.

3. Kapitel

Noah

☑ 🐒 🐒

Diese drei waren die Söhne Noahs, und von ihnen stammte die Bevölkerung der ganzen Erde ab.
Genesis 9, 19

Sechs Monate später haben die Frauen alle ihr zweites Kind geboren – Töchter diesmal. Es ist jetzt Winter und kälter als im letzten Jahr. Immer noch schwimmen die Fische träge im Fluss, aber hier und da hinterlässt der Frost glänzende Spuren am Boden, und Wassergefäße, die des Nachts draußen gestanden haben, tragen am Morgen eine dünne Schicht Eis. Als Sem dies zum ersten Mal sieht, fährt er erschrocken zurück und schreit: »Der Teufel hat das Wasser in Stein verwandelt!« Aber Ilya erklärt ihm, was passiert ist, und er beruhigt sich wieder. Als der Tag sich erwärmt und das Eis schmilzt, verflüchtigt sich die Angst, und Ausgelassenheit tritt an ihre Stelle.

Noah beruft den Familienrat im Schlafzelt ein, da das Küchenzelt inzwischen zu klein ist, um seiner sprießenden Sippe auch nur annähernd Platz bieten zu können.

»In ein paar Wochen müsst ihr alle fortgehen«, verkündet er bedeutungsvoll.

Schweigen breitet sich aus, nur unterbrochen vom Glucksen der Kinder. Schließlich räuspert Cham sich. »Kannst du das ein bisschen näher erklären, Abba?«

»Es wurde so bestimmt«, sagt Noah mit einer vagen Geste Richtung Himmel.

»Ah.«

Noah ändert seine Sitzposition. »Die Welt, so wie sie jetzt ist, ist ein leerer Ort. Wir wurden dazu bestimmt, sie zu füllen. Sem, du und Bera nehmt eure Kinder und reist nach Süden. Bevölkere das Land mit deinen Nachkommen. Cham, du und Ilya tut das Gleiche im Osten, und Japhet, du und Mirn geht nach Norden.«

»Und du, Vater?«

»Eure Mutter und ich bleiben hier«, erwidert Noah fest. Und gehen ein, denkt er, spricht es aber nicht aus.

Nun beginnen alle, ihre Sitzposition zu verändern, und rutschen unbehaglich auf dem Boden herum. Noah weiß, dass ihr Gehorsam an einem seidenen Faden hängt: Hier geht es ihnen gut, und sie hatten gehofft, ihre Prüfung sei vorüber. Auf Sem kann er sich verlassen, aber Cham schmollt, und Japhet schaut bestürzt drein. Japhet ist es dann auch, der das Wort ergreift. »Papa, es ist mitten im Winter. Warum sollen wir denn jetzt reisen und nicht auf den Frühling warten?«

»Säen«, knurrt Cham bissig.

Noah nickt. »Wenn ihr jetzt geht, könnt ihr beizeiten säen. Reist ihr im Frühling und kommt im Sommer an, werdet ihr nächsten Winter hungern.«

»Das wird aber hart werden«, protestiert der Jüngste. »Mit den Kleinen und allem.«

»Das wird es.«

Die Atmosphäre im Zelt ist angespannt. Selbst der mit Honig gesüßte Wein kann die Stimmung nicht heben. Schließlich gibt Ilya zu bedenken: »Die neuen Stämme werden nicht lange überleben, wenn unseren Kinder nichts anderes übrig bleibt, als sich gegenseitig zu heiraten.«

Noahs Augen fixieren sie wie die einer Schlange. »Ein Bruder verheiratet mit seiner Schwester ist ein Gräuel in den Augen des Herrn«, knurrt er. »Und ihre Abkömmlinge genauso.«

»Dafür habe ich auch nicht besonders viel übrig«, brummt Cham.

Ilya fragt: »Aber wie …«

»Ihr werdet Kontakt untereinander halten«, weist Noah sie an. »Wenn in zehn oder zwölf Jahren für eure Söhne die Zeit gekommen ist zu heiraten, schickt ihr sie auf Brautsuche zu den anderen Familien. Und was deine Findlinge angeht, Bera, lass sie wählen, wen sie wollen.«

Viele weitere Fragen werden gestellt. Noah beantwortet sie in allen Variationen der Sätze:

1. Hört auf, euch zu beklagen.
2. Wir lösen dieses Problem, wenn es auftritt.
3. Gott wird Vorsorge treffen.

Die letzten beiden scheinen auf Sem und Bera eine beruhigende Wirkung auszuüben, während Japhet und Mirn übereinstimmend bei dem ersten Satz die Achseln zucken. Ilya und Cham wirken eindeutig nicht überzeugt, besonders nicht von Satz Nummer zwei, geben aber schließlich auf, weil sie einsehen, dass sie keine weiteren Informationen erhalten werden.

In die nachfolgende Stille hinein fragt Japhet: »Möchte noch jemand Wein?«

Niemand ist besonders wild darauf, es sagt aber auch keiner Nein. Japhet reicht den Krug herum, und die Becher werden wieder gefüllt. Noah macht sich die Mühe, seinen Becher zu füllen, ihn hinunterzuschütten und wieder zu füllen. Alle sehen es, aber niemand sagt etwas.

4. Kapitel

Sem

☑ 🐬 🐬

Als er vom Weine trank, wurde er berauscht und lag entblößt im Inneren seines Zeltes.

Genesis 9, 21

Bera hat sich verändert. Wenn ich sie dort am Flussufer mit unseren Kindern sehe, habe ich das Gefühl, sie kaum zu kennen. Die Kleinen schlafen zu ihren Füßen, Elam krabbelt in der Nähe durchs Gras, und die Jüngste saugt an ihrer Brust. Bera hat die Füße ins Wasser gesteckt und den Kittel bis über die Schenkel hochgezogen. Ihre Beinmuskeln glänzen in der Sonne. Sie trällert leise vor sich hin, irgendein fröhliches Lied ohne Worte. Keins, das ich kenne. Es gibt viel an ihr, das ich nicht kenne, selbst nach so vielen Jahren.

Als sie mich sieht, lächelt sie und winkt mir zu, was wohl bedeutet, dass ich zu ihr kommen soll. Ich will ja nicht immer wieder davon anfangen, aber es ist schon eine große Veränderung mit ihr vorgegangen – all dieses Lachen und Singen. Früher hätte sie mit ausdruckslosem Gesichtsausdruck darauf gewartet, dass ich zu ihr gekommen wäre oder eben auch nicht. Ich werte das als Fortschritt, das könnt ihr mir glauben.

Wir sitzen dort beide eine Weile. Sie deutet auf Elam, der geschäftig Grasbüschel ausreißt und sie untersucht, bevor er sie wieder fallen lässt. »Er sucht nach Omen«, sagt Bera lachend. »Genau wie sein Vater.«

Ich lächle nachsichtig. Ich glaube, ich habe mich auch verändert und komme mittlerweile ganz gut damit zurecht, dass die anderen immer ein wenig sticheln, wenn es um meine Gabe geht. »Was hältst du von Vaters Ankündigung?«

Ihr Lächeln verschwindet. »Es ist jammerschade, mir gefällt es hier.«

»Du meinst, wir sollten bleiben?«

»Wie könnten wir, wenn dein Vater sagt, wir müssen gehen.«

»Hast du keine Angst?«

»Ich freue mich nicht besonders auf die Reise.« Sie lächelt müde. »Sie wird ziemlich beschwerlich werden. Aber verglichen mit meiner letzten Reise, habe ich auf dieser sicherlich keine Angst. Man würde es nicht von uns verlangen, wenn …«

»Wenn was?«

»Wenn wir nicht beschützt würden.«

Womit sie wohl andeuten will, dass der Herr möglicherweise über uns wacht – etwas, das sie nie zuvor gesagt hat. Und es beweist, dass auch sie eine Art Glauben in sich trägt. Ich habe das nie zuvor an ihr bemerkt, aber wie ich schon sagte, hat sie im vergangenen Jahr etwas stark bewegt. Die Mutterschaft, nehme ich an.

»Hast du in letzter Zeit etwas an Vater bemerkt, das dir seltsam vorkommt?«, frage ich sie später.

Sie runzelt die Stirn. »Meinst du das Trinken?«

»Ja«, bestätige ich erleichtert.

Ich will nicht lügen: Wir haben alle schon darüber gesprochen, dass Vater sich ein wenig zu viel Wein genehmigt. Ich glaube, wir alle vermuten, er ist glücklich, dass die ganze Sache gut ausgegangen ist. Und da Japhets kleine Experimente beim Fermentieren von Trauben so überraschend erfolgreich waren, haben wir alle dazu geneigt, bei Vaters Unbesonnenheit ein Auge zuzudrücken. Jeder kennt ja seine Alles-oder-nichts-Haltung zur Genüge. Aber in der letzten Woche, seit er uns mitgeteilt hat, dass wir fortgehen müssen, war er mehr oder weniger die ganze Zeit über betrunken. Das ist, gelinde gesagt, beunruhigend. Ich habe Japhet daher gebeten, den Rest Wein, den er noch hat, zu verstecken, und er war damit einverstanden, doch leider ist Cham dazwischengegangen. Aus Gründen, die nur er kennt, findet er es lustig, Vater in diesem Zustand zu sehen. Er tut sein Bestes, um Vaters Becher gefüllt und griffbereit zu halten. Das macht mich rasend. Mehr als einmal war ich versucht, meine Hand gegen ihn zu erheben.

Doch ich habe mich an die Geschichte von Vaters Vorfahren Kain und Abel erinnert und habe meinen Zorn gezügelt. Bis jetzt.

Bera dreht sich zu mir um und sagt etwas. Ich verstehe ihre Worte aber nicht, denn im selben Moment brüllt jemand meinen Namen. »Wenn man vom Teufel spricht«, entfährt es mir.

»Was?«, fragt Bera stirnrunzelnd.

»Ach nichts.«

Cham läuft auf uns zu, winkt mit den Armen und grinst. »Sem, komm mit, das musst du dir ansehen.«

Sofort bin ich auf den Beinen. »Gibt es ein Problem?«

»Es ist eigentlich kein Problem. Oder vielleicht doch.«

Cham bleibt ein paar Ellen entfernt stehen, die Hände in die Hüften gestemmt, und atmet schwer. Er war immer schon untersetzt, aber jetzt beginnt er, um die Mitte herum fett zu werden. Die reiche Ernte des vergangenen Jahres zeichnet sich an seinem Bauch ab. Er ist so stark wie zwei von meiner oder drei von Japhets Sorte, aber trotzdem raubt ihm so ein kleiner Lauf den Atem. »Das solltest du dir auf jeden Fall ansehen.«

»Wo?«

»Im Zelt.«

Ein seltsamer Ausdruck liegt auf seinem Gesicht, als kämpfe er ein Lachen nieder, während er gleichzeitig den Ernst der Situation andeuten möchte. Manchmal ist mir mein Bruder ein Rätsel. Ich folge ihm Richtung Zelt, und Bera ruft mir nach: »Soll ich mitkommen?«

»Besser nicht«, antwortet Cham. Ich schwöre, ich höre ihn kichern.

Wir finden Japhet im Weinfeld. Cham ruft ihm zu, er solle mitkommen, aber Japhet ist nicht gewillt, seine Arbeit an den Trauben einzustellen. Seit unserer Ankunft hier hat er sich ihnen mit einem für ihn völlig untypischen Eifer gewidmet, den ich an ihm noch nie gesehen habe. Als versuche er, mit anderthalb Händen mehr zu leisten, als ihm mit zweien je gelungen ist. Widerwillig gibt er schließlich Chams eindringlicher Bitte nach und folgt uns zum Zelt.

Während wir zu diesem hinübergehen, schaue ich prüfend in den Himmel und mustere die Bäume und den Fluss. Alles scheint in Ordnung zu sein. Ich kann keine warnenden Zeichen erkennen. Sogar ein Eichhörnchenpärchen lugt mit prall gefüllten Backen aus einem Baumstamm hervor. Auf ein besseres Zeichen kann man eigentlich nicht hoffen.

Als wir das Zelt schließlich erreichen, bin ich inzwischen sicher, dass Cham mühsam sein Kichern unterdrückt. Japhet sieht mich an, und ich zucke die Schultern.

»Da drinnen«, sagt Cham und weist uns den Weg.

Das Küchenzelt ist leer. Wir ducken uns, um ins Schlafzelt zu treten, und stolpern dabei beinahe über Vater. Er liegt quer über zwei Schlafmatten ausgestreckt auf dem Rücken, die Arme ausgebreitet. Ein dunkler Fleck färbt die Erde neben seinem Kopf tiefrot. Einen schrecklichen Moment lang halte ich es für Blut, doch dann sehe ich den zerbrochenen Becher und den umgestürzten Krug. Das alles ist schon schlimm genug, aber im nächsten Augenblick sehe ich noch etwas anderes.

»Bei Adams Rippe«, murmelt Japhet erstaunt.

Hinter uns gackert Cham. »Dieses Mal hat's der alte Knacker ein bisschen übertrieben, meint ihr nicht?«

Vater ist nackt. Mager wie ein gerupftes Huhn. Seine Nacktheit beschämt mich, und ich schaue weg, aber nicht bevor ich sein erigiertes Glied wahrnehme. Japhet senkt ebenfalls den Blick. Da es in der engen Düsternis des Zeltes nicht viele Stellen gibt, wo man hinschauen kann, wenden wir uns ab und sehen Cham an. Er steht im Eingang und keucht vor Lachen.

»Seht ihr ... seht ihr sein ... Oh, Jahwe, sechshundert Jahre alt und immer noch zu allem bereit!«

Zorn steigt in mir auf. »Halt den Mund, Cham!«

Mein Bruder prustet weiter.

Japhet überrascht mich, indem er sagt: »Du erniedrigst dich selbst, wenn du über ihn lachst.«

Cham reibt sich die tränenden Augen. »Er ist doch nur ein alter Mann.«

»Vielleicht«, entgegne ich. »Aber er ist dein Vater.«

Er zuckt gleichgültig mit den Achseln.

Ich werde mir des Verrats in meinen eigenen Worten bewusst: *vielleicht*. Was bedeutet, ja, er ist nur ein alter Mann, aber davon abgesehen ist er dein Vater, und du solltest wenigstens so tun, als respektiertest du ihn.

Ist es das, was ich denke?

Japhet geht leise ins Küchenzelt, wo er ein von Bera sorgfältig zusammengelegtes besticktes Leinentuch findet. Mit einem Schwung entfaltet er es. »Hilf mir mal, Sem.«

Ich erinnere mich an den Morgen auf dem Boot, als wir auf Grund liefen und Vaters Dankgebet erwarteten, das nicht kam. Stattdessen habe ich die Worte gesprochen, Vater wegen seiner Lähmung bedauert und ihm auf die Füße geholfen. Nein, ich habe ihn nicht verspottet in der Art und Weise, wie Cham jetzt über ihn kichert. Aber habe ich wirklich so anders über ihn gedacht?

»Sem?«

Ich weiß nicht. Schwer vorzustellen. Warum müssen die Menschen sich überhaupt verändern? Warum können sie nicht immer gleich bleiben? Dann wären die Dinge viel einfacher.

»Sem, komm schon. Zum Teufel noch mal.«

»Bei Adams Rippe«, sagt Cham kichernd. »Seht euch zwei doch nur mal an.«

Ich ergreife nun eine Ecke des Tuchs, Japhet die andere. Zusammen gehen wir rückwärts ins Schlafzelt, die Augen geradeaus gerichtet, damit wir nicht auf Vaters Geschlecht schauen. Cham schleicht sich hinaus und setzt sich auf den Boden. Japhet und ich bedecken Vater mit dem Tuch. Bera hat es gelb gefärbt; eine schöne Farbe. Dann heben wir den Krug und die Scherben des Bechers auf. Und stehen da.

»Und was jetzt?«, fragt Japhet schließlich.

»Lassen wir ihn schlafen.«

»Du willst ihn nicht rumdrehen? Auf die Matte legen, zum Schlafen?«

Ich denke darüber nach. »Ich glaube nicht. Allerdings ist es auch nicht gut, wenn er mit dem Kopf Richtung Sonnenuntergang liegt, also vielleicht doch.«

Wir stehen einen Moment unentschlossen herum. Wenn wir ihn bewegen, wecken wir ihn vielleicht auf, und das würde die Dinge noch peinlicher werden lassen, als sie ohnehin schon sind.

»Lassen wir's«, sagt Japhet schließlich.

»Gut.«

Draußen kratzt Cham sich immer noch belustigt den Bauch. »Das war das Komischste, was ich je gesehen habe. Gute Idee das mit dem Wein, Japhet.«

Japhet erwidert nichts.

Cham fährt fort: »Ich hoffe, dass sie, wenn sie die glorreiche Geschichte unseres alten Herrn besingen, diese kleine Episode nicht auslassen.«

»Lass es gut sein«, sage ich.

»Im Leben nicht«, lacht er.

»Es gibt keinen Grund, dass jemals einer davon erfahren muss.«

»Da liegst du falsch, Bruder. Es gibt sogar einen ganz bestimmten Grund: Es zeigt, dass selbst der mächtige Noah ein fehlbarer Teufel war, Gottes Werkzeug hin oder her. Eine Wahrheit, die er selbst gerne unterschlägt.«

Japhet blickt starr auf irgendeinen Punkt am Horizont. »Sem.«

»Hm?«

»Tu mir einen Gefallen, ja? Sag dem guten Cham dort, dass ich ihm nichts mehr zu sagen habe, weder jetzt noch irgendwann. Kannst du das für mich tun?«

»Das werde ich.«

»Macht es dir was aus, es jetzt zu tun?«

Ich wiederhole seine Worte Cham gegenüber. Japhet

bedankt sich und trottet danach in Richtung Weinfeld davon.

All das hat Cham mit einem Ausdruck völligen Unverständnisses über sich ergehen lassen. Als ob er eine Kuh sei oder ein begriffsstutziger Hund. »Was hat die kleine Niete denn plötzlich?«

Ich lasse ihn einfach stehen.

5. KAPITEL

NOAH

☑ 🐺 🐺

Er sprach: »Verflucht sei Kanaan, der niedrigste Knecht sei er seinen Brüdern!«

Genesis 9, 25

»Vielleicht bin ich nichts weiter als ein alter Mann«, schnaubt Noah, »aber da du mein Sohn bist, dulde ich keine Frechheiten!«

Er hält inne und denkt über seine Worte nach. In der Nähe zwitschert ein Bülbül. Zu wütend, entscheidet Noah, und sein pochendes Herz bestätigt das. Versuch's noch mal.

»Ich bin dein Vater«, beginnt er – diesmal mit erhobenem Zeigefinger – »und du solltest mir Respekt erweisen!«

Auch nicht gut. Er klingt gereizt, flehend.

Noah durchstreift den Hang und wirbelt mit den Füßen Staubteufel auf, die wie Gespenster in der Luft schweben. Vielleicht eher: »Ist das die Art, wie du deinem Vater dankst, dass er dich vor Gottes Sintflut gerettet hat?«

Ein gutes Argument, aber Cham wird wahrscheinlich klarstellen, dass es sein Werk war, das Noah gerettet hat. Den Trumpf spiele ich ihm besser nicht zu, denkt Noah.

Noah schabt mit der Sandale einen kleinen Haufen Kiesel zusammen und tritt dann zornig hinein. Die Steine fliegen durch die Staubteufel hindurch, die über der Erde hängen, und verhöhnen ihn wie die Geister seines gesunden Menschenverstands.

Das sind die Fakten, die er kennt: Die Frau hat ihn gefunden, mit dem Leinentuch bedeckt und offenen Mundes, ausgestreckt über die Schlafmatten, und hat von Cham eine Erklärung verlangt. Und die bekam sie. Sie hat auch andere, völlig gegenteilige von Japhet und Sem gehört. Alle Versionen waren unvollständig, aber aneinander gereiht zeichnete sich ein klares Bild ab. Noah hatte sich verkalkuliert, und Cham hatte über seine Dummheit frohlockt und versucht, die Sache noch schlimmer zu machen. Das hatten die beiden anderen offensichtlich nicht. Als Noah aufwachte, erzählte die Frau ihm alles, und Noah, vor Scham gebeugt, suchte sein Hügelrefugium auf und bat Gott um Anweisungen.

Bislang hat Gott jedoch geschwiegen. Noah kratzt sich den Nasenrücken und vermutet, dass er aus diesem Schlamassel genauso herauskommen muss, wie er hineingelangt ist: allein.

Sein Kopf hämmert wie eine Trommel.

»Wenn du in meinem Alter bist«, schnauzt er das Nichts an, die Luft, die Staubteufel, die immer noch am Himmel hängen, »dann kannst du mich vielleicht herabsetzen.«

Noch ein schwaches Argument, wie Noah ahnt. Die

Jungen verspotten die Alten, das liegt in der Natur der Sache. Doch Noahs Zorn ist gewaltig, nicht von dieser Welt. Nur mit enormer Anstrengung hat er ihn bislang unter Kontrolle gehalten. Sein erster Impuls war, seinem Sohn mächtig eins über den Schädel zu ziehen. Aber er darf dieser Wut nicht nachgeben, so befriedigend sich das auch anfühlen mag. Er muss seinen Zorn bändigen, seinen Ärger in Worte fassen, um sicherzustellen, dass Cham versteht, wie schlimm der Ernst der Lage ist, in der er sich befindet. Wenn man seine Tat ungestraft lassen würde, könnte alles Mögliche passieren. Cham könnte Jahwe selbst irgendwann gering schätzen und dies nicht als Verfehlung sehen. Das wäre dann der Pfad in die Verdammnis, endgültig und unwiderruflich.

Noah runzelt die Stirn und holt tief Luft. Seine Nase pfeift, so heftig stößt er sie wieder aus. Vielleicht hat er die ganze Sache falsch angepackt.

Sem kontrolliert gerade die Fischfallen im flachen Becken, als Noah seinem Sohn die Hand auf den Kopf legt und sagt: »Gesegnet seiest du vor Gott.«

»Danke, Vater«, erwidert Sem verdutzt.

»Vergib mir«, bittet Noah beinahe flüsternd.

Sem errötet. »Es steht mir nicht zu, das zu tun, Vater.«

»Tu es trotzdem.«

»Gut.« Sem vermeidet es, in die blutunterlaufenen Augen seines Vaters zu blicken, die voller Tränen sind. »Vater, du hast einen Fehler begangen, aber du hast daraus gelernt, und es sei dir vergeben.«

Noah zieht seine Hand zurück. »Danke.«

Sem blinzelt nervös.

»Bald werdet ihr alle mich verlassen«, sagt Noah. »Ich habe ein paar Vorbehalte, was Japhet angeht, und bei Cham noch mehr. Aber keine bei dir.«

Trotz der Tränen bringt Sem ein Lächeln zu Stande. »Dann hast du eine höhere Meinung von mir, als ich verdiene.«

Noah geht. Hinter ihm, in der Fischfalle, schwimmt ein fetter, silbergestreifter Karpfen panisch seine Runden und sucht nach einem Fluchtweg. Sem greift vorsichtig hinein, fasst ihn am Schwanz und zieht den wild zappelnden Fisch an Land.

Noah entdeckt Cham in der Ruine der Arche, wo er Holz fürs Kochfeuer hackt. Ganz in seiner Nähe ist Japhet mit derselben Aufgabe beschäftigt. Als Noah näher kommt, bemerkt er, dass Cham seinen Bruder zwar anspricht, ihn um das Brecheisen bittet und ihn anweist, welchen Bereich er als Nächstes auseinander bauen soll, Japhet aber beharrlich schweigt.

»Ach, um Himmels willen!«, platzt Cham ungeduldig heraus.

Noah räuspert sich. Sie schauen auf. »Oh, hallo, Papa.«

Cham sagt nichts. Noah spricht ihn an, mit voller Stimme und wohlerwogenen Worten, das Kinn vorgestreckt, den Stecken fest in der Hand. Die andere Hand legt er auf sein Geschlecht. »Cham, dies tu ich kund: Verflucht sei dein Sohn Kanaan, jetzt und für immerdar.«

Cham erblasst.

»Nicht mehr als ein Diener deiner Brüder, seiner Onkel, soll er sein«, fährt Noah unbarmherzig fort, »und der Söhne deiner Brüder, seiner Vettern.«

»Bist du verrückt?«, stammelt Cham entgeistert. »Noch verrückter, als du schon warst?«

An Japhet gewandt sagt Noah: »Gesegnet seiest du, und gesegnet seien deine Söhne und deren Söhne.« Daraufhin lässt Japhet den Kopf hängen, als sei er es, der bestraft wurde.

Cham ist völlig außer sich vor Wut. »Ohne mich wärt ihr alle tot!«

»Ohne Jahwe wären wir alle tot!«, kontert Noah scharf.

»Ach, dann fahr doch zur Hölle. Aber eines sag ich dir: Wenn du das nächste Mal was brauchst, lass mich damit in Ruhe!«

Noah ringt um Fassung. Cham ist immer schon schwierig gewesen, aber Noah darf nicht die Geduld mit ihm verlieren, denn sonst wird Cham die Lektion nicht verstehen, die er zu übermitteln versucht. »Nur Jahwe hat die Macht zu verdammen.«

Chams Augen sind erschreckend weit aufgerissen und blitzen vor Zorn. »Du tätest gut daran, dich selbst daran zu erinnern«, presst er hervor, verlässt hoch erhobenen Hauptes das zerfallene Boot und tritt in den gleißenden Sonnenschein.

Noah seufzt. Cham scheint nichts von dem verstanden zu haben, was er ihm klar machen wollte. »Herr, schenke mir Geduld«, murmelt er.

Hinter ihm räuspert sich Japhet. »Papa«, sagt er fragend, doch Noah hört ihn nicht. Tief in Gedanken geht er davon. Japhet steht noch einen Augenblick still da, dann macht er sich wieder an die Arbeit, das Schiff auseinander zu brechen, das sie alle an diesen Ort getragen hatte.

6. KAPITEL

BERA

Es scheint, als würde unsere Reise ziemlich nass werden. Seit einigen Wochen regnet es nun, keine Flut diesmal, aber ein stetiges, deprimierendes Nieseln, das die braunen Blätter von den Bäumen holt und die Kälte sich in meinen Knochen einnisten lässt. Die Kinder scheinen es Gott sei Dank nicht weiter zu beachten und sind lebhaft wie immer, aber wir Älteren spüren die Feuchtigkeit, und ich fürchte, dass der Ritt ins Unbekannte durch dieses nasse Elend wenig romantisch sein wird. Gott wird sich um uns kümmern, ja, ich verstehe das jetzt. Aber ich hätte nichts dagegen zu warten (ist das Blasphemie?), bis er sich um trockeneres Wetter gekümmert hat.

In der Zwischenzeit gibt es viel zu tun: Jeder von uns soll ein Paar Ochsen und Esel, Pferde und Rinder mitnehmen (von der Sorte, die ich von meiner Reise mitgebracht habe, kleiner als Ochsen und fügsamer, aber auch dümmer). Außerdem sechs Ziegen und so viele Lämmer wie möglich, und ein Dutzend Hühner. Fast schon eine kleine Karawane. Und die Kinder natürlich, vier inzwischen, alles Kleinkinder oder Babys. Sem wird genug mit den größeren Tieren zu tun haben, also wird es in meiner Verantwortung liegen, die Kleinen bei Kräften zu halten (sowohl die zwei- als auch die vierfüßigen Varianten). Ich bin froh, dass ich keine Angst vor Räubern haben muss, aber dann fühle ich mich ganz schrecklich, als mir einfällt, was mit den Räubern (und allen anderen) passiert ist. Die Ochsen werden unsere Vorräte ziehen. Alles, was wir brauchen werden, transportieren wir entweder auf dem Karren oder werden es am Wegesrand finden, sodass der Platz für das Nötigste reserviert ist: ein paar Längen Wolle und Leinen, ein kleiner Webstuhl, den Sem gebaut hat, Saatgut und einige getrocknete Früchte, Honig, Oliven und Käse. Wenig genug, um ein neues Leben zu beginnen, aber nach zehn Monaten auf dem Schiff habe ich keine Zweifel, dass wir es schaffen werden.

Wir fragen uns, was uns im Süden erwarten wird. Ilya ist überzeugt, dass wir jenseits der Berge ausgedehnte, fruchtbare Ebenen entdecken werden, und dahinter das Meer. Ich habe keine Ahnung, wie sie darauf kommt, obwohl sie manchmal halbtägige Wanderungen unternimmt, auf denen ihr vielleicht einmal ein steiler Hügel einen Einblick gegeben hat. Sie behauptet, der Regen käme von Süden, und dies deute auf Wasser in einiger Entfernung hin. Außerdem sagt sie noch, dass bereits viel Regen gefallen sei, bevor er uns hier erreicht hat, also müsse es viele Seen und Flüsse geben, wo wir hingehen. Ich hoffe, dass sie Recht hat, obwohl mir ihre Denkweise ein Rätsel ist und ich dazu nichts sagen kann.

Die Zwillinge fangen jetzt an zu sprechen. Sie geben schon seit einer Weile Laute von sich, und manche kommen als vollständige Wörter heraus. Sie sagen Mama zu mir und zu Sem Papa. Als er das zum ersten Mal gehört hat, hat er sich abgewandt, aber ich konnte sehen, dass er sehr bewegt war. Mein Mann zeigt nicht gerade viele Gefühle, und das ist etwas, was ich an ihm schätze, wo ich doch genauso bin. Aber er hat ein großes Herz. Es wird schön und interessant sein, ihn alt werden zu sehen.

Neulich begann der Junge »Jahwe! Jahwe! Jahwe!« zu rufen. Als ich im Schlafzelt nachschaute, fand ich das Kind auf den Knien vor, und es zeigte auf Noah. Der alte Knabe sah aus, als wäre er aus dem Schlaf gerissen worden, und schaute verschreckt, was ich ihm nicht verdenken kann.

»Großvater«, verbesserte ich und hob den Jungen hoch. »Das ist Großvater, nicht Jahwe, dummer Junge.«

»Jahwe! Jahwo! Johoho!«

Mein Schwiegervater blinzelte verschlafen über seinem Bartgewirr.

»Still jetzt«, schalt ich.

Ich trug das Kind ins andere Zelt, wobei ich vorgab, es stillen zu wollen, in Wirklichkeit war ich aber drauf und dran, mich vor Lachen zu krümmen, und ich wollte nicht, dass Vater es sieht.

Heute webe ich ballenweise Tuch, das ich mitnehmen will. Ilya arbeitet lustlos an der Handspindel, während Mirn kardätscht. Ich habe schon viel mehr gewebt, als ich muss, aber es macht mir nichts aus. Ich mag das Gefühl der Fäden unter den Fingerspitzen, sehe gerne, wie das Schiffchen hin- und hergleitet und die Stoffbahn wächst, Reihe um Reihe, Form und Struktur annimmt. Mirn hingegen ist keine besonders gute Weberin. Sie lässt sich leicht ablenken (die Fasern ihres Tuchs sind ungleich und haben Lücken wie fehlende Zähne). Und Ilya ist ein hoffnungsloser Fall. Es tut fast weh, ihr bei einer Arbeit zuzusehen, die sie so offensichtlich hasst. Ihre Kinder tun mir Leid, da sie wahrscheinlich einen Großteil ihrer jungen Jahre unbekleidet verbringen müssen.

Der Regen lässt nach, hört aber nicht ganz auf. Zusammen mit den kühleren Temperaturen und den längeren Nächten deutet er auf den Winter in diesem Land hin. Das sage ich dann auch.

»In meiner Heimat enden Winternächte fast überhaupt nicht«, erzählt Ilya. »Die Sonne steigt kaum über den Horizont, dann geht sie auch schon wieder unter.«

Mirn hält mit dem Kämmen der Wolle inne und starrt sie mit großen Augen an. »Und was machen die Leute dann? Ich meine, was haben sie gemacht?«

»So gut wie nichts.« Ilya zuckt die Schultern. »Endlos viel getrunken und Geschichten erzählt, die kein Ende nahmen, über Krieger, die sich gegenseitig abgeschlachtet haben, und ihre Heldentaten.«

Ich sage nichts, aber unsere Männer erzählen ähnliche Geschichten. *Erzählten* muss ich wohl sagen.

Ilya fährt fort: »Monatelang ist der Boden mit Schnee bedeckt, einem weißen Puder, das aus gefrorenem Wasser besteht. Es ist schwer, sich in der Jahreszeit fortzubewegen.«

Ich versuche, mir das Bild vorzustellen: grünes Land,

das weiß geworden ist. Aber ich kann es nicht. Wie würde das bei Vollmond aussehen? Mirns Mund steht vor Verwunderung weit offen. Ich könnte mir denken, dass Ilya eine Menge Spaß dabei hat, uns leichtgläubigen Südländern allen möglichen Quatsch zu erzählen, und sich ins Fäustchen lacht, wenn uns die Augen aus dem Kopf fallen.

Nun, wir alle haben jetzt unsere eigene Geschichte zu erzählen, die Geschichte, die alle anderen beendet. (Was sie tatsächlich beinahe auch getan hätte.)

Ich werde Ilya und ihre Märchen vermissen. Und Cham werde ich auch vermissen, trotz seiner Schroffheit. Er gehört eben zu denen, die ihren weichen Kern hinter einer rauen Schale verbergen. Sem ist immer noch sauer auf ihn wegen irgendwas, worüber er nicht redet, aber Cham ist die ganze Zeit nett zu mir gewesen, und in Bezug auf die Kinder ist er geradezu eine Offenbarung. Sie vergöttern ihn.

Was Mirn und Japhet angeht, weiß ich nicht so recht. Sie ist ein unbekümmertes junges Ding, und ich begreife nicht, warum mich das reizt, aber das tut es. Vielleicht weil sie mich daran erinnert, wie meine Lebensumstände in ihrem Alter gewesen sind. Da hatte ich schon mehr Elend erlebt, als sie vermutlich je erfahren wird, und irgendwie macht ihre Gegenwart das für mich noch greifbarer. Ob das unfair ist? Bestimmt. Würde ich ihr denn das Gleiche wünschen? Bestimmt nicht. Aber ich wollte, es wäre ein wenig mehr Substanz in ihrem leeren Schädel.

Japhet wird anscheinend gerade erwachsen. Die Monate auf See haben ihre Spuren bei ihm hinterlassen –

wie bei uns allen (na ja, außer bei Mirn vielleicht). Und sein Unfall natürlich auch. Es ist bewundernswert, wie er sich seither angestrengt hat. Aber immer noch ist es völlig unvorhersehbar, welchem Japhet wir am Morgen begegnen: dem großmäuligen Kind, das immer an der falschen Stelle zu laut lacht, oder dem neuen Hybriden, der stiller und nüchterner zu sein scheint. Er ist jedoch viel engagierter als früher und arbeitet hart, das muss ich anerkennen.

Und natürlich Mutter und Vater. Sie bedeuten so viel für mein Leben. Schließlich hat Vater mich gekauft und Sem zur Frau gegeben, und diese Schuld kann ich wohl nie begleichen. (Ohne seine Hilfe wäre ich sicher schon lange tot, nach einem kurzen, erbärmlichen Leben als Hure in irgendeinem Elendsviertel.) Er ist mir ein besserer Vater als mein eigener gewesen. Mutter ist neben ihm ein unscheinbarer Mensch, eingeschüchtert, könnte man meinen, aber ich weiß, dass großes Getue ihr nicht liegt. Fatalismus steht ihr besser. Ich frage mich, wie sie darüber denkt, dass wir jetzt alle unsere eigenen Wege gehen. Ohne Hoffnung wäre es schwer, dem ins Auge zu sehen.

Ach, zum Teufel. Es ist schon schwer genug, der Zukunft *mit* Hoffnung ins Auge zu sehen.

Und schließlich habe ich die Frage gestellt. Im vergangenen Jahr habe ich es fertig gebracht, mit jedem Familienmitglied einen Moment alleine zu sein und die Frage zu stellen, die mich von Anfang an beschäftigt hat: Warum hat Gott es getan?

Die Antworten waren:

Vater: »Weil er die Welt von der Sünde reinigen und die Ungläubigen bestrafen wollte.«
Mutter: »Weil er es kann.«
Sem: »Weil er uns ermutigen wollte, es besser zu machen.«
Cham: »Weil er keinen Respekt vor seiner eigenen Schöpfung hat.«
Ilya: »Weil er, wie die meisten Männer, Zerstörung um der Zerstörung willen liebt.«
Japhet, mit leiser, monotoner Stimme, während er auf die klauenartigen Überreste seiner Hand starrt: »Weil er der Boss ist und man das ja nie vergessen sollte.«
Mirn: »Weil er sehen möchte, was wir tun werden.«

Keine der Antworten ist befriedigend, aber meine eigene – weil das Leid, das er für uns bereithält, keine Grenzen hat, aus Gründen, die nur er versteht – ist es auch nicht. So bin ich also am Ende genau dort, wo ich am Anfang schon war.

Nach dem Abendessen nimmt Sem mich beiseite und sagt: »Gute Neuigkeiten: Ich bin den ganzen Tag nach Süden gegangen, entlang der Route, der wir folgen müssen. Die anderen haben das übrigens auch getan.«
»Und?«
»Am ersten Tag folgen wir einfach dem Fluss. Die Strecke ist ganz einfach.«
»Schön zu hören«, sage ich. »Mal zur Abwechslung was Einfaches.«
»Aber nach einem Tag biegt der Fluss nach Westen ab.«

»Oh.«

Er leckt sich die Lippen. »Dann werden wir direkten Kurs auf die Berge nehmen, zumindest eine Zeit lang. Aber es gibt keinen Grund anzunehmen, dass sie sich über eine lange Strecke hinziehen. Auf der anderen Seite werden wir sicherlich Land finden, das genauso fruchtbar ist wie hier. Oder noch besser.«

»Gut.«

»Ich bin sicher, wir schaffen es, Bera.«

Ich denke an Ulm und sein klappriges Schiff. »Das bin ich auch. Aber ich verstehe immer noch nicht, was an dieser Neuigkeit gut sein soll.«

»Nun, Mirn und Japhet reisen nach Norden, und sie können einfach tagelang dem Fluss folgen, vielleicht sogar wochenlang. Im Norden gibt es keine Berge.«

Ich muss kichern, ich kann nicht anders. Ich bohre ihm einen Finger in die Brust und sage: »Die gute Neuigkeit, Sem.«

»Lass mich ausreden. Nach Osten, wohin Cham und Ilya gehen, erscheint das Land flach, mehr oder weniger eben. Es sieht trocken aus, aber dennoch ...«

Ich lächle, um ihm zu zeigen, dass ich es nicht ernst meine, als ich sage: »Du bist ziemlich verrückt, weißt du das?«

Er runzelt die Stirn. »Wieso?«

»Ich muss die einzige Frau sein, deren Mann glaubt, es sei Glück, die härteste Prüfung auferlegt zu bekommen. Denn das denkst du doch, oder? Dass wir am meisten gesegnet sind, weil uns auch am meisten abverlangt wird?«

»Das habe ich überhaupt nicht sagen wollen. Die

gute Nachricht ist, dass die anderen es so leicht haben werden.«

»Und wir werden leiden. Und Leiden ist gut.«

»Es ist nicht so, dass Leiden gut ist«, schmollt er. »Obwohl es stimmt, dass ... dass ...«

»Wenn große Taten von dir verlangt werden, hast du die Gelegenheit zu zeigen, dass du bereit bist, große Taten zu vollbringen.«

Er schaut mich eine Weile an, während er versucht, dieses Rätsel zu entwirren. Man könnte Sem porträtieren, indem man nur gerade Linien benutzt, und immer noch ein brauchbares Ergebnis erzielen. Und das trifft doppelt zu, wenn er verwirrt die Stirn in Falten legt, was recht häufig vorkommt. »Ja«, sagt er schließlich. »Ich denke, so ist es. Und du denkst, das ist idiotisch.«

»Das tue ich nicht.«

Er zieht eine Schnute. »Du denkst, du hast einen Einfaltspinsel zum Mann, der freiwillig und gerne Schmerz erträgt.«

Ich küsse ihn mitten auf die Schnute. (Niemand sieht uns, wir sind allein beim Fluss.) Plötzlich frage ich mich, wo die Kinder sind, aber ich lasse den Gedanken verstreichen und küsse ihn weiter.

Das scheint ihn wieder zu beruhigen.

»Ich denke, ich habe einen Mann, der sich darum sorgt, das Richtige zu tun, und der sich nicht darum sorgt, was es ihn kostet.«

»Wenn du das so sagst, klingt es so schlicht.«

Was tatsächlich das genaue Gegenteil von dem ist, was ich glaube, aber ich mache mir nicht die Mühe, es zu erklären. Ich küsse ihn einfach noch mal.

7. KAPITEL

NOAH

Noah hat dem Wein abgeschworen. Zu Japhet sagt er: »Bevor du aufbrichst, zerstöre den Weingarten. Nimm an Setzlingen mit, was du willst, ich brauche sie nicht.«

Er erwartet Widerworte, aber sein Jüngster ist seit der Sintflut immer gehorsamer geworden. »Sicher, Papa, ich kümmere mich darum.«

Noah beobachtet, wie Japhet ungeschickt die Axt anhebt. Die linke Hand übernimmt die Muskelarbeit, während die verkrüppelte Rechte den Schaft lenkt. Das Werkzeug schwingt in einem unbestimmten Bogen und zermalmt die Planken mehr, als es sie zerhackt. Die teergetränkten Bretter brennen mit viel Rauch, aber heiß, und diesen Winter haben sie schon ein Drittel der Arche verbraucht. Deren löchriger Korpus ragt hinter dem Hof auf wie vermodertes Aas, wie ein Mahnmal vergangener Plagen.

»Japhet«, sagt Noah.

Die Axt saust nieder, das Holz knackt, spaltet sich aber nicht. Japhet atmet schwer. Er holt wieder aus, und diesmal bricht das Holz entzwei. Er wirft die Stücke auf einen wachsenden Stapel. »Ja, Papa?«

Noah zögert. Es gibt viele Dinge, die er gerne sagen

würde, aber seine Zunge ist an den Klang dieser Worte nicht gewöhnt. Worte wie: ›Das hast du gut gemacht, ich bin stolz auf dich‹, oder: ›Ich bin beeindruckt, wie sehr dieses Unglück deine Entschlossenheit gestählt hat‹, oder gar: ›Ich werde dich und Mirn vermissen‹. Ihm wird zum ersten Mal bewusst, dass sich das Vokabular, das er seinen Kindern gegenüber einsetzt, immer auf Handlungen bezieht – auf gute und schlechte Taten und die dazu gehörenden Konsequenzen – und nicht auf Emotionen. Das ist, was ihm vertraut ist und wobei er sich wohl fühlt.

Japhet schaut ihn an. »Ja, Papa?«

Noah zeigt auf das Holz. »Du hast ja schon einen ganz schönen Stapel zusammen.«

Japhet nickt. »Ich brauche die Übung, jetzt, da Gott mich zum Krüppel gemacht hat.«

Noah zuckt zusammen.

»Und außerdem wollte ich ein bisschen für dich und Mama zurücklassen.«

»Ja, du wirst ja bald aufbrechen.« Er zögert. »Am besten sorgst du dafür, dass Mirn alles mitnimmt, was sie braucht.«

»Ich bin sicher, die anderen haben ihr das schon gesagt.« Japhet zuckt die Achseln, aber nach einem Moment fügt er hinzu: »Aber klar, ich kümmere mich darum.« Es entsteht eine Pause. Dann: »Da ist etwas, was ich gerne noch ansprechen möchte.«

»Nur zu.«

Jetzt ist es an dem Jungen zu zögern. »Es geht um Cham.«

Noah schweigt.

»Was Cham getan hat, war schrecklich und verdient Bestrafung, aber ähm …« Er verstummt.

»Aber was?«, stößt Noah mit eisenharter Stimme hervor.

Japhet klopft verlegen mit dem Stiel der Axt gegen seine Wade. »Aber Kanaan sollte nicht dafür bezahlen müssen. Das ist nicht recht. Er ist noch ein Baby und hat nichts damit zu tun.«

Noah betrachtet mit zusammengepressten Lippen den Himmel. Heute sind ein paar Wolken da, hoch oben, weiß wie Engel. Noah erinnert sich an die Engel während der Flut. Seither hat er sie nicht mehr gesehen.

»Es ist nicht fair, Papa.«

»War es das, was du mir sagen wolltest?«, fragt Noah kühl.

Japhet hebt die Axt wieder hoch. »Ja, das war's.«

Noah sieht zu, wie sein Jüngster die Klinge auf das Holz niedersausen lässt. Wut kocht in ihm hoch und droht ihn zu überwältigen, doch er zwingt sie nieder, bis seine Kiefer schmerzen. Er wählt seine Worte mit Bedacht: »Danke für das Holz, Sohn.«

Japhet hackt noch lange Feuerholz, nachdem Noah gegangen ist. Der Stapel, den er bereits beisammen hat, ist fast so groß wie er.

8. Kapitel

Cham

☑ 🐕 🐕

Eine schöne Art, Dankbarkeit zu zeigen, was?

An dem Tag, da wir uns alle auf den Weg machen sollen, hört es auf zu regnen, und die Sonne jagt die Wolken davon. Von den anderen wird das natürlich als Zeichen des Herrn angesehen, dass dies eine günstige Gelegenheit sei, dass unsere Nachkommenschaft gesegnet sei und all das. Ich bin natürlich froh, nicht durch den Regen wandern zu müssen, aber ich bin nicht bereit zu behaupten, es sei ein Zeichen des Schöpfers aller Dinge, dass sich die Wolken aufgelöst haben, so wie Abba und Sem es nur allzu eifrig tun. So ist meine Familie eben: Der Sinn für ihre eigene kosmische Belanglosigkeit ist etwas, das sie mit absoluter Sicherheit nicht haben.

Wie auch immer, ich bin ganz schön froh, aufbrechen zu können, so, wie die letzten Wochen gelaufen sind. Ich will nicht leugnen, dass es auch wehtut, aber es gibt ein paar Dinge, die ich liebend gerne hinter mir lasse, zum Beispiel diese bösen Blicke, mit denen sie alle mich bedacht haben, als sei ich derjenige gewesen, der sich hat voll laufen lassen und der mit dem Schwanz vor ihren Nasen herumgewedelt hat. Und das, was er über Kanaan gesagt hat, dass der ihr Diener sein soll, diese Worte hallen in meinem Kopf nach, und dann fange ich am ganzen Körper an zu zittern, liege die ganze Nacht wach und denke darüber nach, bis ich am liebsten aufspringen und mit dem Beil auf jemanden losgehen möchte. Sollen sie versuchen, meinen Sohn zu ihrem Diener zu machen. Sollen sie es nur versuchen.

Mit einem Beil könnte man ernsthaften Schaden anrichten. Ich hasse es, so zu denken. Umso besser, dass wir aufbrechen.

Wir haben uns alle auf der Rodung hinter den Zelten versammelt. Jede Gruppe steht mit ihrem Gepäck und den Tieren bereit und schaut in die Richtung, in die ihre Reise geht: Japhet und Mirn nach Norden, Sem und Bera nach Süden, Ilya und ich nach Osten. Jede Wette, dass wir die härteste Route haben, weg vom süßen Wasser und dem kinderleichten Fischfang im Fluss, hinein in die unbekannte Leere. Keiner macht sich Gedanken darüber, wovon wir existieren sollen oder dass das Grasland, das wir von hier aus gesehen haben, keinen einzigen Baum für solche Grundbedürfnisse wie beispielsweise ein Lagerfeuer aufweist. Aber es ist sinnlos, davon anzufangen. Dass wir eine Lektion erteilt bekommen, ist kein Beinbruch, aber es würde natürlich einen Riesenprotest geben, wenn ich es wagen würde, darauf hinzuweisen. Ach, der kann mich mal. Ich bin jeder Aufgabe gewachsen, die er mir stellt, das habe ich schon mehrfach bewiesen.

Mutter sieht elend aus. Ich umarme sie, und sie drückt sich an mich, ohne einen Laut von sich zu geben. Sie hat mich nie abgewiesen, Gott segne sie. Ich denke an das erste Mal, als ich von zu Hause weggegangen bin, und wie schwer es damals für sie gewesen ist. Diesmal ist es weit schlimmer.

Abba räuspert sich, und ich weiß, er wird eine Rede halten, ob wir sie nun hören wollen oder nicht.

»Dies ist ein großer Tag«, beginnt er. »Dies ist der Tag, den der Herr für uns festgesetzt hat, um das Werk zu vollenden, welches er begonnen hat.«

Wenn das nur der Anfang gewesen ist, denke ich, dann möchte ich das Ende besser erst gar nicht erleben.

Es ist einen Moment still. Vielleicht sinnt Abba darüber nach, was er als Nächstes sagen soll. Mutters Kopf ruht an meiner Brust, und ich lausche dem Rascheln der Eichelhäher in den Weiden entlang des Flusses und weiß, dass es Dinge an diesem Ort gibt, die ich vermissen werde.

Abba fährt fort: »Gott erschafft und Gott zerstört. Vor zwei Jahren hat er alles zerstört. Jetzt und indem er uns als seine Werkzeuge benutzt, wird er die Welt neu erschaffen.«

Mutter richtet sich auf, tätschelt meine Brust und sieht mich mit einem verkniffenen Lächeln an. Sie hat keine Träne vergossen. Habe ich etwas anderes erwartet? Ganz und gar nicht, denn sie ist ganz schön zäh, meine Mama.

»Ich möchte, dass ihr euch einer Sache immer bewusst seid, wenn ihr eurer Wege geht. Ihr alle«, fügt er mit einem bedeutsamen Blick in meine Richtung hinzu. »Arbeitet so emsig ihr könnt, aber bedenket, Gott regiert über alles.«

Meinst du nicht, er hat das hinreichend klar gemacht?, würde ich am liebsten brüllen, aber Sem starrt ihn mit offenem Mund an, als sei das alles völlig neu für ihn, und Japhet, der bis vor kurzem in meinen Augen noch ein lustiger kleiner Klugscheißer war, steht da wie eine Säule, die Hände hinter dem Rücken verschränkt und den Blick zu Boden gerichtet. Seit sich der Flaum in seinem Gesicht zu einem Bart ausgewachsen hat, was schon vor einiger Zeit passiert ist, jetzt, wo ich darüber nachdenke, nimmt der Junge sich eine Spur zu wichtig. Tut mir Leid, das mit deiner Hand, Brüderchen, aber schmollen macht sie nicht wieder heil.

»Gott regiert über alles«, wiederholt Abba, vermutlich für den Fall, dass wir es beim ersten Mal nicht mitbekommen haben sollten. »Vertraut euch ihm an, so wie ich es getan habe, und ihr werdet die gleiche Zufriedenheit erlangen.«

Ist es ein Wunder, dass ich nicht laut loslache? Ja, ist es, aber ich muss mich dafür auch bemerkenswert zurückhalten. Vergib mir, Abba, aber bei allen Eigenschaften, die du im Laufe meines Lebens an den Tag gelegt hast, hat vor allem Zufriedenheit gefehlt.

Wenigstens ist er jetzt fertig. Ein paar steife Umarmungen folgen für Sem, Japhet und sogar für mich. Soll ich mich geschmeichelt fühlen? Dankbar? Dann schüttelt Sem meine Hand und murmelt: »Viel Glück, Cham«, und Japhet dreht mir den Rücken zu, als sei ich unrein. Mach doch, was du willst, Junge. Mutter sieht ganz zerbrechlich aus unter all den Enkelkindern, und Ilya, Mirn und Bera stecken weinend und kichernd die Köpfe zusammen. Schließlich brechen wir alle auf, und für mich ist es keinen Tag zu früh.

An diesem ersten Morgen sehe ich oft über die Schulter, denn das Grasland steigt ein wenig an – nicht sehr hoch, aber gerade genug, um einen Blick auf den Hof zu gewähren, der allmählich zurückbleibt. Der Fluss sieht wie eine grün eingefasste, silberne Schärpe aus, deren Ränder unseren kleinen kultivierten Flecken umschließen. Die Zelte und Tiergehege sehen wie Spielzeug aus, und selbst die Überreste des Schiffs werden bald winzig. Mutter und Abba schrumpfen erst auf Puppengröße, dann auf Ameisengröße, und dann sehe ich sie überhaupt nicht mehr. Hin und wieder erhasche ich einen Blick auf Sem oder Japhet, oder, was wahrscheinlicher ist, auf ihre Tiere, die sich in einer auseinander gezogenen Linie am Flussufer entlangbewegen.

Der Anblick, sie nordwärts und südwärts kriechen zu sehen, mit unserer eigenen Spur hinter uns, die aussieht wie eine in die Prärie getretene Kreidelinie, bereit, sich in nichts aufzulösen, macht mir bewusst, wie allein Ilya und ich bald sein werden.

Ach, aber eigentlich ist das schon ganz in Ordnung so.

Ihr scheint es auch recht zu sein. Ich wechsele einen Blick mit ihr während unserer Strecke an diesem Morgen, frage sie, wie sie sich hält, und habe ganz allgemein ein Auge auf sie. Sie ist ziemlich ausdauernd, aber sie ist auch jemand, der mit Klagen hinter dem Berg hält, was eigentlich kein Problem ist, doch manchmal überspannt sie den Bogen. Manchmal denke ich, dass die Geburt unserer Tochter schwieriger war, als sie zugibt, und das war erst vor ein paar Monaten.

Wir kommen ganz gut voran, trotz der Babys und

der Tiere. Ilya bildet mit den Eseln die Spitze, die Kleine auf ihrem Rücken, und Kanaan reitet an ihrer Seite. Die Ziegen und Schafe folgen an einem ausgefransten Seil, in dem sie sich ständig verstricken und über das sie andauernd stolpern, weil sie bei jeder Gelegenheit nach einem Büschel Gras schnappen. Ich bilde die Nachhut mit dem Karren und den Ochsen, die zwar stur sind, aber offenbar auch froh, auf einem so einfachen Weg einherstapfen zu können. Wir werden keinen Geschwindigkeitsrekord aufstellen, halten aber auch nicht zu häufig an.

Hin und wieder verlangt Ilya nach einem Halt, um die Ziegen aus der Schnur zu entwirren und ein paar Steine vom Weg aufzuheben – irgendwie findet sie immer welche –, womit sie dann einen kleinen Steinhügel aufhäuft. Hüfthoch scheint ihre bevorzugte Größe zu sein, aber sie gibt sich auch mit weniger zufrieden, wenn nicht genügend Steine zur Hand sind. Sie ist kein Steinmetz, und ihre Türmchen wackeln und haben Ausbuchtungen in alle Richtungen, aber ich glaube, dass sie bis auf ein Erdbeben eine Menge aushalten werden. Ich habe nie bemerkt, dass meine Frau eine künstlerische Seite hat.

»Wofür sind die?«, frage ich, als sie den ersten aufschüttet.

»Um den Rückweg zu finden.«

Ich grunze. Um ehrlich zu sein, habe ich nie viele Gedanken an den Rückweg verschwendet.

»Oder um jemandem zu helfen, uns zu finden«, fügt sie hinzu. »Beispielsweise Bera oder Mirn oder deren Kindern, wenn sie kommen, um zu heiraten.«

»Ihr Mädchen habt das also unter euch ausgeklügelt?«

»Es war Mirns Idee.« Sie lächelt strahlend, und ich denke: Wann werden der Welt die Wunder ausgehen?

Gegen Mittag befinden wir uns schon weit in der Ebene, und das Tal, das wir zurückgelassen haben, ist nur noch ein grüner Streifen am Horizont. Der Himmel ist mit Wolken gesprenkelt, und obwohl es ein warmer Nachmittag ist, weiß ich, dass der Abend feucht und kalt sein wird, trotz der Schaffelle, in die wir uns wickeln können, also kommt mir die Idee, ein Ende des Karrens gegen einen Fels zu stellen, so angewinkelt, dass er ein Dach gegen den Regen bildet. Ilya lächelt mich an, als ich es erwähne.

»Du bist so ein kluger Mann.«

»Da hast du Recht.«

»Wohin schaust du, kluger Mann?«

Um ehrlich zu sein, betrachte ich meine kleine Tochter, die an der linken Brust meiner Frau liegt, und Kanaan, der die rechte bearbeitet, aber es wäre wohl unpassend, das zu sagen, obwohl ich nicht weiß, was mich zurückhält. Vor ein oder zwei Jahren hätte ich es gesagt. Vielleicht werde ich langsam zu einem alten, respektablen Patriarchen. Was für ein Jammer. Genau wie mein Vater.

»Ich schaue unsere Kinder an. Sie sind ganz schön kräftig, oder?«

»Sie kommen auf ihren Abba.« Sie nickt. »Gelobt sei Jahwe«, fügt sie mit einem Lächeln hinzu.

»Ja, gelobt sei Jahwe.«

Obwohl, wenn man mich fragt, hat Jahwe nicht allzu

viel getan, um Lob zu verdienen, es sei denn, man ist der Meinung, dass das größte Zerstörungswerk aller Zeiten es wert sei, besungen zu werden. Ich gebe zu, er ist ein wahrer Künstler, was seine handwerklichen Fähigkeiten betrifft, aber im Gegensatz zu den meisten seiner Zunft fehlt ihm der nötige Respekt vor dem, was er erschaffen hat, und er ist ein bisschen zu eifrig, sein Werk wieder in Staub zu verwandeln. Ich würde nicht allzu viele Tränen vergießen, wenn Jahwe ein bisschen auf Abstand bliebe, dann könnten wir alle ein wenig länger leben. Vielleicht ist es wirklich Sünde und verdammungswürdig, so zu reden, aber wenn mein Vater mir im Laufe der Jahre eines beigebracht hat, dann das: Ich bin genau die Sorte Mann, die den Feuern der Hölle anheim fällt.

So bleiben wir eine Weile sitzen, ich und meine Familie, dann packen wir zusammen und machen uns wieder auf den Weg. Bei Sonnenuntergang ist der Himmel fast klar, aber ich lasse mich nicht beirren und stelle trotzdem den Karren als Schutzdach auf, und das ist auch gut so, denn wir werden alle mitten in der Nacht von einem leichten Tröpfeln wach, das auf das Präriegras niedergeht und bis zum Morgen anhält.

9. Kapitel

NOAH

☑ 🐘 🐘

»Danke Herr, für einen neuen Tag«, rezitiert er jeden Morgen, bevor er verstummt. Aber die Gesundheit, sich daran zu erfreuen? Eine Aufgabe, ihn auszufüllen? Er hat keine andere Aufgabe als die profane Pflicht, seinen Körper am Leben zu halten, einen Körper, der ihn so schmerzt, wie er es sich früher nie hätte träumen lassen. Nur ein Heuchler wäre für diese Art Gesundheit dankbar.

Noah grübelt. So hatte er sich seine alten Tage nicht vorgestellt, allein mit der Frau, quasi wie ein Aussätziger lebend. Er hatte erwartet, der Patriarch einer immer weiter expandierenden Sippe zu sein, der Mittelpunkt eines Universums, doch jetzt sind die Kinder fort, die Enkelkinder ebenfalls, und Gott schweigt. Letzteres plagt ihn vielleicht am meisten.

Eine Zeit lang beschäftigt er sich mit alltäglichen Aufgaben und sagt sich, dass er den Frieden und die Ruhe vermisst hat. Er kümmert sich um die Ziegen, Hühner und die zwei verbliebenen Kühe. Er schert die Schafe mithilfe des einen guten Messers, das sie nicht den Kindern mitgegeben haben. Er beseitigt die Erdklumpen aus dem Weizenfeld und wacht über die Linsen- und

Senfsaat. Die Frau beobachtet all dies vom Zelteingang aus, während sie Leinen webt, Milch zu Butter verarbeitet, Joghurt ansetzt und gelegentlich eine geschlachtete Ziege einpökelt.

So geht der Frühling gemächlich dahin, und die Tage werden wärmer.

Die Frau beäugt kritisch, wie Noah einen Klafter unbenötigtes Feuerholz spaltet und Japhets Stapel hinzufügt. Als er jedoch anfängt, Büsche zu roden, um ein weiteres Feld dazuzugewinnen, kommt sie zu ihm und sagt: »Hier sind nur noch wir beide, weißt du?«

»Die Kichererbsen müssen irgendwo hin.«

»Das Stück hinter dem Schlafzelt hat auch gereicht, als wir dreizehn Personen waren.«

Er antwortet nicht. Sein Körper beugt und streckt sich, auf und nieder wie eine pickende Henne, während er die knorrigen Büsche aus der Erde reißt.

»Ich weiß, dass du dich nur beschäftigen willst«, sagt sie besänftigend.

»Lass mich in Ruhe.«

»Aber wir können vor dieser Tatsache nicht weglaufen, nicht wahr?«

Er starrt sie mit blutunterlaufenen Augen an, den Wahnsinn im Blick. »Was zum Teufel faselst du da?«

»Wir sind jetzt allein«, erklärt sie ruhig. Ihre eigenen Augen flackern wie Kerzen. »Wir haben alles, was wir brauchen. Es gibt nichts für uns zu tun, als irgendwo zu sitzen, auszuruhen und die Stille zu genießen.«

»Pah.«

»Gott weiß, du hast es verdient.«

»Wir verdienen, was dem Herrn gefällt, uns verdienen zu lassen.«

Sie steckt sich eine graue Strähne hinters Ohr. »Wenn du etwas tun möchtest, kannst du den Käse ansetzen und Butter schlagen.«

»Das sind deine Aufgaben.«

»Wenn du sie erledigen würdest, wäre ich dir sehr dankbar.«

Täuscht er sich oder schwingt da ein ungewöhnlicher Unterton in ihrer Stimme mit? Noah fällt auf, dass die Frau ein bisschen erschöpft wirkt. Aber wieso auch nicht, auch sie hat immer hart gearbeitet. »Zeig mir, wie's geht«, sagt er.

Sie geht mit ihm zum Zelt zurück und bringt ihm bei, Butter, Käse und Joghurt herzustellen. Noah lernt, wie man Fisch einsalzt und Hühnchen entbeint, Olivenöl gewinnt und Schmutz aus dem Honig filtert. All das dauert einige Tage, weil er es zwischen all seinen anderen Aufgaben erledigt.

Die Frau zeigt ihm, wie man Mehl mahlt, wie Knödel, Nudeln und sämiger Eintopf gemacht werden. Es wird noch Wochen dauern, bis Früchte geerntet werden können, aber sie versichert ihm, dass es kein besonderes Talent erfordert, Aprikosen und Erbsen zu trocknen. Oliven beizen sei da schon ein bisschen kniffliger.

»In der Zwischenzeit«, beginnt sie, und ihre flinken Finger pflücken einen Bausch roher Wolle, »zeige ich dir, wie man kardätscht, spinnt und webt.«

»Wolle oder Leinen?«

»Zuerst Wolle.«

Noah stürzt sich mit der gewohnten Zielstrebigkeit

auf diese Aufgaben. Beim Weben tut er sich viel schwerer als beim Kochen, aber die Frau ist geduldig, und Noah zeigt eine seltsame Dankbarkeit für diese Ablenkungen. Er beginnt wieder jeden Tag damit, Gott für die bevorstehenden Aufgaben zu danken.

Nur einmal fragt er sie, halb im Scherz: »Was wirst du tun, wenn du aus mir ein ebenso gutes Weib gemacht hast, wie du es bist?«

»Schlafen«, erwidert sie ohne eine Spur von Ironie. Die Schwäche in ihrer Stimme träufelt wie Gift durch seine Eingeweide. Ihm fällt auf, dass ihre graue Blässe jetzt permanent vorhanden ist. »Eine lange, lange Zeit schlafen.«

10. Kapitel

ILYA

☑ 🐄 🐄

Von diesem Land zog Assur aus und erbaute Ninive, Rechobot-Ir, Kalach ...
                                              Genesis 10, 11

Ich habe das Gefühl, ich muss immer wieder neu anfangen. Als meine Mutter starb, bin ich zu meinem Onkel gegangen. Dann wurde er krank, und mein Vater hat mich mit auf seine Seereisen genommen, obwohl die Familie ihn gewarnt hat, das sei nichts für ein vierzehnjähriges Mädchen. Dieses Leben hat viel Anpassung erfordert, aber erstaunlicherweise bin ich gut gediehen bis zu seinem Schiffsunglück. Dann folgte meine Hochzeit mit Cham und die Jahre in dem Dorf am Meer, dann das Leben mit Noah und die Flut und die Zeit danach. Und jetzt das hier. Ich möchte nicht undankbar klingen: Menschen, die nicht neu anfangen, sterben. Mir ist das klar, und ich weiß die Möglichkeiten, die sich mir geboten haben, zu schätzen. Aber es ist so, wie ich gestern Abend zu Cham gesagt habe: »Genug ist genug.« Ich glaube nicht, dass ich noch einmal ganz von vorne anfangen könnte.

Er hat genickt. »Ich stimme dir zu, Liebes.«

»Wenn ich irgendetwas zu sagen hätte, sollten meine Kinder ihr ganzes Leben an diesem Ort verbringen.«

Heute ist er mit den Ochsen draußen und rodet ein weiteres Feld für die Aussaat im nächsten Frühling. Ich kann mich glücklich schätzen – mein Mann ist fleißig und vernünftig, ganz zu schweigen davon, dass er kräftig ist. Es ist jetzt Mittsommer, und der Weizen steht gut. Es ist nur ein kleines Feld, aber für uns sollte es reichen. Nächstes Jahr, wenn Kanaan feste Nahrung braucht und Leya älter ist, werden wir mehr benötigen. Wir hatten Glück mit dem Land. Es ist ein schöner Keil zwischen zwei Flüssen, der Boden nimmt das Wasser gut auf, und es gibt jede Menge bestes Weideland. Leider nicht so viele Obstbäume, und ich zögere, die unbekannten Sorten auszuprobieren, aber Cham war so angetan von dem Flecken, dass wir uns hier niedergelassen haben. Ich wäre sowieso nicht in der Stimmung gewesen zu streiten nach drei Monaten anstrengender Reise.

Die Fahrt war nicht so schlimm, wie sie hätte sein können. Besonders der erste Monat war einigermaßen mühelos – so mühelos es sein kann, am Tag mit zwei Kleinkindern und einer Reihe gezähmter Tiere im Schlepptau achtzehn Meilen durch unbekanntes Territorium zu gehen, noch dazu mit begrenzten Vorräten. Aber wenigstens war das Gelände eben. Das Grasland machte schon bald einer Wüste mit hohen Wanderdünen Platz, zerschnitten nur von einem sich windenden Bach, an den wir uns geklammert haben wie an den Glauben selbst. Die Sonne brannte erbarmungslos, sodass wir uns angewöhnten, von Sonnenuntergang bis

Sonnenaufgang zu marschieren, was recht einfach war, denn wir brauchten nur dem Geruch des Wassers zu folgen. Schließlich bog der Bach nach Südosten ab und verbreiterte sich zu einem Fluss, und eine Kette niedriger, zerklüfteter Berge kam in Sicht. Das heißt, niedrig nur für jemanden, der nicht vorhat, sie zu überqueren. Cham kundschaftete die einfachsten Pässe aus, aber der Boden war trotzdem staubtrocken und holprig. Diese Anhöhen zu durchwandern hat mir Krämpfe beschert, die an kalten Vormittagen immer noch Stiche in meinen Schenkeln verursachen. Dies in Verbindung mit den Rückenbeschwerden, die ich seit Leyas Geburt habe, hat mich an manch kaltem Morgen halb gelähmt vor Schmerz.

Entlang des Weges habe ich viele Steintürmchen hinterlassen, praktisch alle hundert Schritt. Wir haben ständig die Richtung gewechselt.

Die Steine gaben ein weiteres Rätsel auf – als hätte ich noch eins gebraucht. Mattgrauer Granit und Flint wichen, als wir höher kletterten, einem roten, sandigen Stein, in dem Schichten von Quarz oder einem anderen mattweißen Mineral enthalten waren. Steile Hänge, Hunderte von Ellen hoch, ragten über uns empor, deren Oberflächen zahllose Schichten aufwiesen, die nicht dicker als ein Finger waren, und aussahen, als wären sie von unzähligen Händen eine auf die andere gelegt worden.

»Was hältst du davon?«, fragte ich Cham, bekam aber nur ein Grunzen als Antwort. Seine ganze Aufmerksamkeit galt dem Vieh, das seine Mühe mit dem schwierigen Pfad hatte.

Die wirkliche Überraschung wartete auf dem Grat des Passes auf uns, nachdem wir drei Wochen lang mehr oder weniger konstant aufgestiegen waren – nach Überwinden vieler Berg- und Felsstürze. Der Fluss war zu einem Tröpfeln geschrumpft. Wir hatten fürs Mittagessen angehalten, und ich saß auf dem groben, sandigen Boden, stillte die Kinder und hoffte, dass das Wasser nicht vollends versiegen würde. Mein Rücken schmerzte, und ich ließ den Blick ziellos über die Erde zwischen meinen Füßen schweifen, und was sehe ich da? Muscheln. »Das gibt's doch nicht.«

Cham gab sich unbeeindruckt, aber seine Unbekümmertheit überspielte nur seine Beklemmung. »Der Wunder Jahwes sind viele«, murmelte er. »Gott hat die Berge gemacht; warum sollte er keine Muscheln darauf legen?«

»Zugegeben. Aber wozu die Mühe?«

Ich bückte mich, um eine Muschelschale aufzuheben – bei näherem Betrachten waren es Tausende, meist Bruchstücke von Kaurimuscheln, aber auch einige Kammmuscheln, unverkennbar wegen ihrer fächerförmig gerippten Schale –, doch die Kinder behinderten mich. »Warum sollte Gott Kaurimuscheln auf einem Bergkamm aussetzen, es sei denn, sie hätten einmal an Land gelebt?«

Er schnaubte. »Das ist Unfug. Du könntest genauso gut behaupten, dieser Berg sei einmal der Meeresboden gewesen. Was er vor zwei Jahren ja auch war.«

Stimmt, aber diese Erklärung ist nicht befriedigend. Es ist unwahrscheinlich, dass so viele Lebewesen so hoch getragen worden sind, selbst von Wellen, die so mächtig waren wie die der Flut. Und außerdem, viele der Muscheln waren rissig und alt, ihre Farben ausgebleicht und verblasst. Die Tiere waren längst tot, bevor sie hier ankamen – keine lebenden Kreaturen, die hier angespült wurden und dann starben, als das Wasser zurückging.

Noch ein Rätsel. Ich seufzte: wieder eine Erklärung, die nur darauf wartete, dass man darüber stolperte. Wie die Bedeutung der Sternenkonstellationen oder das Geheimnis, wie Vögel fliegen. Hat Jahwe die Welt mit Mysterien wie diesem zu seinem eigenen Vergnügen übersät, fragte ich mich, oder tat er es als Herausforderung für uns?

Wir brauchten fast einen Monat, um diese Berge zu durchqueren, und ich werde das Gefühl in meinem Bauch nicht so schnell vergessen, das sich einstellte, als wir den letzten Kamm erklommen hatten und über die unendliche, saftige Ebene blickten, die sich wie ein grüner Teppich verschwenderisch vor uns ausbreitete. Cham blinzelte zu mir herüber. »Dein neues Zuhause, Ilya.«

Ich rieb mir die Augen. »Es ist wunderschön. Lass uns hinuntergehen.«

Wir brauchten noch drei Tage für den Abstieg aus den Bergen, nachdem einer der Ochsen sich ein Bein verrenkt hatte und nur noch langsam humpeln konnte. Als wir in der Ebene angelangt waren, gab Cham keine Ruhe, bis wir den Fluss erreichten. Doch dann entschied er, dass die flachen Ufer wahrscheinlich Überschwemmungen Vorschub leisteten, und wollte in höher gelegenes Gelände weiterziehen. Dazu brauchten wir wieder eine Woche, und dann sah er den anderen Fluss und wollte wissen, ob sie sich irgendwo treffen, und zehn Tage später sahen wir, dass das tatsächlich der Fall war. Das Land wölbte sich zwischen ihnen, als werde es von zwei Händen zusammengepresst. »Das ist es«, sagte Cham, und ich stimmte zu.

Es ist ein schönes Stück Land, ein mächtiges Dreieck, von den Flüssen umklammert. Die Erde ist schwarz und zerkrümelt zwischen meinen Fingern, das Land ist bedeckt mit glänzendem Steppengras, das bis zu den fernen Bergen schimmert. Unser Vieh wird fett vom Grasen, und Cham sagt, dass Säen hier ein Kinderspiel ist. Wir hatten schon Angst, wir hätten uns mit der Aussaat zu viel Zeit gelassen, aber der Sommer hier ist lang, und es bleibt sogar nachts warm. Diesbezüglich hatten wir also Glück oder waren gesegnet. Gesegnet, nehme ich an, aber es ist schwer, an Segen zu denken, bei allem, was passiert ist.

Zwei Monate sind wir jetzt schon hier, und Cham hält die Felder in gutem Zustand. Die Erde ist fruchtbar und leicht zu pflügen. Das Haus besteht lediglich aus Tierhäuten, die zwischen Zedern gespannt sind, aber Cham verspricht, dass er diesen Herbst etwas Solideres bauen wird. Die Flüsse führen viel Schlick mit sich, und an den Ufern findet sich Tonerde, die geschnitten und zu Ziegeln gebrannt werden könnte, als Schutz vor dem Winter. Schlammig oder nicht, der Fluss wimmelt jedenfalls von dickbäuchigen Fischen mit orangefarbenen Kiemen, die uns die ersten Monate hier das Überleben gesichert haben.

Jeder Tag bringt eine Überraschung mit sich. Wir waren gerade eine Woche hier, als ich morgens nicht wie üblich von Chams Geschäftigkeit aufwachte, sondern seinen Körper warm und schwer an meiner Seite spürte. Die Jüngste wimmerte, und Kanaan zupfte an meinem Arm und verlangte offensichtlich nach seinem Frühstück. Es brannte kein Feuer – das macht gewöhnlich Cham –, und unser kleiner Unterschlupf aus Häuten wirkte trostlos an diesem Morgen, so voller Tau und von scharfen Windstößen durchlöchert.

Ich stieß ihn an. »Bist du krank?«

»Hä?«

»Warum bist du nicht auf?«

Er sah mir in die Augen. »Es ist Sabbat, Liebes. Tag der Ruhe.«

Ich konnte vor Verblüffung gar nichts sagen. Er hatte den Sabbat schon vorher befolgt, aber ich dachte, das sei Noahs Einfluss gewesen. Cham hatte sich nicht viel aus dem Tag des Herrn gemacht, als er noch in Za Schiffe gebaut hatte, und das sagte ich ihm auch.

Er rieb sich die Augen. »Beim Bau der Arche blieb nicht viel Zeit zum Ausspannen. Und während der Sintflut hatten wir jeden Tag viel zu tun.«

»Und hier nicht?«

»Natürlich. Aber alles zu seiner Zeit, Liebes.«

Na, dann. Er hatte kaum die Felder für Weizen und Gemüse gerodet und eingesät, aber so sei es eben. Wir brauchten jedenfalls Wasser und ein Feuer und etwas zu essen. Als ich all das erledigt hatte, war er auf und spielte mit den Kindern auf dem Lehmboden der

Hütte. Ich muss zugeben, es war süß, die drei so zu sehen, und eine Weile machte ich mit.

Nach dem Mittagessen sagte ich: »Ich mache einen Spaziergang. Passt du auf die Kinder auf?«

»Klar.«

Der Nachmittag war herrlich. Ich ging in die Richtung, aus der wir gekommen waren. Langes Gras streifte um meine Knie, und überall waren Mohnblumen, wie ein Meer aus Rot. Von dem Pfad, den wir eine Woche vorher ausgetreten hatten, war keine Spur mehr zu sehen.

Ich ging eine Meile, erstieg eine kleine Anhöhe und schaute über die Schulter zurück zu unserem Zelt zwischen den Zedern, das aus der Entfernung kaum noch sichtbar war. Dahinter lag der ypsilonförmige Zusammenfluss der beiden Ströme. Auf dem Kamm der Anhöhe stieß ich auf die kleine Steinsäule, die ich auf dem Hinweg gebaut hatte. Damals war ich müde gewesen, und die Säule war ein erbärmliches, nur kniehohes Exemplar. Jetzt nahm ich mir die Zeit, ein paar anständige Steine auszugraben, die größten etwa eine Elle im Durchmesser, und aus ihnen einen ordentlichen kleinen Turm zu bauen. Ich hörte nicht auf, ehe er hüfthoch war und stabil genug, um auch den heftigsten Stürmen zu trotzen. Obenauf befestigte ich einen Wegweiser, einen schweren, keilförmigen Brocken Quarz, der direkt auf unsere Behausung zeigte. Dann ging ich weiter.

Der nächste Wegweiser stand ungefähr in einer Meile Entfernung. Den hatte ich etwas solider gebaut, erneuerte ihn aber trotzdem.

An jenem Nachmittag besserte ich nur diese beiden Türmchen aus, bevor ich nach Hause ging. Aber während die Wochen ins Land ziehen und der Weizen wächst, ist es zu meiner regelmäßigen Sabbatnachmittagsbeschäftigung geworden. Es wird nicht mehr lange dauern, dann werde ich den Esel nehmen müssen, um größere Strecken bewältigen zu können; und schließlich das Pferd, das mich noch weiter trägt. Ohne tage- oder gar wochenlang unterwegs zu sein, werde ich es allerdings nie schaffen, mehr als einen Bruchteil der Wegweiser zu erreichen – ich nehme an, dass ich in den kommenden Jahren genau das tun werde. Diese Arbeit übt eine beruhigende Wirkung auf mich aus, und ich habe keine Scheu zuzugeben, dass die Wegweiser eine Nabelschnur sind, die zu der einzigen Familie zurückführt, die ich habe. Die Vorstellung, diese Familie für immer zu verlieren oder dass sie uns verlieren und vergessen könnte, erfüllt mich mit einem Gefühl der Beklemmung, wie ich es nicht einmal in den schlimmsten Nächten auf der Arche verspürt habe.

Vielleicht sehe ich mir diese Kaurimuscheln eines Tages noch mal an, wenn ich wieder in die Berge komme. Sammle ein paar ein und versuche zu verstehen, wie sie dort hingekommen sind. Vergleiche sie mit den wenigen, die ich seit der Zeit auf See mit meinem Vater bei mir trage. Vielleicht unterscheiden sie sich auf eine Art, die das Rätsel in den Bergen erklären kann. Und vielleicht – es gibt eine Menge Vielleichts, ich weiß – vielleicht werden sie sogar ein, zwei Dinge über Jahwe selbst erklären.

Zum Beispiel, wie er das tun konnte, was er getan hat.

Die Stammesmütter meiner Heimat leben nicht mehr, und die Göttinnen, die sie verehrt haben, sind mit ihnen untergegangen. Auch Oda ist tot, was in meinen Augen kein großer Verlust ist. Aber einige der Gottheiten hatten mehr zu bieten als Oda, die ihre Feinde munter verschlungen und in ihrem Blut gebadet hat. Einige der anderen heiligen Frauen waren liebevoll und mitfühlend. Gute Mütter, so wie auch ich zu sein versuche. Sie haben kein Blut getrunken. Und was das angeht, haben sie auch nicht die Welt und alles, was darauf gelebt hat, ertränkt.

Mir scheint, Jahwe hat allerhand zu verantworten. Aber ich gebe gerne zu, dass es eine Menge Dinge gibt, die ich nicht verstehe. Also werde ich eines Tages, wenn auch vielleicht erst in ein paar Jahren, zu den Bergen zurückkehren und diese Muscheln einsammeln. Einige von ihnen waren sogar in Stein eingebettet, was noch merkwürdiger ist. Ich werde sie gründlich studieren und versuchen herauszubekommen, wie sie dort hingekommen sind. Vielleicht kann ich, wenn ich Jahwes Schöpfung verstehe, auch Jahwe selbst verstehen – wenigstens ein bisschen. Wenn ich ihn verstehe, verstehe ich vielleicht auch seine Motivation besser, so viel von der Schönheit seiner Schöpfung zu zerstören.

Ich nehme an, das ist das Mindeste, was man tun kann. Versuchen, jemanden zu verstehen, bevor man ein Urteil fällt.

Noch mehr Vielleichts also. Sehr wahrscheinlich werde ich einfach alt und verschrumpelt und verbittert wie Chams Mutter. Und sterbe dann. Und erhalte dann, wenn mein Schwiegervater Recht hat, die Gelegenheit, doch noch ein paar Fragen zu stellen.

Ich weiß, dass Cham von all dem nichts versteht. Wenn ich wegreite, denkt er einfach, ich brauche Zeit für mich. Eigentlich blanke Ironie, dass er glaubt, ich möchte noch einsamer sein, als wir es ohnehin schon sind. Aber er fragt nie, was ich an meinen Sabbatnachmittagen tue, und ich gebe freiwillig nichts preis. Es versteht sich, dass er kein großes Interesse daran hat, die Familienbande aufrechtzuerhalten, zumindest im Moment, und theologische Debatten faszinieren ihn auch nicht besonders. Ihm geht schon genug durch den Kopf: die Ernte, das Vieh und die bevorstehenden Bauarbeiten. Er verdient ganz sicher seinen Ruhetag. Ich glaube, dass er fast den ganzen Sabbat verträumt, und ich mache ihm deswegen keine Vorwürfe.

11. Kapitel

NOAH

☑ 🐻 🐻

Diese Krankheit gleicht keiner, die er je zuvor gesehen hat. Das Leiden der Frau ist nicht gekennzeichnet von Fieber, Schmerzen oder Delirium, nicht einmal von Schweißausbrüchen, Schlaflosigkeit, Erbrechen oder Zittern. Die Augen in ihrem blassen Gesicht flackern, und ihre Schwäche erlaubt ihr nicht, vom Bett aufzustehen. Davon abgesehen klagt sie jedoch über keinerlei Beschwerden.

Es fehlt ihr auch nicht die Energie, Anweisungen zu erteilen. »Du musst dich um dieses kühle Erdloch kümmern.«

»Das werde ich«, antwortet Noah pflichtbewusst.

»Grab es aus und leg es mit Steinen aus, damit die Saat nicht verschimmelt. Ich hab es Japhet letzten Sommer schon gesagt, aber der Junge hört ja nie.«

Dies ist das vierte Mal, dass sie ihm diese Aufgabe auferlegt hat, möglicherweise auch schon das fünfte Mal.

»Es ist eine gute Idee«, sagt er eilig. »Ich kümmere mich darum.«

Ihr Blick kriecht wie ein Insekt über die Wände. »Du wirst vor dem Winter eine gute, schwere Decke brauchen. Vergiss das nicht. Wir haben die besten aus Wolle alle den Kindern mitgegeben.«

Noah beugt zustimmend den Kopf.

»Wo sind die Ziegen?«, fragt sie plötzlich. »Niemand hütet die Ziegen. Du hast sie doch nicht weglaufen lassen, oder?«

»Sie sind auf der Weide«, beruhigt er sie. Doch als sie sich zurücklehnt, krallen ihre Finger sich noch immer in den Saum ihrer Decke.

Noah kümmert sich liebevoll um sie. Er denkt sich Fleischbrühen aus, die so pikant sind, wie er es fertig bringt, und füttert sie. Ihre zweigdünnen Finger liegen auf seinem Unterarm, während er ihr den Löffel zum Mund führt. Er hat die Schafe geschoren und die Wolle in einen Leinensack gesteckt, auf dem sie liegt und der ihre müden Gelenke entlastet. Als er sie zum ersten Mal daraufgelegt hat, hat sie ihn neckisch angelächelt und schien etwas sagen zu wollen, war aber in festen Schlaf gefallen, bevor auch nur ein Wort heraus war.

Während sie döst, was sie jetzt fast immer tut, kümmert Noah sich um seine Aufgaben, die allerdings keinerlei Anstrengungen erfordern. Diese Landwirtschaft hier sollte einmal eine große Familie versorgen, aber jetzt muss sie nur noch zwei Menschen ernähren und, wie Noah weiß, bald nur noch einen. Mit der Zeit tut er immer weniger, lässt reifes Obst einfach abfallen und liegen und drei Viertel des Weizens verwildern. Derweil wuchern die Linsen wie Unkraut, und die schlauen Hennen machen es sich unter ihrem dichten Dach bequem, haben sie doch gelernt, dass Noah selten mehr als eine Hand voll Eier sucht. Nicht mehr oft schlachtet er eine Ziege oder dreht einem Huhn den Hals um. Als sei es eine Reaktion auf seine Vernachlässigung, strotzt der Hof überall vor Leben.

Noah verbringt die meiste Zeit im Gebet oder wenigstens damit, seine Gedanken auf die Unendlichkeit zu richten, was genau das ist, wofür er immer gebetet hat. Jetzt ist er sich nicht mehr so sicher. Gottes Schweigen ist vollkommen. Als jüngerer Mann hätte Noah getobt und wäre verrückt geworden angesichts der Krankheit seiner Frau. Er hätte Gottes Gleichgültigkeit verflucht, sich dann entschuldigt und Beistand erfleht, während er im Stillen wegen der Ungerechtigkeit all dessen gekocht hätte. Aber Noah ist kein junger Mann mehr. Er ist keine zwei- oder dreihundert Jahre mehr, und er hat mehr erlebt, als jeder andere es je hat oder wird. Durch leidvolle Erfahrung hat er gelernt, was das Ergebnis allen Tobens und Verrücktwerdens und Fluchens und Flehens ist: nichts. Der Herr tut, was er will und wann er es will. Und aus Gründen, die kein menschlicher Verstand begreifen kann, will er jetzt, dass Noahs Frau stirbt.

Aber langsam. Das erkennt Noah, und es erfüllt ihn mit Schmerz wie Wasser einen Brunnen, der überzulaufen droht. Die Frau wird lange genug am Leben gelassen, um Noah zu instruieren, wie er sich selbst am Leben hält. Deshalb die Unterweisung im Kochen und Weben und allem anderen. Sogar seine Sehkraft hat sich in den letzten Wochen verbessert. Offensichtlich möchte Gott, dass Noah zumindest noch eine Weile weiterlebt. Es ist typisch für Noah, dass er sich fragt, zu welchem Zweck.

Er steht zwischen den Aprikosen und beugt voller

Demut das Haupt. »Herr, sende mir ein Zeichen deiner Absichten«, sagt er laut. »Zeige mir, dass du nicht unzufrieden mit mir bist und dass dies keine Strafe ist.«

Denn Noah befürchtet, dass es eine Strafe ist.

Ein Eichhörnchen hüpft mit aufgerichtetem Schwanz zwischen den Bäumen umher und jagt behände einen Stamm hinauf, um sich unter blassen, silbergrünen Blättern zu verlieren. Wenn dies ein Zeichen sein soll, kann Noah es nicht deuten.

Seine Stimme bebt und ist fast nur noch ein Flüstern. »Herr, ich habe alles getan, was du verlangt hast. Alles, was ein Mann tun kann, und mehr, als so mancher auch nur versucht hätte. Wenn du eine Aufgabe für mich hast, zeige mir, was ich tun muss. Wenn nicht ... wenn nicht ...«, jetzt bricht seine Stimme, das Flüstern erstickt beinahe. »Bitte verschone meine Frau.«

Jahwe schweigt.

»Auch sie hat dir treu gedient, auf ihre Art. Sei nachsichtig mit ihr, wenn du sie zu dir rufst.«

Jahwe schweigt.

Auch Noah hört auf zu sprechen. Er geht zu den Zelten zurück, setzt sich auf einen Stein und lässt den Blick umherschweifen. Die Sonne strahlt vergnügt über Felder und Weiden, bescheint Gemüse und Obst, den Fluss, der vor Fischen überquillt, die Schafe, die fett und voller Wolle sind, und die Ziegen, die einfach nur fett sind. Dies ist sein eigenes kleines Land, ein Königreich, in dem er zugleich Herrscher und Untertan ist. Sein Paradies, sein Garten, sein Eden. Doch bald wird er darin allein sein.

Der Gedanke schnürt ihm die Kehle zu.

12. Kapitel

Japhet

☑ 🦆 🦆

Wir werden unseren Enkelkindern tatsächlich eine Mordsgeschichte zu erzählen haben.

Ich fühle mich ein bisschen mies dabei, Cham so einfach den Rücken zu kehren, aber der Scheißkerl hat es schließlich drauf angelegt. Die Art, wie er mit dem alten Herrn umgesprungen ist, war scheußlich. Klar, er geht einem schon mal auf die Nerven, das könnt ihr mir glauben, aber der Mann ist sechshundert Jahre alt, und das muss man doch bedenken. Cham hat auf jeden Fall verdient, was immer da auf ihn zukommt, obwohl ich finde, Kanaan mit dem Fluch zu belegen war ein bisschen übertrieben. Ich bin froh, dass ich was dazu gesagt habe, aber ich bin erst recht froh, dass wir all das jetzt meilenweit und wochenlang hinter uns gelassen haben.

Ich beschwere mich nie, obwohl Mirn und ich die absolut schlimmste Route abbekommen haben, stur nach Norden in die kalten Länder, wo, wenn man Ilyas Geschichten glauben kann, der Winter zehn von zwölf Monaten andauert und der Boden mit Steinen übersät ist. Den ganzen Weg folgen wir dem Fluss mit diesen verdammten fetten Fischen. Nach zwei Wochen hab ich die Schnauze so voll von Fisch, ich kann den Gedanken nicht ertragen, auch nur einen mehr essen zu müssen. Und dann fragt Mirn: »Lust auf Fisch?«, und uns bleibt nichts anderes übrig. Wir haben sonst fast nichts mehr zu essen außer einigen kalten Vorräten, und von denen haben wir auch die Nase voll. Also schnapp ich mir zwei von den blöden, fetten Kerlen aus dem flachen Uferwasser – ich bin inzwischen ziemlich geschickt mit der linken Hand –, und Mirn nimmt sie aus und brät sie mit Öl und Salz. Es wird uns vorläufig am Leben erhalten, aber die ganze Zeit während ich kaue, schiele ich zu den Schafen rüber und denke: nicht mehr lange, und ihr seid dran, Freunde, das könnt ihr mir glauben.

Mirn jammert nie, und das muss man doch einfach an ihr lieben. Allerdings glaube ich nicht, dass sie sich sonderlich zusammenreißen muss: Es scheint ihr wirklich nichts auszumachen, tagein, tagaus das Gleiche zu essen – gebratenen Fisch zum Abendessen, kalten Fisch zum Frühstück. Sie sagt ständig Dinge wie »Wir sind hier mit so großer Fülle gesegnet«, und so. Ich schalte dann immer ab. Ich hab schon mehr als einmal gedacht, dass meine Frau einen leeren Kopf und einen schönen Hintern hat, und diese Reise bestätigt meinen Verdacht.

Es macht mir auch nichts aus, wenn sie die ganze Zeit plappert, während wir essen. Das hilft mir, meine Gedanken von diesem Drecksack Cham und dem leeren Blick, den unser alter Herr an dem Morgen unserer Abreise in den Augen hatte, abzulenken. Als hätte ihn einer in den Hintern getreten oder so. Ich will das nicht alles Cham in die Schuhe schieben, aber es ist doch klar, dass ein Abschied in so düsterer Stimmung hart für den alten Herrn war. Mein Bruder hätte sich zumindest entschuldigen können. Nicht, dass das was genützt hätte, aber es wäre doch wenigstens eine Geste der Versöhnung gewesen.

»Oh, schau nur«, legt Mirn los, »die großen orangefarbenen Schmetterlinge!«

Sie hat immer noch Gefallen an den kleinen Kriechern und Käfern und was nicht alles. So gut wie jeden Morgen, wenn es Zeit zum Aufbruch ist, hockt sie vor irgendeiner Heuschrecke, einem Marienkäfer oder einer Kaulquappe. Sie hebt jeden Stein auf, um drunterzugucken, und stapelt sie dann mit einem merkwürdigen Eifer zu Türmchen auf, die fast so groß sind wie sie selbst. Es ist süß, sie mit so einem unwichtigen Quatsch beschäftigt zu sehen, aber es nervt auch, denn alle wichtigen Arbeiten bleiben an mir hängen.

Aber was soll's. Kein Zweifel, sie ist den Kindern eine gute Mutter, das könnt ihr mir glauben.

Drei Wochen nach unserer Abreise schlängelt der Fluss sich in ein nettes Tal hinunter. Zu beiden Seiten ziehen sich blühende Wiesen über eine Reihe von Hügeln, die allmählich steiler werden. Es ist eine schöne Landschaft, voll von Mirns geliebten Schmetterlingen und ganz zu schweigen von allen möglichen Spechten und Grasmücken, die mich jeden Morgen mit ihrem verdammten Getöse aufwecken. Wir sind drauf und dran, unsere Bündel hier und jetzt fallen zu lassen und zu bleiben, aber ich habe das unbestimmte Gefühl, dass wir noch nicht so weit gegangen sind, wie wir eigentlich sollten. Immerhin hat der alte Herr gesagt, wir sollen ausziehen und neue Völker gründen, und das ist immer noch derselbe Fluss, wo er und Mutter sind, ein bisschen weiter im Norden, aber im selben Tal. Es ist verlockend zu bleiben, aber wir ziehen weiter.

Ein paar Tage später mündet ein zweiter Fluss von Nordwesten in unseren. Er ist breiter, aber flach genug, um ihn zu überqueren. Auch in diesem Fluss gibt's Fische, aber eine andere Sorte, und ich kann nur denken: Endlich mal was anderes zu essen. Also sag ich: »He, Mirn, soll'n wir hier lang?«, und sie sagt: »In Ordnung.« Und mehr Gedanken machen wir uns über die Entscheidung nicht.

Kurz drauf frag ich mich ernsthaft, wie ich so dumm sein konnte. Zuerst ist das Land ganz annehmbar, aber nach zwei Wochen wird es immer trockener und steiler und der Boden wird mit jedem Schritt steiniger und härter. Das ist gut zum Laufen, aber beschissen zum Pflanzen. Wir sind jetzt beinah anderthalb Monate unterwegs und denken, es wäre schön, sich irgendwo niederzulassen, aber sicherlich nicht hier, auf diesem trockenen, hellbraunen Sand, mit Bergen vor und hinter uns, so weit das Auge reicht. Wir ziehen noch mal eine Woche weiter, folgen dem gewundenen Fluss immer höher, über zerklüftete Felsen, die dicht mit Dornenbüschen und hartem Gras und nichts sonst bewachsen sind. Dann und wann summt eine Wespe an meinem Ohr vorbei. Diese Flussfische retten unser Leben, das steht mal fest. In der ganzen Gegend fällt nicht ein Tropfen Regen, und das gibt mir zu denken, was den Ackerbau hier betrifft. In der Ferne scheinen immer Wolken am Himmel zu stehen, aber es ist, als jagten wir einer

Fata Morgana hinterher. Ich denke jeden Morgen ernsthaft darüber nach umzukehren, doch dann erinnere ich mich an die Erfahrung des alten Herrn mit dem Boot, überlasse alles Jahwe und lasse mich treiben.

Mirn beunruhigt das dagegen alles nicht. Unwissenheit kann manchmal ein großer Segen sein.

Eine Woche später sehen wir eine gewaltige Kammlinie vor uns, die ungewöhnlich flach ist, fast wie eine Tischplatte. Die Hügel, die wir durchqueren, scheinen wie Wellen auf einem See davon wegzuwogen. Wasserfälle stürzen wie weiße Finger herunter, und einer davon scheint den Fluss zu speisen, dem wir folgen. Es sind immer noch drei, vier Tage zu gehen mit all den Tieren, aber wenn wir da hinaufkommen und uns umschauen, bekommen wir eine Vorstellung davon, was vor uns liegt, und können Pläne machen.

Wir halten an, um etwas zu essen: hartes Gebäck, Oliven und Trockenobst. Mirn sagt: »Schau dir doch nur mal das Karnickel da an.«

Bei Adams Rippe, denke ich. »Mirn, hör mal. Siehst du den Kamm da oben?«

»Hm. Plateau, eigentlich.«

»Was?«

»Es ist zu flach für einen Kamm.«

»Sei mal still. Ich hab nachgedacht. Das Land hier ist grauenhaft. Zu hügelig zum Bestellen, und die Krume ist sowieso unbrauchbar.«

»Das eine bedingt das andere«, verkündet sie, als ob sie auch nur das Geringste davon verstehen würde. »Wo es hügelig ist, spült der Regen die ganze gute Erde bergab.«

Himmel noch mal, es kann einen fertig machen, wenn man versucht, ernsthaft mit ihr zu reden. »Mirn, pass auf: Wir klettern da rauf und sehen uns um. Wenn uns gefällt, was wir vor uns sehen, ziehen wir weiter. Wenn nicht, ist es Zeit, dahin zurückzugehen, wo die Flüsse sich treffen, und unser Glück mit der anderen Richtung zu versuchen. Es ist ein langer Weg, aber ich weiß nicht, was wir sonst tun sollen. Ich bin halb verkrüppelt und krieg bei so einem Boden nichts zum Wachsen.«

Ich gebe zu, dass ich mutlos bin, die Nase voll hab vom Reisen und mir Sorgen um meine Hand mache. Ein verkrüppelter Bauer hat's nicht leicht, und das ist nicht gerade etwas, worauf ich mich freue. Die letzten zwei Jahre hab ich mir einiges beigebracht, sicher, habe gelernt, wie man Werkzeug in der anderen Hand hält, und meine linke Hand ist dadurch ziemlich geschickt geworden. Aber egal, was geschieht, mit dem Verlust einer Hand kann man sich nie richtig abfinden. Jemand, der das Gegenteil behauptet, hat keine Ahnung, wovon er redet.

Aber Mirn scheint völlig gelassen zu sein und glotzt wie üblich in die Gegend. Ich folge ihrem Blick und sehe zwischen den knorrigen Büschen ein paar große orangefarbene und schwarze Vögel, die sie Pirole nennt.

»Hast du auch nur ein Wort gehört von dem, was ich gesagt habe?«

Da lächelt sie mich an mit ihrem runden Gesicht und den braunen Augen, die fast ein bisschen mandelförmig sind. Sie ist wunderschön, muss ich zugeben, und ich könnte sie hier und jetzt flachlegen und ihr alles vergeben, aber sie treibt mich fast in den Wahnsinn, als sie sagt: »Ich glaube, es wird uns da oben gefallen.«

»Wie willst du das wissen? Du warst doch noch nicht da.«

»Nun, es gibt Pirole, Bienen, Kaninchen und ...«

»Bei Adams Rippe, Mirn, sei doch nicht so kindisch.«

Augenblicklich tut mir Leid, dass ich das gesagt habe, denn ihr Gesicht verzerrt sich, und sie fängt an zu weinen. »Komm schon«, versuche ich sie zu trösten. »Komm schon, ich hab's nicht so gemeint. Ich bin ein Esel, stimmt's?«

Sie nickt. »Es ist nur ... es ist nur ...«

»Ich bin sicher, es ist dort wunderschön«, sage ich. Aber ich kann nicht anders und füge hinzu: »Vielleicht ein bisschen ungemütlich, ohne einen Tropfen Regen.«

Sie reibt sich die Augen. »Natürlich gibt's da Regen. Da ist ein Fluss, oder? Und Wasserfälle. Die kommen entweder von einer Quelle oder einem See, wahrscheinlich ein See, wegen all der Wolken. Das Plateau fängt vermutlich das ganze Wasser ab, das sich auf der anderen Seite der Bergkette abregnet. Deshalb ist es auf dieser Seite so trocken.«

Hör sich einer das Geplapper an. Ich schlinge die Arme um sie und drücke sie und sage tröstend: »Schon gut. Ich bin nicht böse auf dich. Nur ein bisschen müde.«

Ihre Finger hinterlassen schmutzige Streifen, als sie sich übers Gesicht wischt. »Pirole essen Früchte, also muss es dort Obstbäume geben. Die Kaninchen essen auch irgendwas, und die Bienen brauchen Blumen. Ich sehe hier keine Blumen, du etwa? Irgendwo gibt es eine Wiese mit einer Erde, die gut genug ist, dass Dinge darauf wachsen.« Sie deutet nach vorne. »Dort wahrscheinlich.«

Mein Blick folgt ihrem Finger, und ich muss zugeben, die Vorstellung ist nicht schlecht, aber mir ist klar, dass ich es nur deshalb glauben möchte, weil ich müde bin. »Hat dein Vater dir das alles beigebracht?«

Halb lacht, halb schluchzt sie. »Mein Papa war nicht in der Lage, irgendwem irgendwas beizubringen.«

Wenn das kein Geduldsspiel ist, denke ich. »Und wer hat es dir dann beigebracht? Oder denkst du dir das alles aus?«

»Oh, Japhet«, sagt sie da, und ich schwöre, sie hört sich an wie meine eigene Mutter. »Man braucht niemanden, der einem Dinge beibringt. Man muss nur schauen.«

Wenn das nicht dem Fass den Boden ausschlägt. Offenbar ist sie immer noch eingeschnappt, also ziehe ich sie näher an mich heran und drücke sie so, wie sie es mag. Mit einer Hand und einer Klaue. »Ich bin nicht gut im Schauen. Das ist von jetzt an deine Aufgabe.«

Sie antwortet nicht. Ich sage zu ihr: »Ich werde die Felder pflügen und mich um die Tiere kümmern und all das. Und ich werde dir ein schönes Haus aus Holz da oben bauen, wenn es welches gibt. Sonst aus Lehm oder sogar aus Stein. Ich hab nichts mehr gegen harte Arbeit. Das war mal, aber jetzt finde ich gerne heraus, wie viel ich leisten kann. Ich bin jetzt ein neuer Mann, wirklich.«

Darüber lächelt sie und sagt: »Ich weiß.«

»Aber deine Aufgabe wird sein, dir Sachen anzuschauen und Dinge herauszubekommen und mir zu sagen, was ich tun soll, einverstanden? Und die Kinder zu unterrichten. Wenn sie älter sind, können sie bei der schweren Arbeit helfen, aber du musst der Kopf der ganzen Sache sein. Weil Jahwe weiß, dass bei mir nicht viel drin ist.«

Sie kichert.

»Also sind wir uns einig?«, frage ich sie. »Bist du einverstanden?«

»In Ordnung«, stimmt sie zu und schmiegt sich an mich.

Armes Ding. Ich denke, sie glaubt das wirklich.

13. Kapitel

NOAH

☑ 🦬 🦬

Noah lebte nach der Flut noch dreihundertfünfzig Jahre.

Genesis 9, 28

Noah beerdigt sie im weichen Boden des Feldes, das er für die Kichererbsen gerodet hatte, die er jedoch nie gepflanzt hat. Die Erde zerteilt sich so leicht wie Wasser. Er senkt ihren in ein Leichentuch gehüllten Körper in die Grube und schaufelt lose Erde darüber, stampft sie mit seinen knorrigen Füßen fest und schaufelt weitere darauf. Als er fertig ist, scheint ihm die mittägliche, kühle Herbstsonne auf die Schultern, und sein abgetragener Kittel ist triefnass. Erst nachdem er sich im Fluss gewaschen und seinen so stur am Leben hängenden Körper getrocknet hat, erlaubt er sich den Luxus, sich am Grab seiner toten Frau niederzulassen und zu weinen.

Das ist schnell getan. Aus Noah fließen ungefähr so viele Tränen wie aus einem Stein, und das weder leicht noch lange.

Danach schaut er sich um. Das Feld ist von scharlachroten Mohnblumen mit langen Stielen und schwarzen Augen zurückerobert worden, und obwohl sie schon dem Herbst gewichen sind, weiß er, dass sie im nächsten Frühling wieder ungebeten erscheinen und das Grab seiner Frau umkränzen werden. Noch ein, zwei Jahre, und sie werden es vollständig unter sich verbergen, und das, entscheidet er, ist passend. Einige der Heiden versahen die Gräber ihrer Toten mit Schnitzereien und Türmen und stolzen Monumenten aller Art, aber das ist eine Eitelkeit, der Noah nicht frönen möchte.

Er räuspert sich und murmelt: »Danke Herr, für einen neuen Tag.«

Und ein bisschen später fügt er hinzu: »Obwohl ich die Arbeit, die du mir aufgetragen hast, gerne noch eine Weile aufgeschoben hätte.«

Das Schweigen des Herrn ist allumfassend.

Noah stellt sich die Zukunft vor, die sich wie ein Fluss vor ihm erstreckt oder wie das Abrollen eines endlosen Ballens Tuch. Er stellt sich die Jahre seines Lebens vor, wie sie sich weiter und weiter anhäufen, ihn Jahrzehnte oder möglicherweise Jahrhunderte allein an diesem Ort zurücklassen. Dazu die ständige Wiederkehr täglicher Verrichtungen: säen und ernten, Schafe scheren und Kleider weben. Die Vorstellung erfüllt ihn mit Angst, die klebrig und schwarz wie Pech ist. Nur der Gedanke an seine Nachkommen kann diese Verzweiflung vertreiben, an seine Enkelkinder und deren Enkelkinder, die zu ihm kommen, um ihm Respekt zu erweisen oder gar eine Zeit lang bei ihm zu leben. Hoffnungslosigkeit erfüllt ihn. »Herr«, flüstert er, »mach, dass meine Familie mich nicht im Stich lässt. Schicke sie gelegentlich zu mir zurück, damit sie sich an einen alten Mann erinnern, der einmal deinem Befehl gehorcht hat.«

Jahwe sagt nichts, und der Knoten in Noahs Bauch bleibt.

Er vernimmt ein Schnuppern. Noah wendet sich um und starrt in das hochnäsig blickende, rostbraune Gesicht eines Fuchses mit weißen Ohren, der wachsam, aber auch sehr selbstbewusst den Blick aus zwanzig Ellen Entfernung erwidert und dann weitertrottet. Noah weiß, er müsste sich aufraffen und den Fuchs verscheuchen, bevor der eine junge Ziege oder ein paar Hühner stiehlt, aber er bringt es nicht übers Herz. Soll der Fuchs doch bleiben. Vielleicht wird er ihm ja ein Begleiter, der nachts vor seinem Eingang ein Schläfchen hält. Noah erkennt sehr wohl, wie erbärmlich das ist.

Die Sonne verschwindet hinter einer Wolke, und alles wird ein bisschen stumpfer. Noah reibt sich mit dem Ärmel über die Augen. Feuchtigkeit hat sich in den Winkeln gebildet wie Tau.

Er erinnert sich an ihre letzte Unterhaltung. Die Frau war lebhaft, sogar geschwätzig. Noah hatte neben ihr gesessen und sich gefragt, ob sie sich am Ende doch noch erholte. Irgendetwas veranlasste sie zu der Bemerkung: »Du bist in letzter Zeit so gedankenverloren. Ist es wieder eine Vision?«

Er schüttelte den Kopf. »Nein.«

»Bist du sicher?«

»Oh ja.« Er gestattete sich ein kleines Lächeln. »Ich würde eher sagen das Gegenteil.«

Sie runzelte die Stirn. »Was ist das Gegenteil einer Vision? Blindheit?«

»Etwas in der Art.«

Sie gackerte. Nicht aus Gemeinheit, sondern warmherzig. »Jahwe hat sich nicht gemeldet, nehme ich an.«

Er schüttelte den Kopf.

»So kann es gehen.«

Nach einer kleinen Pause sagte sie: »Das ist vielleicht die härteste Prüfung von allen.«

Er seufzte.

»Da erscheint die Flut völlig bedeutungslos, nicht? Nur eine Geschichte, mit der man den Kindern Angst machen kann.«

»Ich kann dir nicht folgen«, gab er zu.

»Ach, Noah. So wie es aussieht, war die Prüfung nicht zu Ende, als die Flut zu Ende war. Das war erst der Anfang.« Sie lehnte sich in das Kissen zurück, das er selbst angefertigt hatte, ihre Augen leuchteten, aber die Haut wirkte gespenstisch. »Wenn Jahwe dir nicht ins Ohr flüstert, bist du nicht mehr als irgendjemand sonst – natürlich auch nicht weniger. Aber du kannst nicht sicher sein, dass du gesegnet bist oder dass Gott auch nur einen Scheißdreck darum gibt, was aus dir wird.«

Noah starrte auf den Lehmboden. Solche Gedanken waren ihm auch schon gekommen, allerdings in etwas gemäßigteren Worten.

»Begrab mich in einem Feld mit Wildblumen, ja?«, bat die Frau.

»In Ordnung«, murmelte Noah nickend, aber in Gedanken war er noch bei dem, was sie vorher gesagt hatte.

Nach einer Weile lächelte die Frau und schloss die Augen. »Jetzt bist du genau wie wir alle«, sagte sie.

Eine Zeit lang schwiegen sie. Noah betrachtete seine knorrigen Zehen mit den gelben Nägeln. Schließlich fragte er: »Glaubst du denn, dass ich meinen Weg finden werde? So wie ihr alle es irgendwie geschafft habt?«

Er dachte, er höre sie flüstern: »Das weiß Gott allein.«

»Hä?«

Keine Antwort. Er blickte auf. Die Frau war tot.

14. Kapitel

Mirn

☑ 🐃🐃

Als wir den Kamm erreichten und auf das schauten, was hinter ihm lag, war es, als warte dort der Himmel auf uns.

»Siehste?«, sagte ich triumphierend, aber Japhet stand nur da und ballte und öffnete die Fäuste.

Das Land fiel ein bisschen ab und wurde dann zum Plateau, genau wie ich gesagt hatte. Exakt in der Mitte lag ein großer See, umgeben von flachem Land mit kleinen Baumgruppen darauf. Wildblumen wanden sich durch sie hindurch wie ein heruntergefallener Regenbogen. Hier und da war eine Anhäufung würfelförmiger Felsbrocken zu erkennen, bestimmt sehr schwer, aber gut zum Mauern. Mit Lehm bedeckt, würden sie uns den Winter über warm halten. Ich sah hinab und konnte mir genau vorstellen, wie alles in einem Jahr aussehen würde.

Enten schwammen auf dem See, und Bienen summten im Flieder.

»Bei Adams Rippe«, sagte Japhet wieder und wieder. Das ist immer das Einzige, was ihm einfällt, wenn er überrascht ist. »Bei Adams Rippe.«

»Muh«, machte die Kuh. Die Ärmste war halb verhungert nach der Überquerung der trockenen, staubigen Berge.

»Lass die Tiere frei«, sagte ich.

»Die könnten doch weglaufen.«

Ich zeigte mit dem Finger auf unser neues Zuhause.

»Würdest du davor weglaufen?«

Ich hatte Recht. So wie meistens.

Jetzt ist ein Jahr vergangen, und es ist fast genauso, wie ich es mir an dem ersten Tag damals vorgestellt habe. Außer Gomer, unserem Ältesten, und Nasra, unserer Jüngsten, haben wir Zwillingssöhne: Magog und Madai. Ich habe alle Hände voll damit zu tun, sie und die Tiere zu hüten, und das Kochen kommt noch dazu, aber Japhet tut auch das seine und noch mehr mit der ganzen Feldarbeit und seinen Bauvorhaben. Es ist erstaunlich, was er alles schafft, selbst mit der Hand, die gekrümmt ist wie die Schere eines Krebses. Er sagt immer: ›Es gibt viel Arbeit, und nur ich bin hier, der sie verrichten kann.‹ Er sieht immer so ernst aus, wenn er das sagt, und ich kann es kaum erwarten, bis die Kinder endlich alt genug sind, um ihrem Vater zu helfen.

Er sagt auch gern: ›Ich bin jetzt ein anderer Mann‹, und es stimmt, das ist er. Nur was mich betrifft, hat er sich nicht geändert. Er glaubt immer noch, dass ich albern und dumm bin, und ich schätze, das wird er vermutlich immer glauben. Aber das macht nichts. Mir ist es gleich, wenn ich immer seine kleine Mirn bleibe. Manchmal ist für die Menschen eben das am schwierigsten zu erkennen, was sie genau vor der Nase haben.

Letzten Herbst hat Japhet unser Haus fertig gebaut, ein einzelner Raum, in dem wir sowohl essen als auch schlafen. Es hat ein Holzdach mit Torf darauf und ein Fenster über der Kochstelle. Japhet hatte Schwierigkeiten mit dem Heben der schweren Steine, bis ich ihm gezeigt habe, wie man einen Hebel einsetzt, um sie zu bewegen. Trotzdem musste er unbedingt eine Art Steintreppe an der Außenseite bauen und die Quader Stufe für Stufe hinaufschaffen, um den oberen Teil fertig zu stellen. Später hat er zugegeben, dass es das Schwierigste war, was er je gemacht hat, und dass er nie zuvor auf etwas so stolz gewesen ist. Trotz allem ist es ein niedriger Raum, kaum hoch genug für ihn, um aufrecht zu stehen. Aber ich habe Recht behalten: mit Flussschlamm und Sand bestrichen, hatten wir es den ganzen Winter warm, und der war lang und eintönig. Drei Monate lang lag die Erde voller Schnee, wie Ilya es nennt, weiß und hübsch anzusehen, aber schneidend kalt, wenn man es anfasst. Der Boden darunter war gefroren, sodass er hart wie Wüstenkruste wurde. Sogar der See war zugefroren. Wir blieben die meiste Zeit im Haus, sahen nach den Kindern und hofften das Beste. Es war beinah, als wären wir wieder auf dem Boot.

Neben all der anderen Arbeit hat Japhet dieses Frühjahr noch begonnen, Ställe für das Vieh zu bauen. Ein kleines Hühnerhaus ist schon fertig. Er hat es aus Steinen gebaut, die wir zusammen auf dem Feld aufgelesen haben. Das war dringend nötig, denn letzten Winter haben einige der Ziegen und Schafe in der Kälte gefroren, bis Japhet und ich sie nachts mit hineingenommen haben. Auch die Hühner blieben drinnen, sogar die

Kühe. Wir haben sie morgens wieder rausgeschickt, aber es hat sich trotzdem angefühlt, als lebten wir in einem Stall. Und ich dachte immer, Japhet macht im Schlaf Geräusche! Ich werde mich nie mehr beklagen. Japhet sagt, er will, dass sie nächsten Winter alle ihren eigenen Unterstand haben.

Glücklicherweise war der Frühling mild, und wir haben fast den ganzen Verlust an Tieren wieder aufgeholt, und jetzt ist sogar die Kuh trächtig. Das wird ganz schön aufregend. Ich habe noch nie ein Kalb auf die Welt geholt, aber Japhet sagt, dass es nicht schwer sei, besonders nachdem er mir mit den Zwillingen geholfen hat. Er sagt, die Kuh wird die meiste Arbeit selbst machen, genau wie ich, ha ha. Wir werden ja sehen. Manchmal glaube ich, Japhet sagt oft Dinge zu mir, damit ich mir keine Sorgen mache, obwohl er selbst nicht weiß, was vor sich geht.

Letzten Herbst haben die Enten den See verlassen, haben die Flügel gestreckt, als winkten sie uns zum Abschied, bevor sie im niedrigen Flug übers Wasser verschwanden. Ich war traurig, sie davonfliegen zu sehen, aber jetzt weiß ich, dass die Kälte sie umgebracht hätte. Manchmal frage ich mich, wie sie das vorhersehen konnten. Aber egal, denn in dieser Woche kommt Japhet zum Mittagessen herein und sagt: »Deine Freunde sind zurück von wo immer sie auch gewesen sind.«

Draußen kann ich sie nirgendwo erblicken. Da sind nur die üblichen Schwalbenschwänze und Wespen und eine Schar Krähen, die die Torfstücke auf unserem Dach erobert haben, und sonst nichts. Dann steht Japhet an meiner Seite und zeigt auf den See. »Quak, quak. Warum fragst du sie nicht, wo sie gewesen sind?«

Ich renne den ganzen Weg. Es sind mehr Enten als letztes Jahr, mindestens sechs oder sieben braune Weibchen und drei Männchen mit weißen Köpfen und grünen Streifen auf den Flügeln. Ich kann gar nicht erwarten, ihre Babys zu sehen, denn ich weiß genau, dass sie welche kriegen werden.

Im Haus klaubt Japhet Hühnerkötel auf und fuchtelt mit seinen schmierigen Fingern vor Gomers Gesicht herum, der begeistert zu sein scheint. Als ich mich neben ihn hocke, fragt er: »Bist du stolz auf mich?«

»Weswegen?«

»Weil ich sic vor dir bemerkt habe.«

»Du bist so schlau«, antworte ich und küsse ihn. Er erwidert den Kuss, und die Babys glucksen. »Ich hab den gescheitesten Mann der ganzen Welt.«

»Den hast du, das steht mal fest.«

»Alle anderen beneiden mich um ihn.«

»Davon weiß ich nichts«, entgegnet er lachend. »Aber das sollten sie.«

Wir essen schnell auf und legen die Babys schlafen. Es ist gut, dass sie alle noch so klein sind und nichts dagegen haben, ein Nickerchen zu machen. Japhet ist das egal. Der würde mir sein Ding sicherlich auch vor ihren Augen reinstecken, aber es fühlt sich falsch an, wenn die Kleinen dabei brabbeln und die Zwillinge winken und an den Zehen nuckeln.

Hinterher lasse ich ihn schlafen. Vielleicht sollte ich ihn lieber wachrütteln und an die Scheune erinnern, die er gerade baut, aber ich lasse es. Es ist erst Frühling, und er hat schon ein gutes Stück geschafft. Jeden Tag scheint er stärker zu werden und mehr Arbeit zu erledigen.

Ich gehe hinaus und setze mich auf einen Steinhaufen am See. Die Sonne steht mittlerweile tief am Himmel, und eine leichte Brise weht übers Wasser. Irgendwo in der Ferne höre ich Schafe blöken. Draußen, in der Mitte des Sees, paddeln die Enten herum, als warteten sie, dass irgendwas geschieht.

Wolken betupfen den Himmel wie Flecken auf einem Ei, aber ich spüre nichts von einem aufkommenden Sturm. Aus irgendeinem Grund muss ich an den Tag denken, als wir Papa und Mama und die anderen verlassen haben. Das war erst vor einem Jahr, aber es ist, als wäre es schon viel länger her. Manchmal vermisse ich sie so sehr, Ilya und auch Bera und die Zeit, die wir mit den Vorbereitungen im Zelt verbracht haben. An anderen Tagen denke ich überhaupt nicht an sie. Irgendwie ist es schön, einfach hier zu sein mit Japhet und all den Tieren – dem Nutzvieh und den Kreaturen, die Japhet meine Freunde nennt.

Aber ich erinnere mich immer noch an den letzten Morgen und daran, was Papa gesagt hat. Ich habe Japhet nie danach gefragt, weil er mich doch nur gehänselt hätte, aber ich weiß wirklich nicht, wie ich das verstehen soll. »Gott regiert über alles«, hat er gesagt – ich glaube zumindest, dass er das gesagt hat –, und damals habe ich gedacht, er redet nur so daher, wie er es gerne tut. Jahwe führt den Befehl, und ihr nehmt euch besser in Acht und so weiter. Aber als wir eine Woche unterwegs waren, kamen wir in einen Sturm, ein wirklich schlimmes Gewitter mit Blitzen, die wie Gottesanbeterinnen aussahen, und Donner, der hinter jedem Stein zu dröhnen schien. Japhet und ich hockten uns unter einen Felsbrocken und versuchten, so trocken wie möglich zu bleiben, was nicht sehr gut gelang. Alle Tiere drängten sich mit hängenden Köpfen um uns herum und machten muh und bäh und schnieften und warteten, dass es vorbeiging. Genau wie wir.

Japhet lehnte sich zu mir rüber und brüllte gegen den Wind: »Wir werden unseren Enkelkindern eine Mordsgeschichte erzählen können.«

Ich lächelte, aber eigentlich war mir nicht besonders danach. Das sagt er jetzt andauernd, aber worin liegt der Sinn, eine Geschichte zu erzählen, an die wir uns gar nicht richtig erinnern?

Ich erinnere mich kaum noch daran, was Bera und Ilya davon erzählt haben, wie sie ihre Tiere eingesammelt haben. Ich hätte sie noch mal fragen sollen, aber ich hab's vergessen. Natürlich werden die Leute irgendwas erzählen, es war ja immerhin das Ende der Welt. So eine Geschichte wird nicht vergessen. Aber es werden natürlich Dinge hinzugefügt und ausgelassen und verdreht werden, bis bald schon niemand mehr weiß, was wahr ist und was erfunden wurde.

Das wenigste, was wir tun können, Japhet und ich, ist, so viel Erinnerungen wie möglich so richtig wie möglich zusammenzukratzen und zu behalten. Was mich wieder zu der Frage bringt, hat Papa nun gesagt,

Gott regiert über alles,

oder hat er gesagt,

Gott regnet über alles,
und spielt es überhaupt eine Rolle?

Ich bin ziemlich sicher, dass es eine Rolle spielt. Es scheint so, dass das eine bedeutet: Gott hat das Sagen, also pass auf, was du tust. Und das andere bedeutet: Gott kann alles wegnehmen, er kann aber auch alles zurückgeben, also ist es uns überlassen, was wir aus der Sonne und dem Regen und all den Tieren und was wir sonst noch finden mögen machen. Ich glaube, es spielt eine Rolle, welche Version wir wählen, weil sie letztendlich darüber entscheiden wird, wie wir die Geschichte erzählen. Wenn diese Geschichte erzählt wird, wieder und wieder, werden die Details verändert werden. Das ist immer so. Es geschieht nicht mit Absicht, sondern nur, weil die Menschen nie wirklich zuhören.

Also sollten wir als Erstes vielleicht erst mal sicherstellen, dass wir verstehen, was geschehen ist.

Als Japhet hinter mir lacht, schaue ich auf und lächle. Er hat die Zwillinge auf dem Arm. Magog streckt die Ärmchen nach mir aus, aber Madai vergnügt sich damit, auf dem Haar seines Vaters herumzukauen.

Mein Mann hockt sich neben mich und sagt: »Ich hab dich gerufen. Worüber denkst du denn so angestrengt nach?«

Ich zucke mit den Achseln und zeige auf den See. »Woher die Enten gekommen sind«, antworte ich.

»Der finnische Kultautor Arto Paasilinna schreibt einfach anders als andere. Witziger, skurriler, eigenwilliger.«

FREUNDIN

Arto Paasilinna
NÖRDLICH
DES WELTUNTERGANGS
BLT
320 Seiten
ISBN 3-404-92192-5

Sie suchen das Paradies? Es liegt in Nordfinnland. Denn dort ist beim Bau einer Kirche ein autarkes Dorf entstanden, das sich in der krisengeschüttelten Welt zum begehrten Zufluchtsort entwickelt. Weltwirtschaftskrise, der Untergang New Yorks und der Ausbruch des dritten Weltkrieges – im Norden Finnlands lässt man sich nicht aus der Ruhe bringen. Und als die Sonne beginnt aus einer anderen Richtung zu scheinen, feiert man Weihnachten eben in Badehose, und Rudi das Rentier wird zum Flamingo …

Dich selbst kannst du nicht ändern – dein Leben schon!

Lorraine Fouchet
HUNDERT MÖGLICHKEITEN
SEIN LEBEN ZU ÄNDERN
BLT
384 Seiten
ISBN 3-404-92179-8

Hand auf's Herz – sind Sie mit Ihrem Leben zufrieden? Oder geht es Ihnen wie den meisten von uns und Sie würden lieber heute als morgen alles ändern? Dann ist dieser Roman genau das Richtige. Juliette hat die Nase voll: der Chef, der Job, das Liebesleben – alles andere als erfreulich. In einem kühnen Entschluss beschließt sie, alles hinzuwerfen, kehrt Paris den Rücken und gründet im Süden Frankreichs eine Lebensveränderungsagentur für alle, die es noch mal wissen wollen. Ein höchst amüsanter, origineller und lebensnaher Roman mit vielen guten Tipps und Einsichten. Message: Don't dream it, do it!